国際高等教育

教育・研究の展開をみすえる

花田真吾 Hanada Shingo

明石書店

はじめに

　本書が扱う国際高等教育は、国際教育の理念の実現に向けた大学を中心とする高等教育機関による取り組みを指す。国際教育の理念は、国家の枠を越えた国際理解、国際協力、そして国際平和の実現に向けて、異なる社会的制度や政治的制度を有する国や人々がお互いによりよい関係を築くための精神を育むことにある。これを実現させるために国際教育が対象とする領域は広い。それは、教育機関のつながり、学習者のつながり、国家のつながりまで多岐にわたる。

本書の目的

　こうした国際教育の特徴を踏まえ、本書では国際教育のなかでも様々な展開がみられる高等教育に焦点を絞り、国際高等教育が過去から現在に至るまでどのような取り組みをおこなってきたかについて紹介する。特に、初学者がこれから国際高等教育に関する研究していくうえで、あらかじめ参照することがよいと思われる基本的な点を取り上げている。なお、国際高等教育の最新の知見は、主に英語の文献により示される傾向にあることを踏まえ、本書は英語の文献を広く網羅する。そのため、本書はこれまで多くの国内外の教育・研究者によって培われてきた知見を踏まえて、筆者の視点からまとめたものである。

本書の構成

第 I 部：国際高等教育の歴史

　第 I 部では、国際高等教育の全体像をつかむことをテーマとする。国際教育という学問分野はおおよそ19世紀後半に登場したが、大学における国際的な

教育に関する歴史はそのはるか以前の中世ヨーロッパの大学に遡ることができる。言い換えれば、国際的な教育やその環境づくりは、国際教育が誕生する以前から存在していた。そこで、中世ヨーロッパの大学の時代からどのような変遷を経て国際教育が登場し、そのなかで高等教育がどのようにして国際教育の中心的な役割を担うようになっていったのかについて概観する。

第1章「国際高等教育の成り立ち」では、国際高等教育が世の中に登場し、発展してきた変遷について概観する。特に近年は「高等教育の国際化」に代表されるように、高等教育が中心となって国際教育を多様化させている。その一方で、理論的な研究の進展がひとつの課題となっており、本章ではこれらの点を含めてみていく。

第2章「国際高等教育の源流」では、中世ヨーロッパの大学の国際性に着目する。歴史を振り返れば、カリフォルニア大学の初代総長であったクラーク・カー（Clark Kerr）が述べたとおり、大学は普遍的な知を発展させるという使命のもと、本来は自由な学びから学問を発展させる国際的な教育機関であった（Kerr, 1990）。中世ヨーロッパ時代の大学は、学生や教員の国際流動性、学位の国際通用性、国際標準言語による教育活動といった面で、汎ヨーロッパ的な国際性に富んでいた。本章では、こうした中世ヨーロッパの大学の国際性の特徴と、それが失われていった過程についてみていく。

第3章「留学動向の変遷」では、中世ヨーロッパの大学が有していた国際性が大学から失われていった一方で、主に19世紀後半から国家の政策として国際高等教育が展開されていく変遷に着目する。そのなかでも、海外留学は中心的存在であった。本章では、19世紀後半から現代にかけて、海外留学が国家の政策としてどのように推進されてきたのかについて、19世紀後半から第一次世界大戦終結まで、第一次世界大戦後から第二次世界大戦終結まで、第二次世界大戦後から冷戦終結まで、冷戦終結後から現代にかけての4期に分けて、各時期の様相についてみていく。

第II部：現代の国際高等教育

　第II部では、現代の国際高等教育における代表的な取り組みをテーマとする。

第4章「高等教育の国際化」では、高等教育の国際化の概念と具体的な取り組みに着目する。1990年代から高等教育の国際化が急速に進展した背景には、グローバル化による人、モノ、カネ、情報の国際移動の進展によって、より国際経験が豊富で、多様性への理解や対応力があり、かつ外国語で仕事が遂行できる人材の育成に対する期待が社会から高まったことがあげられる。本章では、そうした時代背景において、国際高等教育がどのような取り組みをおこなってきたのかについてみていく。

第5章「海外学習プログラム」では、高等教育の国際化のなかで最も顕著な進展があった海外学習プログラムに着目する。海外学習プログラムには、海外留学、海外サービス・ラーニング、海外インターンシップなどの多様なプログラムが含まれる。このうち海外留学については第3章で扱うため、本章では、近年注目度が高まっている海外サービス・ラーニング、海外インターンシップについてみていく。

第6章「トランスナショナル高等教育」では、高等教育の国際化のうち、教育機関と教育プログラムの国際移動に着目する。トランスナショナル高等教育のひとつの特徴として、学生が自国にいながら外国の大学の学位課程で学び、その大学から学位を取得できることにある。その特徴から、トランスナショナル高等教育は学生に対して外国の大学への学位取得留学に代わる新たな選択肢を提供している。本章では、トランスナショナル高等教育の変遷と、その中心的な取り組みであるフランチャイズプログラム、海外ブランチキャンパス、ダブルディグリーおよびジョイントディグリープログラム、国際共同大学についてみていく。

第7章「内なる国際化」では、高等教育の国際化のうち、海外渡航を伴わない国際教育プログラムに着目する。このプログラムが注目されるようになった背景のひとつとして、学生の就業力を高めるうえで海外留学の学習効果への注目が高まっているが、その機会を得られる学生はすべての学生のうち数パーセン

トにすぎないことがあげられる。そうしたなかで、残りの大半の学生に対して、海外留学で涵養する能力を習得する機会を、他の方法で提供することが高等教育の公平性の論点になっている。本章では、内なる国際化の概念と具体的な取り組み、その効果についてみていく。

第8章「オンライン型の国際高等教育」では、オンライン技術の発展が国際高等教育において新たな学びの形をもたらしている状況に着目する。高等教育でオンライン型の国際教育をどのように活用するかについては、主に2010年代に入って多くの教育・研究者によって議論されてきた。そして、2020年の新型コロナウイルスの感染拡大によって大学などの教育現場に急速に浸透した。現在、オンライン型の国際教育には大きく2つのタイプがある。第一のタイプは、オンラインで国内外の大学が提供する学位課程、コースまたは一部の科目を受講する国際遠隔教育である。例えば、バーチャル大学（Virtual University）や大規模公開オンライン講座（Massive Open Online Course: MOOC）が該当する。第二のタイプは、オンラインで外国の学生と交流し、協働学習をおこなう国際協働遠隔教育である。代表的なものとして、オンライン国際協働学習（Collaborative Online International Learning: COIL）があげられる。本章では、国際遠隔教育と国際協働遠隔教育に焦点を当て、両者の特徴についてみていく。

第9章「高等教育の地域化」では、高等教育において国際化と並んで進展している地域化に着目する。国際化が主に国家を単位とした取り組みであるのに対して、地域化は国家を越えた地域としての取り組みである。そのため、参画する国同士の意図や高等教育システムの違いなどを考慮した国家間の調整が必要であることから国際化よりも複雑性が高い。その一方で、効果的な地域化が成立する場合は、ひとつの国家が単独で国際化に取り組むよりも大きな効果を得ることが期待される。本章では、高等教育の地域化の概念を紹介するとともに、地域化の先進地域としてのヨーロッパ、1か国単独での国際化が難しい国が多いなかで国家間の協力を通じた地域化への取り組みをおこなっているアフリカを事例として取り上げ、その特徴をみていく。

第Ⅲ部：国際高等教育の分析手法

　第Ⅲ部では、現代の国際高等教育においては、教育プログラムの効果や政策の影響を検証することが研究の中心的課題となっていることを踏まえ、初学者にとって使いやすい分析手法を紹介することをテーマとする。これらは統計学的な知識やインタビューの方法論といった量的・質的分析に求められる専門的な知識がなくても参考になりうる基本的なものである。ただし、これらの分析手法は具体的な解析をおこなうためのものではなく、教育プログラムや政策を分析するうえで、その切り口となる視点を与えてくれるものであることに留意が必要である。

　第10章「リスク・ベネフィット分析」では、国際高等教育に関する政策が実施されることによって、当該国にもたらされる影響を分析するひとつの方法であるリスク・ベネフィット分析を紹介する。政策によってもたらされる影響を分析することは、その国独自の教育理念や教育システムを保持しつつ、よりよい形に改善していく方策を検討する一助となる。本章では、アラブ首長国連邦（UAE）の海外ブランチキャンパスの誘致政策を事例に、それがUAEの高等教育にもたらすベネフィットとリスクについて検討する。

　第11章「プッシュ・プル要因分析」では、海外留学の動向を分析するひとつの手法として、学生が留学を選択する決断に影響を与えた要因（プッシュ要因）と、特定の国・地域を留学先として選択した要因（プル要因）の分析について紹介する。20世紀後半までは概ね世界各地から欧米諸国への海外留学が主流だったのに対して、近年ではアジア太平洋諸国が近隣諸国からの受け入れ国に変容しており、留学動向の多様化が進んでいる。本章では、こうした留学動向の変化の要因について、プッシュ・プル要因分析を通じて検討する。

　第12章「海外留学の学習効果分析」では、海外留学の学習効果を分析する手法を紹介する。教育・研究者によって、海外留学をすることで異文化への理解力や適応力などの能力が必ずしも涵養されるとは限らないことがしばしば指摘されている。そのため、ある海外留学プログラムの学習効果を分析することは、学生の学習効果を上げるうえでも、プログラムを改善するうえでも意義を持つ。

本章では、海外留学の学習効果分析に関するアプローチと専門の尺度によって
どのような分析ができるのかについて検討する。

第Ⅳ部：国際高等教育の展望

　第Ⅳ部では、これまでの国際高等教育の取り組みを踏まえ、国際高等教育の
今後のあり方について考察することをテーマとする。

第13章「これからの国際高等教育」では、現在の国際高等教育で生まれつつあ
る萌芽がどのように成長していくのかを検討する。国際高等教育の変遷をたど
ってきたなかでみえてきたことは、ある時代の潮流に対応するため国際高等教
育が新しい教育の形をつくり、それが浸透した頃には新たな萌芽が生まれてい
ることである。本章では、こうした萌芽を根拠として、研究領域としての国際
高等教育と実践領域としての国際高等教育の両面から、これからの国際高等教
育について考える。

国際高等教育
教育・研究の展開をみすえる

目　次

第III部
国際高等教育の分析手法

第IV部
国際高等教育の展望

第 I 部

——国際高等教育の歴史——

第 1 章

国際高等教育の成り立ち

1 ｜ はじめに

　本章では、国際高等教育がひとつの学問分野[1] としてどのようにして登場し、その領域について、これまでどのような議論が展開されてきたのかについて概観する。

　本書冒頭の「はじめに」で紹介したとおり、国際高等教育とは、国際教育の理念の実現に向けた大学を中心とする高等教育機関による取り組みを指す。国際教育の理念は、国家の枠を越えた国際理解、国際協力、そして国際平和の実現に向けて、異なる社会的制度や政治的制度を有する国や人々がお互いによりよい関係を築くための精神[2] を育むことにある（Martinez de Morentin de Goñi, 2004）。その精神は、グローバルな諸課題に対する知識、その解決に取り組むための批判的思考力や行動力、多様性に対する開放性や共感性などを包含している（Hill, 2012）。

　国際教育という学問分野の名称が時代の表舞台に登場したのは、おおよそ19世紀後半であった。1648年のウェストファリア条約以降、主権国家体制が台頭したなかで、国際社会では国家間の利害関係を調整し、自国と他国との関係性や国際社会の諸課題の解決に寄与する人材を育成することが求められるようになった。文化的に異なる集団である国同士がそうした関係を築くためには、相手への無知や不信を払拭し、お互いの意思の疎通を図って、共存共栄に向けた取り組みをおこなっていくことが必要となる。そこで、国と国（International）との理解や協力、平和の精神を育む教育（Education）としての国際教育（International Education）が創り出された。

　このことは、1974年11月19日の第18回UNESCO総会において採択された「国際理解、国際協力及び国際平和のための教育並びに人権及び基本的自由についての教育に関する勧告[3]」にも表れている。この勧告において国際教育は、国際理解、国際協力、そして国際平和の実現に向けて、異なる社会的制度や政

治的制度を有する諸国民または諸国家間の友好関係、人権および基本的自由の尊重を実現させる教育を簡潔に称したものとして位置づけられている[4] (UNESCO, 1974, p.1)。この「簡潔に称した」という点が国際教育の幅広さを示しており、この分野の研究者からも「国際教育（International Education）」という用語は「包括的な用語（Umbrella Term）」だといわれている（Dolby & Rahman, 2008; Hayden, 2006）。また、国際教育の定義についても、様々な研究者によって異なる定義が提示されており、一律に同意されたものはないと指摘されている（Hayden, 2006; Cambridge & Thompson, 2004）。このことは、国際教育の領域を明示することを難しくしている一因であろう。ただし、国際教育における個別の取り組みの目的を突き詰めると、根源的には上記の理念にたどりつくと考えられる。

　しかし、そのような理念を実現させることは実際には容易ではない。現代社会では、グローバル化による経済をはじめとする様々な分野において各国のつながりが強まった一方で、世界の分断について議論されることがしばしば見受けられる（例：Lachelier & Mueller, 2023; トッド, 2020）。1974年からほぼ半世紀ぶりの2023年にUNESCOが上記の勧告の改訂版を発表し、改めて国際理解、国際協力、国際平和に向けた教育のあり方を示したことは（UNESCO, 2023）、そうした現代社会の現状を反映してのことであると受け止められる[5]。

　国際社会の現実主義的な考え方に基づけば、ある国が他国と協調する理由は、国家間に相互利益が存在しているためである。それは国際高等教育においても当てはまる部分がある。例えば多くの国々では、留学生の送り出しと受け入れに関する政策を展開している。そのなかには、自国の経済戦略に基づき、特定の国同士がお互いに人材交流を活性化させる意図が反映されている場合がある。このように、国際教育はその理念と現実社会の間で変遷してきた。確かに国際教育は国家の利害関係を乗り越えた人類普遍の価値である平和を探究することを理念としているが、こうした現実を踏まえずに理想論に終始してはならないことは20世紀初頭から指摘されていることである。

　以上を踏まえて、ここからは、国際高等教育の土台となる国際教育がどのよ

うにして成り立ってきたのかについて概観する。次に、国際高等教育がどのように国際教育の中心的な存在になってきたのかについてみていく。最後に、まとめとして、現代の視点からみた国際高等教育の領域について検討する。

2 ｜ 国際教育の成り立ち

　国際教育が教育学において登場したきっかけのひとつとして、1893年のシカゴ万国博覧会における教育会議（International Congress of Education）があげられる（Sylvester, 2002）。この会議には日本を含む世界27か国の代表者が集まり、教育の未来のあり方は国際的な共通の土台から検討することが必要だという考えが表明された（National Educational Association of the United States, 1895）。この会議のテーマは国際教育ではなかったものの、国家の枠を越えた国際的な土台から教育について考える視点が議論されたという点で、国際（International）と教育（Education）が結びつけられるきっかけとなったといえる。

　その後、1914 年にハンガリーの教育者であったフランツ・ケメニー（Franz Kemény）は、国際教育に関する国際的な専門団体の必要性を提唱した。そして、国際教育が担う6つの領域として、各国の教育に関する報告書の出版、教師のための国際会議の開催、人間の権利に関する国際的声明の策定、相互信頼を強調する教科書づくり、民族間の人種的偏見を根絶するための協調的努力、教育に関する組織と構造に関する国際協定の策定に取り組む必要性を提起した（Scanlon, 1960; Sylvester, 2015）。

　1920年代に入ると、1923年に世界連合教育協会（World Federation Education Associations: WFEA）、1925年にユネスコ国際教育局の前身である国際教育局（International Beauro of Education: IBE）が設立された。これらの団体は国際教育の専門団体ではないが、国際的な視点から教育を考えていくためのネットワーク形成の進展に寄与したと考えられる。

　1930年代に入ると、世界の教育に関する調査がおこなわれた。その一例と

して、国際連盟のジュネーブ事務所のサポートを受けながらジョン・ハーレー（John Harley）によっておこなわれた調査があげられる。その成果は、1931年に約600ページにも及ぶ『新世界のための教育（*Educating for a New World*）』に取りまとめられた。この資料には、2つの世界大戦期に国際教育に関わった学校や組織が網羅されており、当時の国際教育に携わる人々や団体にとって国際教育の事典のようなものだったという（Sylvester, 2015）。その翌年には、ニュージャージー州のアトランティック・シティで開催された第70回アメリカ教育協会年次総会で、世界連合教育協会の代表だったオーガスタス・トーマス（Augustus Thomas）が演説をおこない、世界連合教育協会が国家間の理解と協力を進めるための教育計画の策定を支援していることを紹介した。この計画は、国際教育のカリキュラムに関する枠組みを開発することを目指しており、2名の支援者の名前を冠としたハーマン・ジョーダン計画（Herman-Jordan Plan）と呼ばれるようになった。この計画の実施部局が世界連合教育協会によって設置され、国際教育が対象とする具体的な領域として、国際関係に関する教育、外国語および外国文化に関する教育、海外留学の促進、平和教育といった領域が示され、その概要がとりまとめられた（Sylvester, 2015）。

　こうした国際教育の黎明期において、国際教育のあり方について重要な指摘をしたのが20世紀を代表的する比較教育学者の一人であったアイザック・キャンデル（Isaac Kandel）である。Kandel（1937, p.36）は、1920年代から1930年代において、国際理解を進めようとする一連の動きが失敗したとすれば、「現実を無視した感傷主義を強調しすぎたためか、国際主義とコスモポリタニズムを混同したためかであるが、どちらの場合も国際主義と国際理解は国家間に存在する弧状のものであり、国家は存在し続けなければならないということを理解することに失敗したように思われる[6]」と論じている。これは、国際教育が当時の国際主義の機運の高まりに後押しされつつも、ナショナリズムをネガティブにとらえ、それを超克するものとして国際教育を位置づけてはならないことを示している。実際に、1921年に国際連盟内に各国の知的協力を推進することを目的とした知的協力国際委員会（International Committee on

Intellectual Cooperation）の設置が議論された際に、一部の国から国際主義的な教育が自国の教育に干渉するリスクに対する懸念が表明された事例が報告されている（Sylvester, 2002）。この事例から推察できるように、Kandel（1937）は、国際教育が感傷的または理想論的な教育であるととらえられることで、国際教育が有する理念の普及が阻害される危険性があることを懸念していたのだろう。このように、19世紀終わりから20世紀前半にかけては、国家の主権と国際協調のバランスのあり方が模索された時代のなかで、国際教育の役割に関する議論が展開されてきた。

3 ┃ 20世紀後半の国際教育

　20世紀後半は、国際教育と他の教育学分野を比較することで、国際教育の領域を相対化する試みがおこなわれた。Kandel（1955）は、第一次世界大戦後の時代における国際主義の推進を目指した教育が成功したとはいえない理由は、国際主義的な教育や世界志向の教育が、あたかも国民教育に上乗せされるものであり、愛国心の育成を妨げるものであるかのように語られてきたことにあると論じている。そして、その例として歴史教科書を取り上げ、他国民への憎悪を煽るような記述を教科書から削除することに意味があるのではなく、世界の様々な国や文明が、国同士の協力や文化的な相互関係を通じていかに進歩してきたかを示す視点からの記述に改訂されなければならないことを指摘している。そのうえで、国際教育は愛国心やナショナリズムを妨げるものではなく、国同士の相互関係に対する理解を涵養する教育学分野であることを論じた。このように、国際教育と国民教育は相容れないものではなく、教育の国内的な目標と国際的な目標の調和が重要であることを示したといえよう。

　そうした国際的な目標に基づく国際教育のカリキュラムに焦点を当てた研究としてBecker（1969）があげられる。この研究では、アメリカの公立学校における国際教育の目的、ニーズ、優先事項を明らかにするため、実際に使用され

ていたカリキュラムガイド、教材、教育アプローチを調査した結果、国際教育には主に2つの体系があることを報告している。第一に、異なる地域や民族について学ぶ体系である。第二に、外国の地域研究、国際関係、対外政策、世界史などの学問分野を国際的な教育の視点から学ぶ体系である。この結果を踏まえBecker（1969）は、国際教育とは「世界的な視野に立った枠組み[7]」（p.19）に基づき、「個人が国際社会あるいは世界社会に対する志向性と、その社会の一員としての自己概念を獲得し、それを変容させていく社会的経験と学習過程[8]」（p.30）からなると論じている。ここから、国際教育は、外国に関する知識や特定の専門知識を学ぶだけでなく、それを通じて、世界的な視野に立脚して国際社会をみつめる精神を涵養する分野だと位置づけられていたことがわかる。

　さらに、この時代には研究分野としての国際教育に関する議論も盛んにおこなわれた。そのなかで、現代では比較・国際教育学として、国際教育の双子分野（Brey, 2010）として位置づけられることもある比較教育との違いに関する議論も登場する。当時、国際教育と比較教育を包括した学会が複数あり、こうした学会内で比較教育と国際教育との関係性に関する議論が深められた。その代表的な学会として、北米の比較・国際教育学会（Comparative and International Education Society: CIES）があげられる。この学会は、1956年に比較教育学会（Comparative Education Society: CES）として設立され、1968年に「国際（International）」を学会名称に加えて現在に至る（Swing, 2007）。また、イギリス国際・比較教育学会（British Association for International and Comparative Education: BAICE）があげられる。この学会は1966年にヨーロッパ比較教育学会（Comparative Education Society in Europe: CESE）のイギリス支部として設立され、1983年に「国際（International）」を学会名称に追加してBritish Comparative and International Education Society（BCIES）となり、1997年にBritish Association of Teachers and Researchers in Overseas Education（BATROE）と合併し、現在の名称となった（Sutherland et al., 2007）。

　こうした学会での議論では、両者の領域には一定の違いがあることが指摘されている。例えば、1968年のCIESへの名称変更時に学会長を務めたスチュワ

ート・フレイザー（Stewart Fraser）は、国際教育は「2つ以上の国の個人やグループ間における知的、文化的、教育的関係を扱い、国際協力、国際理解、国際交流を含む領域[9]」（Fraser, 1967, p.57）であると定義している。これに対して、比較教育は「社会政治的、経済的、文化イデオロギー的な内容から、2つ以上の国の教育制度や問題を分析する領域[10]」（Fraser, 1967, p.57）であると定義している。そしてもう1人のCIES元会長のデイビッド・ウィルソン（David Wilson）は、複数の比較教育分野の研究者による両者の区分に関する見解を紹介した上で、国際教育は教育政策の策定や課題解決などの実践性が高い応用的な研究や活動を専門とする領域であるのに対して、比較教育はより学術的な研究を扱う領域であるとの認識が概ね共有されていることを示している。そのうえで、比較教育分野の研究者も国際機関などでコンサルタントを務めるなどの実践的な役割を担うことがあり、国際教育分野の研究者も学術的な研究や出版をしており、両者ともに学術的な立場と実践的な立場を交互に経験していることを論じている（Wilson, 1994）。

　このように、20世紀後半の議論では、実践的な領域を重視した国際教育、理論的な領域を重視した比較教育という区分がひとつの見方となっており、そのうえで両者の相互作用について議論されてきた。上記の見方を踏まえると、比較教育がより理論的な研究を重視する一方で、国際教育は実際の課題の解決に向けた研究や実践を担ってきたという点で両者の間にあるひとつの相互関係が読み取れる。こうした両者の関係性が、国際教育と比較教育が双子分野と呼ばれることがある所以である。

4 ｜ 国際高等教育の興隆

　このように国際教育の領域に関する議論が学会などで活発になるなかで、1970年代頃からの大量輸送時代の到来により、ヒト、モノ、カネの国際移動が急速に進展した時代を迎えた。それにより国際教育にも新たな潮流が生まれ

る。それは、文化的背景が異なる人々の交流が活発になるなかで、国同士の親善や経済的関係の強化、自国の人材の高度化に向けたひとつの手段として、優秀な外国人留学生を獲得することに対する国際教育への期待が高まったことである。

　その結果、国際教育の展開は高等教育機関に主軸が置かれるようになった。それと同時に、高等教育は教育活動と並んで研究活動が重視される教育セクターであることから、国際教育に関する研究が発展していった。そのなかで、国際教育交流に関する研究を例にあげると、学生が留学する要因と特定の渡航先を選択する要因に関する実証的な研究（例：Altbach & Lulat, 1985）、留学生の異文化への適応、経済的事情、英語力、学習環境、友人関係といった留学実態に関する研究がおこなわれた（Bevis, 2019）。こうした研究は、研究者個人だけでなく、国際教育の専門団体によっておこなわれたことで様々な角度から深められていった。例えば、当時のアメリカの外国人学生協会（National Association for Foreign Student Affairs: NAFSA）[11] では1984年に留学生のアメリカの学習スタイルや学習環境への適応に関して扱った"The Handbook of Foreign Student Advising"[12] を刊行している。このハンドブックでは、留学生の出身文化圏によってアメリカ社会への適応に違いがあることを示している。具体的には、カナダや西ヨーロッパ諸国出身の学生の適応は概ねよりスムーズであり、その要因として英語力や文化の近似性が指摘されている。その一方で、アジア出身学生の適応が最も難しい場合が多く、そのなかでも一部の国からの学生はアメリカの大学キャンパスでも同郷人コミュニティのなかで過ごす傾向を報告している。なお、現地でアメリカ人学生との交流をする正課外活動に参加した留学生の適応は、出身国を問わずよりスムーズであることも報告されており、アメリカ社会への適応が難しい学生に対する正課内外を通じた支援の必要性を指摘している（Bevis, 2019）。

5 | 現代の国際高等教育

　1990年代から現在にかけては、グローバル化の到来により、より国際経験が豊富で、異文化への対応力や文化的背景が異なる人々への理解や共感性があり、かつ外国語能力に優れた人材が社会から求められるようになった。その結果、そうした人材育成をおこなう教育プログラムの開発と展開が国際高等教育の教育活動における中心的なテーマとなっている。

　例えば、それまで高等教育における国際教育プログラムの中心は海外留学（第3章を参照）であったが、新たに海外サービス・ラーニングや海外インターンシップ（第5章を参照）などの効果が注目され、海外学習プログラムの多様化が進んでいる。ただし、海外学習の機会を享受できる学生数は世界の大学生人口の数パーセントとごく少数に限られていることを踏まえ、より多くの学生が学習機会を得られる物理的な海外渡航を必要としない国際教育プログラムの必要性が喚起された。これに対応するため、高等教育機関や教育プログラムが外国へ移動するトランスナショナル高等教育（第6章を参照）や、大学キャンパスなどの国内で国際教育プログラムの提供を推進する内なる国際化（第7章を参照）が現代の国際高等教育における新たな潮流となっている。また、インターネットの発展により、オンライン技術を活用した国際教育プログラム（第8章を参照）も注目されている。

　このように、グローバル化に対応する形で国際高等教育プログラムの多様化が進むなかで、より質が高く、公平かつ公正なプログラムを学生に提供するため、国際高等教育の研究活動の中心的なテーマも多様化している。その主な例として、次の6つのタイプがあげられる。

　第一に、グローバル化はグローバルノースだけでなくグローバルサウスをネットワークに含む地球規模の現象であることから、国際高等教育の研究も従来のグローバルノースを中心とした研究だけでなく、グローバルサウスへの関心

が高まり、各国・地域の経済社会や教育システムを踏まえた国際高等教育のあり方に関する研究がおこなわれている（例：Thondhlana et al., 2021）。

第二に、そうした各国・地域の事情や背景によっては国際高等教育の進展が恩恵のみをもたらすとは限らない。そのため、高等教育の国際化によるベネフィットとリスクに関する研究（例：Knight, 2007）、国際高等教育プログラムの学習効果に関する研究（例：Farrugia & Sanger, 2017）がおこなわれている。

第三に、国際高等教育が多様化することで、すべてのプログラムが学習者にとって質の高い教育であるとは限らない。それを踏まえて、国際教育の質保証に関する研究（例：de Wit & Knight, 1999）、高等教育の商品化・商業化に関する研究（例：Hodson & Thomas, 2001）がおこなわれている。

第四に、様々な国が海外学習プログラムやTNEプログラムを展開することで、世界共通の指標によって高等教育機関を評価する潮流が起こった。その代表例が大学の世界ランキングである。そうした指標は欧米中心に策定されているため、こうした国際指標が世界の大学に対して与える影響に関する研究（例：Altbach, 2012）がおこなわれている。

第五に、ヨーロッパやASEAN、東アジアといった地域を単位とした国際高等教育ネットワークが登場したことで、アジアやアフリカ諸国から欧米諸国への大陸間留学だけでなく、域内留学が新たな留学の潮流となった。こうした域内留学プログラムに関する研究（例：Umemiya et al., 2024）や、域内の教育制度の調整をはじめとする高等教育の地域化（例：Hawkins et al., 2012）に関する研究がおこなわれている。

第六に、2020年以降は、コロナ禍やポストコロナ時代を見据えた国際教育交流に関する研究（例：Ota et al., 2023）や、大学における国際的な学習の変容などに関する研究（例：Yonezawa et al., 2023）、オンライン技術の国際教育への活用に関する研究（例：Rubin, 2022）などがおこなわれている。

6 ｜ まとめ

　本章では、国際教育および国際高等教育の領域に関する議論の変遷についてみてきた。そこから窺えることは、どちらかというと実践的な側面に重点が置かれてきた一方で、学問領域としての理論的な枠組みの構築には至っていないことである。実際に、「国際教育の学問領域とは何か」という根本的な問いに関しては、広く同意された回答があるとは言い難く、過去から現在に至るまで国際教育に関わる研究者によって様々な角度から議論が積み重ねられている（例：Kandel, 1937; Fraser, 1967; Becker, 1969; Spaulding & Colucco, 1982; Arum & Vande Water, 1992; Mestenhauser, 2000; Hayden et al., 2002; Brey, 2010; Cambridge, 2012）。

　こうした変遷を踏まえた本章のまとめとして、現代の国際高等教育の領域について整理すると、主に次の3つの領域があると考えられる。

　第一に、国境を越えた教育プログラムを展開する土台となる「国際的な高等教育を展開するためのプラットフォームを構築する」領域があげられる。国際高等教育は、国境を越える教育プログラムを提供するため、その実施に際しては関係する国家間の協調や調整を通じた国際的なプラットフォームが必要となる。それは教育の質保証、学位の国際通用性、単位互換と多岐にわたる。

　第二に、そうした国際的なプラットフォームをもとに、実際に提供する教育プログラムを開発する「実践教育」としての領域があげられる。それは、本書で扱うものだけでも、海外学習プログラム、トランスナショナル高等教育、内なる国際化、オンライン型の教育プログラムなど多岐にわたる。

　第三に、こうした実践教育としての国際教育プログラムの効果や影響を科学的に検証する「実証科学」としての領域があげられる。その例として、教育の商品化・商業化の影響、外国文化の流入による自国の教育文化への影響、教育プログラムの学習成果、費用対効果といった様々なレベルの分析がある。そし

て、そうした分析を踏まえて、より効果的で質が担保された教育プログラムの開発や実施に関する改善に向けた研究がおこなわれている。特に、プログラムの開発段階では想定していなかった意図しない結果（Unintended Consequences）が生じた際には、その要因を分析し、対応策を講じることは非常に重要である。

　この3つの領域は相互に関わっており、国際的なプラットフォームを通じて実践教育が展開された効果を実証科学によって分析された結果、今度はそこで提示された改善策が実践教育に生かされつつ、制度や運営上に問題点が発見された場合はプラットフォームに修正をかけていくといったサイクルが発生する。そのため、この3つは分断されることなく、常に補完し合う関係であることが国際高等教育を機能させていくために必要となるだろう。

注

(1)　学問分野は、歴史学や言語学などの独立したひとつのAcademic Disciplineを意味する場合と、そのひとつの分野としてのAcademic Fieldを意味する場合がある。ここでいう学問分野は後者であり、教育学のひとつの分野を意味する。なお、Academic Disciplineとしての教育学の位置づけについては、苫野（2022）を参照されたい。

(2)　Martínez de Morentin de Goñi（2004）は、UNESCOによる国際教育の位置づけと役割について解説している。UNESCOはその憲章の序文において、「戦争は人の心の中で始まるため、平和のための防御は人の心の中で築かれなければならない（Since wars begin in the minds of men, it is in the minds of men that the defences of peace must be constructed）」と表明している。その意味で、国際教育は、国際理解、国際協力、国際平和に向けた人の心（minds）を涵養することが、UNESCOにとっての国際教育の役割であることが理解される。また、こうした人の心（minds）は、International Mindednessと表されることがある。本書では、意識、感情、知識、思考、行動など、人の感性、理性、知性、能動性など様々な内面的な側面を強調するため、「精神」と表現している。

(3)　原文：“Recommendation Concerning Education for International Understanding, Co-operation and Peace and Education Relating to Human Rights and Fundamental Freedoms”（UNESCO, 1974）

(4)　原文：“The terms international understanding, cooperation and peace are to be considered as an indivisible whole based on the principle of friendly relations between peoples and States having different social and political systems and on the respect for human rights and fundamental freedoms. In the text of this recommendation, the different connotations of these terms are sometimes gathered together in a concise expression, "international education"（UNESCO, 1974, p.1）

(5)　2023年の改訂版では、1974年の勧告から、グローバルシティズンシップ（Global Citizenship）と持続可能な開発（Sustainable Development）が推進を目指す対象に追加されている。

(6)　原文："If the movements to develop international understanding have failed, the failure has been due either to an overemphasis on sentimentality that ignored realities or to a confusion between internationalism and cosmopolitanism; and from both points of view there seems to have been a failure to understand that internationalism and international understanding arc things that exist between nations and that nations must continue to exist"（Kandel, 1937, p.36）

(7)　原文："global or world-minded frames of reference"（Becker, 1969, p.19）

(8)　原文："International education consists of those social experiences and learning processes through which individuals acquire and change their orientations to international or world society and their conception of themselves as members of that society"（Becker, 1969, p.30）

(9)　原文："the various kinds of relationships, intellectual, cultural and educational, among individuals and groups of two or more nations. It refers also to the various methods of international cooperation, understanding and exchange"（Fraser, 1967, p.57）

(10)　原文："the analysis of educational systems and problems in two or more national environments in terms of socio-political, economic cultural ideological contents"（Fraser, 1967, p.57）

(11)　NAFSAは、1948年にアメリカで設立された世界最大規模の国際教育交流団体。設置当初の名称は、National Association for Foreign Student Advisersであったが、1964年にNational Association for Foreign Student Affairsに改称。その後の1990年度にNAFSAの略称はそのまま利用しつつ、現在の名称であるAssociation of International Educatorsに改称された（NAFSA, n.d.）。

(12)　NAFSAは、1949年にはNAFSA Newsletterで留学生のアメリカ留学での経験に

ついて情報提供をしていたが、研究としての色合いが強くなったのは主に20世紀後半からであると考えられる。

付記

本章では、Hanada（2022）を一部利用している。

第 2 章

国際高等教育の源流

1 ┃ はじめに

　本章では、国際高等教育という学問分野が誕生する前から高等教育が有していた中世ヨーロッパの大学の国際性に着目する。第1章でみてきたとおり、国際教育が時代の表舞台に登場したのは、おおよそ19世紀後半に入ってからである。しかし、それ以前に国際教育に関する性質が教育においてまったくなかったかといえばそうではない。例えば、15世紀にはコメニウスが国境を越えて共有されるべき普遍的知識の体系を様々な国の人々が共に学ぶための汎知大学（Pansophic College）の構想を提起していた（UNESCO International Bureau of Education, 1993）。このように、国際教育という分野がまだ存在していなかった時代にも、国際教育の性質をみることができる。そこで本章では、高等教育における国際教育の源流についてみていく。

2 ┃ 中世ヨーロッパの大学

　本章では、大学に焦点を当てて国際教育の源流を概観するが、大学を高等学問を教授する機関と広く定義するならば、紀元前6世紀頃に現在のパキスタンのパンジャーブ州に創設されたタキシラ大学（University of Taxila）が最古の大学のひとつとしてあげられる。タキシラ大学では、医学、算術、法律、農業、論理学、天文学を含む様々な分野が教授されていた（安原＆ロイ, 2018）。他にも古代ギリシアではプラトンがアカデメイア、イソクラテスが弁論・修辞学校、古代エジプトではプトレマイオス1世がムセイオン、中国の前漢時代では武帝が太学を設立するなど、高等学問を学ぶアカデミーは紀元前から存在していた。そして、イソクラテスが留学生から学費を徴収したと記録されているように、当時から海外留学という学びの形は存在していたことが確認されている（安原

&ロイ, 2018)。しかし、大学を単に高等学問を教授する機関としてではなく、教師と学生により構成される「制度化された学術コミュニティ」という視点からとらえると、11 〜 12世紀頃のボローニャ大学やパリ大学に代表される中世ヨーロッパの大学が起源であると多くの研究者間で認識されている（例：シャルル＆ヴェルジュ, 2009; ハスキンズ, 2009; ザッカニーニ, 1990; ヴェルジュ, 1979）。

　中世ヨーロッパの大学の制度化については、主に次の4点が特徴としてあげられる。第一に、大学教員の制度化である。大学教員は単に特定の分野の専門性が高い者という抽象的な基準ではなく、教育許可証（例：リケンティア・ド ケンディ）を有する者を対象に制度化された。第二に、大学運営の制度化である。学生と教員はそれぞれギルドを結成し集団化した。この2つのギルドから、学生の代表者と教員の代表者が選出され、大学運営が制度化された。第三に、カリキュラムの制度化である。自由7科とも呼ばれるリベラルアーツ7科（文法学、修辞学、論理学、算術、幾何学、天文学、音楽）は12世紀以前の教父時代から存在していたものの、この7科を基礎科目群、神学、法学、医学を上位科目群とするカリキュラム体系に制度化したのは中世ヨーロッパの大学だった。第四に、大学の法的な位置づけの制度化である。ボローニャ大学に対しては、1158年にフリードリッヒ1世が特許状である「ハビタ」を発布して自治を認め、自らの庇護下に置いた。パリ大学についても、1231年に教皇グレゴリウス9世が勅書である「諸学の親」を布告して、やはり自治を認めて庇護下に置いた。これらにより、実質的に皇帝や教皇によって大学が社会において公的に位置づけられたととらえることができる。

　こうした特徴を有する中世ヨーロッパの大学に国際教育の源流をたどると、当時の大学はヨーロッパ内の地域の違いを問わずラテン語を共通の教授言語としており、留学生をヨーロッパから広く受け入れていた点で、高い国際性をみることができる。ただし、当時は国際教育（International Education）という概念があったわけではなく、この高い国際性はヨーロッパにおける普遍的な知を探究する教育・研究活動による産物であったといえよう。例えば、ボローニャ大学には11世紀後半からイルネリウスをはじめとする著名な法学者のもとで

学ぼうとする学生がヨーロッパから広く集まっていた。留学生の多くはアルプス以北から来ていたが、当時の都市国家では外国人に対する保護は慣習法で定められていなかったため、留学生は自らの権利を保護する必要があった。そこで同郷出身者同士が互助する組織であるナチオが結成される。ナチオは留学生にとっては集団の力を通じて自らの保護をおこなう重要な拠り所であった。このナチオをみると当時の留学生の出身国が見て取れる。横尾（1992）によると、1265年当時のボローニャには、フランス、スペイン、プロヴァンス、イギリス、ピカルディ、ブルゴーニュ、ポワトー、トゥール、ノルマン、カタロニア、ハンガリー、ポーランド、ドイツの合計13の留学生向けのナチオが結成されていた。これに加えて、イタリア人向けのナチオが3から4団体あったという。また、パリ大学には、ノルマン、ピカルディ、英独の留学生向けに3団体があり、これにフランス人向けのナチオ1つを加えた4団体あった。そのなかでも英独の留学生向けの団体は、イギリス、オランダ、ドイツ、スウェーデン、デンマーク、ノルウェー、フィンランド、ハンガリー、スラブ諸国など広範な出身者を含む団体であった。当時のボローニャ大学では、ナチオが教員と授業開講に関する契約をしており（ハスキンズ, 2009）、授業は現代のように大学が提供するのではなく、個々の教員と学生側による契約に基づくものであった（児玉, 2007）。また、学生の日常生活においてもナチオは重要な機能を有していた。例えば、宗教的な行事の実施や金銭に困窮したメンバーの救済、メンバー同士の揉め事の解決などを担うなど、異国での日常生活で起こるトラブルから身を守る互助組織としても機能していた（横尾, 1992）。

　そうしたなかで、ボローニャ大学とパリ大学で異なる点は、学生集団と教師集団の関係性である。ボローニャ大学では学生集団が優位だったのに対して（ハスキンズ, 2009）、パリ大学では教員集団が優位であった（プラール, 2015）。ボローニャ大学のナチオは、やがてアルプス以北の留学生団体とアルプス以南のイタリア人団体の2つに統合され、学生集団であるウニベルシタス（Universitas）として結集することになる。そして、各団体から代表者を選出した。これに対して、パリ大学では4つのナチオから大学の代表者を選出する

権利は教員集団に限定されていた。その一方で、学生集団は学寮（カレッジ）を組織した。例えば、1257年に設立されたソルボンヌ学寮（Collège de La Sorbonne）は神学部生のための学寮だった。学寮は、後世ではオックスフォード大学でみられるように大学生活と教育の多くを担う大学の中心的な組織へと発展していくが、当初は困窮学生のための寄宿舎という存在であった（ハスキンズ，2009; ヴェルジュ，1979）。このことから、ボローニャ大学と比較して、パリ大学では学生集団の存在感が相対的に低かったと推察されている。なお、ウニベルシタスという言葉は、当時は、現代にある大学を意味するのではなく、一般的な組合を意味しており、ボローニャ大学では学生によるウニベルシタス、パリ大学では教員によるウニベルシタスが優位であったように、大学によって各々の特徴があった。ただし、総体的には大学は学生と教員によるウニベルシタスで構成される自律的な人的集団として理解されるようになった（プラール，2015）。

　大学が人的集団であることは、当時の大学を象徴している。当時の大学には敷地や施設を有するキャンパスという概念はなく、授業は教師の自宅や教場を賃借しておこなわれていた（横尾，1992）。そのため、学生集団と教員集団との関係性が悪くなった場合や、学生集団や教師集団と地元住民との関係性が良好ではなく[1]、そこでの教育・学習活動に支障がある場合は、大学を別の場所に移動させることができた。児玉（1993）によると、ボローニャ大学の学生集団は13世紀に入って、1204年にヴィチェンツァ、1222年にはパドヴァ、1228年にはヴェルチェッリに移動している。また、パリ大学では、一部の教員と学生がイギリスに移動したことによって1167年にオックスフォード大学が設置され、さらにオックスフォードから移動してきた学生と教師たちによって1209年にケンブリッジ大学に枝分かれした（プラール，2015）[2]。

　ウニベルシタスが一般的な組合を意味していたのに対して、現代でいう大学の意味に近い当時の言葉は、ストゥディウム（Studium）だと考えられている。ストゥディウムは、神聖ローマ帝国が高等教育機関として認定した大学に対して使われた呼称であり、ストゥディウム・ゲネラーレ（Studium Generale）と

ストゥディウム・パルティクラーレ（Studium Particlare）に分類される（安原&ロイ, 2018；横尾, 1985）。前者は、現代でいう国際総合大学を意味する。その特色としては、ヨーロッパの様々な地域からの学生を受けていること（横尾, 1985）、リベラルアーツに加えて上級学部である法学、神学、医学の3学部のうち1つ以上が設置されており、複数の教員がいること（横尾, 1985）、博士号がヨーロッパの万国教授資格として認められること（安原&ロイ, 2018）などがあげられる。これに対して、上記の特色を持たない地域に根ざしたストゥディウムは後者に属した。

　以上のとおり、中世ヨーロッパの大学における留学生の存在感は一定あったわけだが、具体的な留学生数はどうだったのだろうか。シャルル&ヴェルジュ（2009）によると、1400年前後のボローニャ大学の学生数は約2,000名で、そのうちアルプス以北出身者数は25％を超えない程度であった。これに対して、オックスフォード大学の1450年前後の学生数が約1,500名から1,700名であり、そのうち留学生比率は約6％だった（Perraton, 2014）。当時の大学のなかで、留学生を多く引き寄せたのはボローニャ大学とパリ大学であり、そうした学生の多くは神聖ローマ帝国をはじめとするヨーロッパ地域の学生だった。このことから、ボローニャ大学の留学生数は最も高い部類に入っていたと推定されるが、留学生比率が最大で約25％を占めたことは現代と比較しても非常に高い値だと考えられる。例えば、2022年11月時点のオックスフォード大学の留学生比率は学部生と大学院生を合計すると46％だが、学部生のみでは23％である（Oxford University, 2022）。社会的環境や学生数が全く違う当時と近年との比較はあまり参考にはならないかもしれないが、当時の留学にかかる物理的・精神的な負担を想像すると、当時の留学生にとってボローニャ大学やパリ大学で学ぶことがいかに大きな意味を持っていたかが窺える。その負担の重さを垣間見ると、ボローニャ大学やパリ大学で学ぶためにアルプス峠を越えて500kmや1,000kmに及ぶ旅をすることはそれほど珍しいことではなかったという。この旅には、通行税や馬車税、橋税など多岐にわたる費用がかかり、イタリアからパリまでの片道費用はパリでの生活費の4か月分にも及んだという。また旅の

途中に盗難や強盗に遭うことなど安全面のリスクも抱えていた（横尾, 1985）。そうした重い負担をしてでも留学を志した理由として、留学が立身出世の重要な手段であったことがあげられる。

　当時の学生は中産階級が多かったと推察される。ボローニャ大学の法学部には貴族階級の学生が高い割合でいたといわれているが（ヴェルジュ, 1979）、大学で学ぶ内容の多くは当時の貴族文化にとって必要な内容ではなかったこともあり、貴族階級の学生はたいてい5%未満で、最も多くても15%程度であった（シャルル＆ヴェルジュ, 2009）。その一方で、大学で学ぶための旅の費用や大学での修学期間にかかる費用を考えると、金銭的に余裕がない人が大学で学ぶことは現実的ではなく、数としてはそれほど多くはなかったと考えられる。そうなると、学生の多くは中産階級の子弟であり、彼らにとって大学で学ぶことは聖職者や医者、行政・司法機関などでの専門性が高い職業に就く可能性を拡げた。また、こうした職業に就いて努力することで、将来的に貴族になる可能性もあったという（シャルル＆ヴェルジュ, 2009）。

　当時の大学教育は、ボローニャ大学では法学の優越性、パリ大学では神学の優越性といった学問分野の位置づけに比重の違いはあったものの、スコラ学に基づき、カリキュラムや教科書、教授法には共通した傾向がみられた。具体的には、当時の大学ではリベラルアーツ7科を基礎科目群としており、この7科のうち言葉や記号を学ぶ文法学、修辞学、論理学の3つを三学（トリウィウム）、事物や数を扱う算術、幾何学、音楽、天文学の4つを四科（クワドリウィウム）として構成されていた。そして、これらの上位科目群として、法学、神学、医学が置かれていた。この構成は多くのストゥディウム・ゲネラーレで共通するカリキュラム構成であった。また、各科目で使用する教科書についても概ね共通していたという。例えば、法学ではユスティニアヌスの「市民法大全」や「学説彙纂（ダイジェスト）」、ローマ・カトリック教会による「教会法大全」や「教会法令集」など、医学ではイブン・スィーナー[(3)]の「医学規範（医学典範）」やガレノスとヒッポクラテスの著作など、神学では聖書やロンバルドゥスの「命題集」などがあげられる（ヴェルジュ, 1979）。また、修辞学ではキケ

ロ、文法ではプリスキアヌス、論理学や哲学ではアリストテレスの著作などが利用されていた（ハスキンズ, 2009）。

　さらに、教授法もこうした教科書に基づき、スコラ学で重視された購読（レクツィオ）と討論（ディスプタツィオ）によって構成される点も共通していた。購読は、定められたテキストを読み進める形式と、より踏み込んだ読解を通じて注釈を加えていく形式がある。討論は、教員の指導のもと、学生が聴衆の前で議論を戦わせる。討論には文献を持ち込むことは許されず、すべて暗記して引用することが求められた。このように教科書を理解することを重視した教育が徹底されていたという（シャルル＆ヴェルジュ, 2009）。

3 ｜ 大学改革と伝播

　12世紀までにボローニャ大学とパリ大学を中心とする初期の大学が設立された後、13世紀から15世紀にかけて、東はポーランドのクラクフ大学、西はポルトガルのリスボン大学、南はイタリアのカタルーニャ大学、北はスウェーデンのウプサラ大学などヨーロッパ全土で大学設置が進められた。この間も大学は汎ヨーロッパ的な国際性を帯びていたが、次第にその性質に変化が訪れる。それは、大学がどこの領邦国家に属するかによって特色が異なるようになっていったことである。教員や学生は領邦国家の監督下に置かれるようになり、ナチオの機能は大幅に縮小されることとなる（シャルル＆ヴェルジュ, 2009）。学生は卒業後には国家官僚になることが主流となり、教師は領邦国家から給料を得られることで職の安定性が高まった一方で、かつての自由な移動が鈍くなっていった（吉見, 2011）。その結果、学生は地元に近い大学で学ぶようになっていく。また、もうひとつの背景として、当時の政治的、宗教的な紛争も影響している。例えば、1337年から1453年にかけて発生したフランスとイギリスによる百年戦争は、イングランドとフランス間の移動が断続的に阻害され、イギリス人学生のフランス留学を停滞させた。また、1378年から1417年にかけて

の、ローマ・カトリック教会がローマとアヴィニョンに分裂した大シスマは、ローマ側を支持したスコットランドの学生のフランス留学を停滞させた。その結果、14世紀後半には4人に3人の学生は近隣地域の大学で学ぶようになる（Perraton, 2014）。

　16世紀に入るとヨーロッパ各地で大学改革がおこなわれ、大学は教皇や皇帝の庇護を受けた学生と教員のウニベルシタスという自治性を失い、領邦君主の意向が大学組織へ影響を与える度合いがより強化された。例えばドイツでは、1737年にハノーファー選帝侯ゲオルク2世によりゲッティンゲン大学が創設されたが、当時のドイツの大学には4つの特徴があった（シャルル&ヴェルジュ, 2009）。第一に、大学はより厳重に国家の管理化に置かれた。これは、教員の採用権にも及ぶこととなった。第二に、中世ヨーロッパの大学にはなかった貴族などの上流階級者のための科目（例：舞踏、乗馬、デッサン、現代語）が新設された。これにより、貴族階級の子弟の大学進学を促進することとなった。第三に、それまで神学、法学、医学を核にリベラルアーツ7科目によって構成されていた伝統的な科目構成から、新たな科学的な科目や実践的な科目（例：歴史学、地理学、物理学、応用数学、自然法、行政学）が設置された。これにより、専門的な職業人育成としての大学教育の色合いが強くなった。第四に、スコラ学で重視された購読と討論に代わってゼミナール方式（教員の監督指導のもとに、少人数の学生が特定のテーマについて研究し、報告・討論する教育方式）が導入された。これにより、教科書の理解に努める中世ヨーロッパの大学には少なかった実験をはじめとする研究が強調されることとなった。

　また、この時期は大学とは異なる高等教育機関として、研究者が専門的な研究をおこなうアカデミーや職業教育をおこなう専門学校が設置されるなど、高等教育の裾野が拡大した時代でもあった。アカデミーについては、1635年に設立されたアカデミー・フランセーズをはじめ、科学アカデミー、植物アカデミーなど、パリが中心地であり、研究者や学生によるフランスへの旅がおこなわれていた（ボーツ&ヴァケ, 2015）。また、17世紀のオックスフォード大学はスカンジナビア諸国やインドからの留学生を受け入れており、また1792年の

トリニティ・カレッジ・ダブリンには全学生の約5%が外国生まれの学生（ただし、インド在住のアイルランド人家庭出身者が、その半数以上）であったことから（Perraton, 2014）、学生の国際移動が完全に止まったわけではないことがわかる。

　17世紀から18世紀にかけては、イギリスの貴族階級を中心とするグランドツアーという新たな学問の旅が流行した。これは、イギリスの学生が学生生活の集大成として、海外での芸術、文化、学問の経験を求めてヨーロッパ大陸を旅するものである。17世紀のイギリス経験主義の理念に基づいていると考えられ、旅を通じて実際に経験することに対する教育的価値を例証している。イギリス経験主義の代表的な存在であったフランシス・ベーコンは、「若い人の旅は教育の一環であり、年配の人の旅は経験の一部である[4]」という言葉を残している。イギリス国教会の学生にとって、カトリックのヨーロッパ諸国を旅することにはリスクがあったが、1625年にイングランド王のチャールズ1世がカトリックのフランス王のアンリ4世の子女であるヘンリエッタ・マリアと結婚したことにより、ドーバー海峡からフランスに入り、スイスやイタリア、ネーデルラントを旅したという。また、より遠くへ旅した学生はギリシアに向かった。グランドツアーは半年間から3年間かけておこなわれ、旅の途中では各国の大学に一時滞在して学ぶ学生もいた（Porges-Brodsky, 1981）。しかし、グランドツアーは1789年のフランス革命で中止され、その後の19世紀初頭にイギリスとヨーロッパ大陸で鉄道整備が進んだ結果、海外渡航のハードルが下がったことで、その希少性が失われて下火になっていった。

　なお、ヨーロッパで大学改革がおこなわれていた16世紀は、ヨーロッパの大学モデルが海外植民地にも伝播された時代でもあった。例えば、スペインの大学をモデルとして、ラテンアメリカで最古の大学とされるサント・ドミンゴ大学が1538年にイスパニョーラ島サント・ドミンゴ（現代のドミニカ共和国）に設立された。その後、ペルーのリマにリマ大学（1551年）、メキシコシティにメキシコ大学（1551年）の設立が続いた。これらの大学は教皇や国王の特許状に基づいて設立されたという点で、公的権力によって管理を受けた大学であ

った（シャルル&ヴェルジュ, 2009）。

　アメリカでは、私立大学として、1636年にハーバードカレッジ、1701年に
イエールカレッジが設置された。その後、1876年にはより高度な研究型教育
をおこなうための大学院がジョンズホプキンス大学に設置され、現代のアメリ
カ高等教育の基礎が構築された。20世紀初頭には高等教育の大衆化が推進さ
れ、1920年代には学生数が250万人から480万人に急増していくことになる
（シャルル&ヴェルジュ, 2009）。

　さて、国家による管理を強化する傾向は17世紀の絶対王政時代にさらに強
まり、大学は国家機関として国家のための人材育成を担うようになる。特に
1648年以降のウェストファリア体制とも呼ばれる主権国家体制において顕著
になり、国民国家大学の時代が始まったことで、中世ヨーロッパ時代にみられ
た大学の汎ヨーロッパ的な国際性は失われていく。領主によっては、領民が他
国の大学へ留学することを禁止した例があった（横尾, 1985）。また、教員は、
領邦君主が信奉する宗派への宣誓が採用の際に求められた例もあった（プラー
ル, 2015）。こうして、大学の独立性や自由な人的集団という特徴が薄れていっ
た。

4 ｜ まとめ

　本章では、国際教育という学問分野がまだ存在していなかった時代の大学に
おける国際教育に関する性質を概観した。それをまとめると次のことがいえる。
中世ヨーロッパの時代では、学生や教員の多様性や流動性はきわめて高く、大
学は国際性に富んだ環境であった。その一方で、カリキュラムや教科書、教授
法については多様性に富んでいたとはいえない一面もあった。しかし、その要
因として、当時の学問には国境を越えたヨーロッパの普遍性を探求することが
根付いていたことは注目に値する。そのため、現代の国際高等教育でしばしば
議論される教育の国際通用性がヨーロッパ域内でみられた時代であったという

見方もできる。また、ストゥディウム・ゲネラーレで博士号を取得すると、ヨーロッパ域内の大学で適用される万国教授資格が取得できる国際通用性が担保されていたことは、現代の国際教育で学位の国際通用性について議論されていることに通じる。さらに、イタリアやフランス、イギリスといった国を問わず、教授言語がラテン語であったことも、現代の高等教育において英語を中心とする国際標準言語での教育が推進されていることに通じる。社会的な文脈が異なる2つの時代の大学を比較することの良し悪しは別として、中世ヨーロッパの大学が体現していたことは、現代の国際高等教育で議論されている内容に鑑みると非常に興味深い時代であった。

　その後、大学が国家権力によって管理監督される時代になると、それまでの汎ヨーロッパ的な大学の国際性は失われ、かつての中世ヨーロッパの大学でみられた学生や教師の自由な往来が停滞していった。その一方で、教育内容については、中世ヨーロッパで中心であったスコラ学式で画一性が高かったカリキュラム、教科書、教授法、教授言語から、国家の教育目的や制度の違いによって、大学教育の多様化が進んだという見方もできるであろう。

　こうして、国家によって高等教育が管理監督される時代が到来したことによって、各国の教育目的や教育内容の違いを乗り越えて国際理解、国際協力、国際平和を実現する必要性が生じた。その結果、第1章で概観したとおり、ひとつの学問分野としての国際教育がおおよそ19世紀後半に登場する。そのなかでも、国際高等教育では海外留学が国家政策として展開されていくことになる。次章では、国家政策としての海外留学の動向の変遷についてみていく。

注

(1)　このような地元の関係者（例：学生の下宿先の賃貸人）と大学関係者（例：学生）との摩擦を称して、「タウン（地元の町を指す）とガウン（大学関係者の着衣を指す）の争い」とも言われることがある（安原＆ロイ, 2018）。

(2)　当時の大学は人的集団であるがゆえに、確かな設置年が不明な部分があり、様々な議論があることには留意されたい。

(3)　ラテン語名で、アヴィセンナ（Avicenna）とも呼ばれる。

(4)　原文："travel in the younger sort is part of education, in the elder a part of experience"（Francis Bacon）（Porges-Brodsky, 1981, p.174）

付記

本章では、Hanada（2022）を一部利用している。

第 **3** 章

留学動向の変遷

1 ｜ はじめに

　本章では、大学が国家に管理監督されるようになったことで、大学から中世ヨーロッパの大学が有していた国際性が失われていった一方で、19世紀後半[1]から現在にかけて国家政策として海外留学が展開されていった過程をみていく。なお、海外留学自体は、中世ヨーロッパから存在していたことは第2章でみてきたが、国家政策としての留学生受け入れ、派遣がおこなわれるようになったのは、主にこの時代からである。

　大学が国家に管理監督されることで生じたひとつの変化は、国家ごとに高等教育制度が整備されていったことである。そうした制度は、国家像の実現に向けた人材育成の色合いが強いため、国家ごとの独自性が強い。しかし、独自性が強調されるからこそ、国家間の利害関係を乗り越えてお互いの理解や協力、そして平和を探究する国際教育という新たな分野が創り出された。

　そのなかで、国際高等教育の展開が徐々にみられるようになったのは、一部の国によって留学政策が展開された19世紀後半のことである。現代では国際高等教育の多様性が進んでおり、海外留学はそのひとつの主要な取り組みという位置づけであるが、19世紀後半から現在にかけての国際高等教育を振り返ると、海外留学がその中心であった時代は長かった。

　本章では、19世紀後半から現在に至る歴史のなかで国際高等教育の中心であった海外留学の動向について、19世紀後半から第一次世界大戦終結まで、第一次世界大戦後から第二次世界大戦終結まで、第二次世界大戦後から冷戦終結まで、冷戦終結後から現在にかけての4期に分けて、各時期の様相についてみていく。その際には、留学生数という量的な側面だけでなく、留学動向に影響を与えた社会的背景をみていくことで、国際高等教育が時代の変化にどのように対応してきたのかを読み解いていく。

2 ｜ 第1期：19世紀後半から第一次世界大戦終結まで

　第2章で述べたとおり、16世紀から大学の設置がヨーロッパ域外に広がったが、第一次世界大戦が終戦する頃までの海外留学の中心地はヨーロッパ域内であった。特に、東ヨーロッパ諸国からイギリス、フランス、ドイツ、スイスなどの西ヨーロッパ諸国への留学が主流であった。例えば1900年におけるフランスの大学生人口のうち留学生比率は約6%、ドイツでは約7%であった（Perraton, 2020）。当時の両国の大学生人口が約3万人と少なかったため現代とは一概に比較できないものの、20世紀終盤のアメリカの留学生比率が約3%であった（Goodman, 1996）ことを踏まえると、当時の留学生比率は現代と比較しても遜色ない水準にあった。

　この時期の海外留学の主な特徴についてみていくうえで最初に言及しておきたいことは、海外留学の技術的な前提として、1820年頃のヨーロッパにおける鉄道の発展が大きな変化をもたらしたことである。移動手段が馬車などから鉄道に切り替わったことで時間、費用、安全性など様々な面で移動の負担が軽減された。そのうえで、国家によって高等教育政策や留学政策が展開されたことによって留学生数は増加していった。

ドイツ

　まずドイツでは、1810年のベルリン大学に代表されるフンボルト大学モデルが登場したことで研究志向の留学生を受け入れた。この大学モデルの構想はヴィルヘルム・フンボルトによってつくられ、近代の大学はこのモデルよって始まったという考え方がある[2]。その特徴は、学問の自由を求める研究中心主義に基づき、大学は教育の場である以上に研究の場と位置づけることにある（潮木, 2008）。ドイツは、1810年以前からすでにバルティック地域（現在のエストニア、ラトビア、リトアニア）やハンガリーなどからの留学生を受け入れてい

たが、このモデルの登場以降、研究志向の大学院留学を志すアメリカや他のヨーロッパ諸国からの留学生が増え、その数は1865年から1914年までに約5倍にまで増えた（Perraton, 2020）。

フランス

　フランスでは、1870年から1871年の普仏戦争での敗北後、留学生の受け入れ数がしばらく停滞していたが、20世紀に入った頃から増加に転じた。例えば、1910年から1914年の間に留学生数は約1,800人から約5,200人にまでに増加し、大学生人口のうち約13％を留学生が占めていた。主にロシアやルーマニアをはじめとする東・南・北ヨーロッパからの留学生を受け入れていた（Perraton, 2020）。この時期のフランスの特徴として、1793年のフランス革命期に旧来の大学システムが廃止され、高度な職業専門教育をおこなう高等教育機関であるグランゼコール[3] の設置が推進された後、ナポレオンによる帝国大学システムを経て、1896年の総合大学設置法によって新制大学システムが導入された。この法律は、第三共和政のもとで同じ都市の複数の単科大学（ファキュルテ）の上位組織として総合大学（ユニヴェルシテ）を創設し、総合大学に法人格を与えた。

　ドイツとフランスの大学における共通点として、どちらの大学も東ヨーロッパ諸国からの学生を中心に受け入れていた。その一方で、相違点としては、ドイツへの留学生は哲学と医学分野で学ぶ学生が多かったのに対して、フランスでは文学と理学分野に多かった。また、ドイツの医学分野にはアメリカからの留学生が多かったが、これは当時のドイツの大学の近代大学のモデルとしての国際的認知度が高かったことが背景にある（白鳥, 1997）。

イギリス

　次に、イギリスについてみていく。イギリスでは、オックスフォード大学とケンブリッジ大学（通称、オックスブリッジ）に対してイギリス国教会が強い影響力を持ち、主に上流階級の子弟が通う大学になっていた（島田, 1990）。そう

したイギリスの大学における留学生受け入れの特徴は、ブリテン諸島外からの留学生が増えたことである。例えば、1810年時点ではオックスフォード大学の留学生の95％がブリテン諸島からの学生であったが、1910年にはブリテン諸島以外からの留学生が24％にまで増加した（Stone, 1974）。この要因には19世紀におこなわれた一連の大学改革があげられる。まず、イギリスでは11世紀末にオックスフォード大学、13世紀初頭にケンブリッジ大学が設立された以降、2大学による寡占状態が長らく続いていたが、それは1828年にユニヴァーシティ・カレッジ・ロンドンが設立されたことにより終焉した。これに続いて、1829年にはキングス・カレッジ・ロンドンが設立された。その後、当初は両カレッジの学位授与試験機関として1836年に設立されたロンドン大学が市民大学（The People's University）として立脚することとなる。これにより、大学の裾野が拡大された。

　次に、オックスブリッジでは入学試験にラテン語とギリシア語の試験、イギリス国教会に関する宗教テストを課しており、実質的に非国教徒には門戸が開かれていなかったが、この試験は1854年と1856年にオックスフォード大学とケンブリッジ大学でそれぞれ廃止され、非国教徒の留学生にも門戸が開かれることとなった。ラテン語とギリシア語の試験についても、オックスフォード大学がどちらか一方の言語をサンスクリット語に代替する制度を導入し、1907年からは英語と東洋言語に代替することも可能となった。また、ケンブリッジ大学は1895年には大学院生に課す語学テストを廃止した（Perraton, 2014）。

　これに加えて、オックスブリッジはイギリス帝国内の外国の大学と連携し、そこで1年次を学んだ学生は2つの大学に入学する際の第一次試験は免除されるなど、現代でいう国際転入制度を導入する。例えば、1880年代から1900年にかけて、インド、オーストラリア、カナダ、ニュージーランド、南アフリカの大学が連携大学となった（Pietsch, 2013）。この制度の導入によって、学部課程の少なくとも一部は自国の大学で学び、大学院課程はイギリスの大学で学ぶ留学へのニーズが高まった。しかし、当時のイギリスの大学にはドイツの大学にあった博士課程が整備されていなかったため、大学院レベルの留学生の受け

入れでは遅れをとっていた。イギリス政府は、アメリカを中心とする留学生の多くがドイツの大学院に留学していることを踏まえ、大学院を志す留学生のイギリス留学を促進するため、1917年のオックスフォード大学を皮切りにケンブリッジ大学、エディンバラ大学、ロンドン大学などで博士課程（DPhil）の導入をおこなった。また、1902年には世界初の国際的なフェローシップ制度であるローズ奨学金が導入され、オックスフォード大学へ留学する大学院生を金銭的に支援した。こうした一連の改革を通じて、20世前半におけるイギリスの7つの研究大学の博士課程の学生のうち、約40%が留学生となるまで受け入れを拡大させていった（Perraton, 2014）。

アメリカ

　最後にアメリカについてみていく。アメリカは、現在では世界最大の留学生受け入れ大国であるが、第一次世界大戦終結までは受け入れ数よりも送り出し数のほうが多かった。20世紀前半まではラテンアメリカ諸国、中国、フィリピンからの留学生が中心であったが、このアメリカ大陸以外からの2か国からの受け入れが多かった背景には留学政策があった（Bevis, 2019）。

　まず、中国からの留学生が増加したきっかけは、当時の清王朝が国家の近代化のため自国学生をアメリカへ派遣する政策を開始したことによる。具体的には、10歳から15歳くらいまでの少年が国内で選抜され、上海で準備教育を一定期間受けた後、30人ごとにアメリカに派遣された。アメリカへの留学期間はおおよそ15年間にも及び、中国への帰国後は洋務運動[4]に関わった学生もいたという。このプログラムでは1875年の第4回派遣まで、延べ120名が派遣された（Bevis, 2019）。しかし、1882年の中国人排斥法が制定されたことで、学生はアメリカ入国禁止の対象外ではあったものの、この政策は事実上中断された。その後、1899年から1902年に起きた義和団事件での対米賠償金が中国人留学生のアメリカ留学への奨学金として活用されたことで中国人留学生数は再び増加に転じ、1912年までに800名に達した（Bevis, 2019; Bevis & Lucas, 2007）。

　次に、フィリピンからの留学生の増加は、米西戦争後の1898年のパリ条約によってフィリピンがスペインからアメリカに割譲されたことをきっかけとする。具体的には、フィリピンでアメリカ式の教育を導入するため、1901年からフィリピンへ約500名のアメリカ人教師が派遣された（Bevis, 2019）。こうした教育を受けた学生のなかには大学教育の段階になるとアメリカへの留学を志向する学生が一定数現れる。そこで、1903年にはアメリカの高等教育機関への奨学金を支給する年金法（Pensionade Act）が制定され、アメリカへの留学生数が増加した（Karnow, 1989）。この奨学金を受給するためには、アメリカ留学終了後にフィリピンへ帰国し、留学期間と同じ期間はフィリピン政府関係機関での就労が求められた。第一弾として100名の学生が奨学金を受給し（Perraton, 2020）、カリフォルニア州の高校で1年間の英語教育を受けた後に東海岸や中西部の大学で学んだ（Bevis, 2019）。その結果、1922年の調査によると、フィリピン人留学生は合計1,156名に上った（Wheeler et al., 1925）。こうしてアメリカにおける留学生受け入れは徐々に拡大していく。

　このように19世紀後半から第一次世界大戦が始まる1914年までの国際高等教育の特徴として、各国による高校教育政策や留学政策が留学生の派遣や受け入れに大きな影響を与えた時代であったことがあげられる。

3 ┃ 第2期：第一次世界大戦後から第二次世界大戦終結まで

　第一次世界大戦後は、国際協調に基づく国際主義が提唱された時代であった。海外留学はその影響を受けて、国際主義を支える取り組みをおこなっていく（Perraton, 2014）。しかしながら、第二次世界大戦に近づくにつれ、海外留学は各国の対外戦略の影響を受けることになる。

　まず、1920年に国際協調の促進を掲げた国際連盟が誕生した。その少し後の1924年にはUNESCOの前身となる知的協力国際委員会（International Institute on Intellectual Cooperation）が国際連盟の諮問機関として組織され、留

学生交流が各国の協力を促進するひとつの手段としてみられるようになった。また、国際連盟に加盟しなかったアメリカでは、1919年に国際教育研究所（Institute of International Education: IIE）が設立された。IIEが誕生した背景には、第一次世界大戦に対する反省と戦後の協調を模索するなかで、アメリカと諸外国の高等教育交流が注目されたことがある。そして、コロンビア大学の学長であったニコラス・バトラー（Nicholas Buter）、ルーズベルト政権下の国務大臣であったエリフ・ルート（Elihu Root）と共にIIEの設置に携わったニューヨーク州立大学のステファン・ダガン（Stephen Duggan）はIIEの初代所長となり、28年間にわたってその任を務めた（Bevis, 2019）。カナダやメキシコなどの近隣諸国からの留学生に加えて、1920年代に入るとヨーロッパや日本[5]から、1930年代には他のアジアからの留学生が増加することになる。こうして、留学生受け入れ国としてのアメリカの台頭がみられるようになった。

　しかし、国際社会が第二次世界大戦へと進んでいくなかで、海外留学は政治的な影響を強く受けることになる。例えば、イタリアではファシスト大学グループが、エジプトやインド、日本から合計約500名の留学生受け入れをおこなった（Perraton, 2014）。その一方で、イギリスは、ムッソリーニ政権がプロパガンダを展開していた中近東や地中海地域の学生に対して奨学金を提供することでイギリス留学を斡旋した（Bevis, 2019）。アメリカでは、ルーズベルト政権が1940年代に善隣外交（Good Neighbor Policy）を推進し、ラテンアメリカ諸国からの留学生を積極的に受け入れた（Perraton, 2020）。アメリカは1944年から1945年にかけて世界95か国から8,075人の留学生を受け入れており、留学生の受け入れは戦時下であっても継続されていた（Bevis, 2019）。

　フランスも1930年までに留学生数を大幅に伸ばし、その数ではイギリス、ドイツ、アメリカを凌駕していた。こうした学生の大半はルーマニア、ポーランド、ブルガリア、ギリシアなど東ヨーロッパ域内の国々の出身者が多かった。（Perraton, 2020）この背景には、東ヨーロッパにおけるフランスへの親和性を高める文化外交のねらいがあったことが窺える。例えば、Paschalidis（2009）は、1922年にフランス芸術を海外に広めるために設立されたフランス芸術協

会（L'Association Française d'Action Artistique: AFAA）は、1936年のベルリン・オリンピックにおけるドイツの存在感の高まりに対抗すべく、フランスの友好国を増やす役割を担ったことに触れているが、留学政策も人材交流を通じてそうした役割を果たしていたと考えられる。

　また、アメリカやフランスなどでは、ドイツから逃れてきたユダヤ系を中心とする学生・研究者の受け入れが活発化するなど、留学は政治的な影響を多分に受けた（Perraton, 2020）。

4　第3期：第二次世界大戦後から冷戦終結まで

　1945年以降は、国際連合の設立に象徴されるように、再び国際平和の構築と紛争防止に向けて海外留学が盛んになる。しかし、それは冷戦によって、またしても政治的な同盟関係の強化のひとつの要素として位置づけられていく。

　まず、国際平和への取り組みとして、終戦直後からイギリス、フランス、スイス、オランダ、ベルギーなどの国々がドイツ人留学生の受け入れをおこなったが、これはドイツを国際的に孤立させることが戦後の平和と安定に逆効果であるという認識があったことによる（Perraton, 2020）。イギリスではローズ奨学金がドイツ人留学生にも適用され（Bevis, 2019）、終戦翌年の1946年の時点でドイツ人留学生数は出身国別ですでに5番目の受け入れ規模であった（Perraton, 2014）。

　イギリスでは、1945年のアスキス委員会（Asquith Commission）において、新たにマルタやセイロン（現在のスリランカ）、香港などにイギリス型の大学を設置することで、イギリスの大学への学部留学を減らし、現地の大学で学んだ学部生がイギリスの大学院に留学する流れをつくることを望む提言をおこなっている。また、コモンウェルス加盟国との結びつきを重視した結果、1940年代から1960年代にかけてコモンウェルス加盟国からの留学生比率が多い時で全体の65％を占めた（Perraton, 2020）。同様に、フランスでもフランス語圏を

中心とする西アフリカ諸国からの留学生が1960年代には40％以上を占めた（Perraton, 2020）。このように、政治的・文化的に結びつきの強いかつての旧植民地などの国々からの留学生移動が飛躍的に拡大した。

　これは、冷戦期の国際関係が影響している。それはアメリカを中心とする自由民主主義・資本主義圏と旧ソ連を中心とする社会主義・共産主義圏が、各圏内での人材交流を強固にするため留学生交流を積極的に展開したことである。また、この2圏は第三世界の国々との関係性を深めるためのひとつの手段としても高等教育交流を展開した。その主なアプローチとして次の2点があげられる。

　第一に、第三世界の国々の学生に対して奨学金支給を拡充した。そのねらいは、例えばアメリカに留学した留学生は、アメリカ式の教育を受けることで、アメリカ式の生活様式や文化、価値観を受容していく。そうした学生は留学を終えて帰国すると自国の政府機関や産業界で中心的な役割を担っていく可能性が高いなかで、アメリカとの親和性が高い考え方を持つ可能性がある。このように留学生交流は、自国の価値観を第三世界に広げていく効果が期待された。アメリカでは1946年に批准されたフルブライト法（Fulbright Act）[6]によりアメリカ政府奨学金による外国人留学生の受け入れが始まったが、1948年のスミス・ムント法（Smith-Mundt Act）と呼ばれる情報・教育交流法（U.S. Information and Educational Exchange Act）によって教育、文化、放送、出版、技術を含めた外国との交流がアメリカ政府の広報・情報活動として扱われるようになったことは、アメリカ連邦政府における留学交流の位置づけが教育だけのものではないことを示唆している。この点について、de Wit & Merkx（2022）は、アメリカでは、国防、パブリック・ディプロマシー、安全保障の観点から、教育分野を含む国際交流や国際協力が推進された側面があったことを指摘している。

　第二に、第三世界の国々への教育開発支援を積極的におこなった。それは、大学の設置や教員の人材育成、教育・研究、大学運営などのハードおよびソフト面に対する支援まで多岐にわたる。こうした支援を通じて、自国式の教育理

念や教育システムを第三世界に浸透させていく効果が期待された。その一例として、アメリカでは1961年に国際開発法（Act for International Development）の制定によってこうした活動がおこなわれてきた。Butt（1963）は、たとえアメリカの軍事や政治に対する不信感がある国であったとしても、こうした支援は概ね快く迎えられたと論じている（Butts, 1963）。

　こうした西洋諸国の動きに対して、旧ソ連はソ連邦を構成する国々および東ヨーロッパ諸国や中国からの留学生受け入れを推進した。この2つの留学動向をはじめ、冷戦下の留学には主に以下の8つの動向があったことが指摘されている（Altbach & Lulat, 1985, p.7）。

　　1）第三世界の国から先進国への留学

　　2）第三世界の国から社会主義国への留学

　　3）第三世界の国から第三世界の国への留学

　　4）先進国から先進国への留学

　　5）先進国から第三世界の国への留学

　　6）社会主義国から社会主義国への留学

　　7）社会主義国から先進国への留学

　　8）先進国から社会主義国への留学

　このうち、特に顕著だったのは、1番目の第三世界の国から先進国への留学であり、次に4番目の先進国から先進国への留学であった（Altbach & Lulat, 1985）。1980年前後時点における世界の留学生数は約83.6万人であり、そのうち約69％がグローバルサウス出身者[7]であったことが報告されている（Lee & Tan, 1984）。この中で、第三世界諸国が多かったアジア諸国の存在感を後押ししたのが、中国の存在である。1978年に中国の鄧小平による改革開放により、1980年頃から中国人留学生数が飛躍的に増加した。1980年には30,127人だったが、1995年までに115,871人にまで増え、世界最大の留学生送り出し国となった（Perraton, 2020）。

　こうして世界の留学生数が増加し続けるなかで、一部の国では自国への留学生の流入を一部規制する動きがみられるようになる。フランスでは留学生が卒業後に帰国をせずに移民として残る傾向が顕在化した。そのことがフランス社会に様々な影響を及ぼすことが懸念され、1982年に留学後の帰国を厳格化した。イギリスと西ドイツも同様の対策を講じた。しかし、だからといって留学生の受け入れが停滞したわけではない。例えば、イギリスでは大学への公的支出の削減により大学財政が逼迫していたなかで、1967年から留学生と国内学生とで異なる学費を徴収する制度を多くの大学が導入しており、留学生受け入れは大学運営に欠かせない非常に重要な部分であった。このような制度の導入によって1980年代初頭には一時的に留学生数が鈍化したが、その後もイギリス留学者数は増加しているため、留学生に対する学費政策による影響は限定的であったと見受けられる。また、こうした緊縮財政のなかでも、対旧ソ連政策として、キプロス、マレーシア、香港などについては学費の優遇措置がとられた。例えば、キプロスには在英軍基地があり、東ヨーロッパにおける戦略的重要拠点であった（Perraton, 2014）。このように留学生受け入れはより戦略的におこなわれるようになっていく。

5 ┃ 第4期：冷戦終結から現在にかけて

　1989年12月のマルタ会談によって冷戦の終結が宣言されたことで、政治イデオロギーに代わり留学動向に影響を与えた主な要因は、海外留学の経済的価値に変わっていく。イギリスでは1997年には留学生がイギリス国内で支出する学費、生活費、その他の費用を合算した経済的価値は約10億ポンドと試算された（National Committee of Enquiry into Higher Education, 1997）。また、アメリカでは1998年に80億ドル以上と試算された（Bevis, 2019）。

　2000年前後から世界のグローバル化や情報革命が急速に進展したことによって、知識型経済へのシフトが進んだ結果、より優秀な外国人人材を獲得する

動きが様々な国で顕在化した。それにより、留学生受け入れの経済的価値だけでなく、自国の産業界における将来の高度人材としての価値に注目が集まることになった。こうしたなかで優秀な人材が海外留学を通じて頭脳流出することを防ぐ方法として、世界最大の留学生輩出地域であるアジア太平洋地域などで域内留学を推進する取り組みがおこなわれるようになる。

　その結果、それまで長きにわたり留学動向の主流であった非欧米諸国から欧米諸国への流れだけでなく、非欧米諸国から非欧米諸国への流れも顕著になっている。例えば、日本、中国、韓国などは留学生の受け入れ数に目標数を設定した政策を展開し（例：日本の留学生30万人計画）、この実現に向けて大学の教育・研究の国際化に取り組んでいる。また、シンガポールやマレーシアなどの東南アジア諸国も積極的な留学生受け入れをおこなっている。

　こうした留学動向を示すひとつの根拠として、図3-1があげられる。これによると、世界の留学生数における中国の受け入れ比率が2010年から2016年の

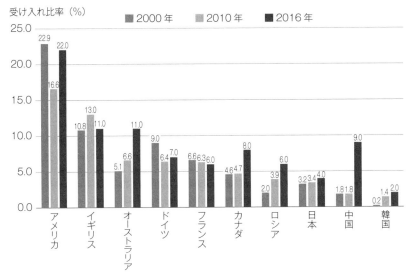

注：OECD（2012）& ICEF Monitor（2017年4月5日）をもとに算出した。なお、2016年の韓国のデータについては、UIS（2020）およびICEF Monitor（2018年2月21日）を基に筆者が算出した。
出典：Hanada（2023）を基に筆者作成

図3-1：留学生受け入れ比率の国際比較

図3-2：東アジア・太平洋地域諸国の留学生の派遣・受け入れ上位5か国

		日本		中国		韓国		シンガポール		タイ	
留学先上位5か国	1	アメリカ	12,218	アメリカ	295,398	アメリカ	38,783	イギリス	6,564	オーストラリア	6,121
	2	イギリス	2,646	イギリス	145,779	オーストラリア	7,223	オーストラリア	5,252	アメリカ	4,836
	3	オーストラリア	2,441	オーストラリア	93,437	カナダ	6,564	アメリカ	3,349	イギリス	4,460
	4	韓国	1,855	カナダ	79,728	ドイツ	5,417	ドイツ	615	日本	3,145
	5	カナダ	1,737	韓国	59,344	イギリス	4,831	マレーシア	612	ドイツ	869
留学生出身国上位5か国	1	ベトナム	44,128	データなし		中国	59,344	データなし		中国	15,458
	2	ネパール	18,436			ベトナム	24,928			ミャンマー	2,134
	3	スリランカ	5,522			ウズベキスタン	7,641			カンボジア	1,216
	4	インドネシア	5,095			モンゴル	4,902			ベトナム	731
	5	ミャンマー	3,652			ネパール	2,611			ラオス	686

		マレーシア		インド		インドネシア		ベトナム		モンゴル	
留学先上位5か国	1	イギリス	11,485	アメリカ	109,329	韓国	11,683	日本	44,128	韓国	4,902
	2	オーストラリア	11,419	カナダ	93,834	日本	9,862	韓国	24,928	日本	2,052
	3	アメリカ	4,924	イギリス	89,923	オーストラリア	7,445	アメリカ	23,155	オーストラリア	1,535
	4	日本	2,695	オーストラリア	68,725	アメリカ	5,095	カナダ	8,943	アメリカ	1,293
	5	ヨルダン	1,377	ドイツ	28,773	カザフスタン	3,124	フランス	44,00	カザフスタン	973
留学生出身国上位5か国	1	中国	38,714	ネパール	13,034	データなし		ラオス	5,626	中国	1,182
	2	インドネシア	9,862	アフガニスタン	3,150			カンボジア	694	ロシア	183
	3	バングラデシュ	5,714	アメリカ	2,893			国	492	韓国	80
	4	パキスタン	4,137	バングラデシュ	2,606			中国	187	カザフスタン	37
	5	インド	3,814	アラブ首長国連邦	2,288			東ティモール	84	日本	16

出典：UNESCO UIS（2023b）を基に筆者作成（ただし、このデータサイトには、日中間の派遣と受け入れのデータは公表されていない）

間に1.8％から9％に急増している一方で、欧米諸国の受け入れ比率は2000年から2016年にかけて、イギリスが10.8％から11％に微増しているものの、アメリカは22.9％から22％、ドイツが9％から7％、フランスが6.6％から6％と低下傾向にあることがわかる。その一方で、新たにオーストラリアやカナダ、日本、韓国、ロシア[8] といった国々が受け入れ比率を伸ばしている。

さらに、2017年の留学生受け入れ数上位30か国をみると、アメリカ、イギリス、オーストラリアが上位3か国であるが、日本と中国がトップ10に入り、マレーシア、韓国、シンガポール、インドが30位以内に入るなど、かつて留学生を輩出してきたアジア太平洋諸国が留学生受け入れ国になってきていることがわかる（UIS, 2023a）。

このことは、東アジアおよびアジア太平洋諸国出身の留学生の留学先を国別に示した図3-2からも確認できる。

全体的な傾向として、留学生の派遣はグローバルノース諸国が多く、留学生受け入れは域内の近隣諸国である国がみられる。例えばマレーシアの場合は、派遣はイギリス、オーストラリア、アメリカが多いが、受け入れは中国、インドネシア、バングラディシュ、パキスタン、インドが上位5か国である。派遣については、欧米留学は引き続き堅調だが、受け入れについては域内留学の存在感が高まっていることが窺える。

6 　まとめ

本章では、海外留学が国家によって政策的に展開されるようになった19世紀後半から国際高等教育の中心的な存在である海外留学の変遷を4つの時期に分類して、各時期における留学動向とその背景をみてきた。第1期である19世紀後半から第一次世界大戦終結までは、一部の国が留学政策を展開した。また、大学改革など、大学に関する政策が留学生の受け入れを促進した。第2期である第一次世界大戦後から第二次世界大戦終結までは、海外留学は当初は国際主

義の推進を担っていたが、第二次世界大戦に向かうなかで、各国の外交政策を
進めるひとつの手段として活用されるようになった。第3期である第二次世界
大戦後から冷戦終結までは、冷戦下の国際関係を反映して、各陣営内の人材交
流を強化するとともに、第三世界との関係性を深めるひとつのアプローチとし
て留学交流が盛んにおこなわれた。最後の第4期である冷戦終結後から現在に
かけては、留学生の受け入れの経済的価値および知識型経済を担う高度人材の
獲得に重きが置かれるようになり、特に近年の留学政策は経済政策や頭脳獲得
に関わる政策と密接に関連している。

　このように、海外留学の変遷を過去から現在にかけてみてみると、時代背景
や国家の政策の影響を受けてきたことがわかる。ただ、現代の国際高等教育で
は、多様な教育プログラムが展開されており、海外留学がすべてではない。そ
こで第Ⅱ部では、現代の国際高等教育では、どのような多様な取り組みがおこ
なわれているのかについてみていく。

注

(1)　19世紀後半という時期は、第1章でみたとおり、国際教育という学問分野の名称
　　が表舞台に登場した時期と重なる。海外留学が国家の政策として展開されたのは
　　高等教育であったが、当時の高等教育は、学生数や大学数などの規模はそれほど
　　大きくなかったこともあり、国際教育に関する議論の中心は初等・中等教育
　　（例：1867年にイギリスに設置されたInternational College at Spring Grove をは
　　じめとするインターナショナルスクール）であった。そのため、19世紀後半から
　　高等教育において海外留学が推進されたことが、高等教育が国際教育の中心とな
　　ったことを意味するわけではないことに留意されたい。

(2)　ただし、潮木（2006）によると、フンボルト理念が19世紀にドイツ各地の大学に
　　影響を与え、やがて外国の大学に影響を与えたとする解釈は、歴史的に証拠づけ
　　られていないという考え方もある。

(3)　グランゼコールは、技師養成校や経営学校などの特定の専門分野に特化したテク
　　ノクラートを育成する学校である。1794年に設置された高等師範学校をはじめ、
　　国立行政学院、理工科学校などがある。

(4)　1861年から1895年代にかけて、欧米の近代的な科学技術を導入して清朝の国力

　　増強を目指した運動。

(5)　しかし、1930年代に入ると第二次世界大戦に向かう時期になり、日本からの留学
　　生は減少してくことなる。

(6)　1961年にはフルブライト・ヘイズ法（Fulbright-Hayes Act）として知られる
　　Mutual Educational and Cultural Exchange Act of 1961に変更され、現在に至
　　る。

(7)　原文："less developed countries"（Lee & Tan, 1984）

(8)　冷戦終結直後にロシアへの留学生数は急減した。例えば、1990年から1994年に
　　かけて2万人いたアフリカ諸国からの留学生は4,000人にまで減少し、また旧ソ連
　　を構成していた近隣諸国からの留学生も8,000人から450人にまで減少した
　　（Perraton, 2020）。その後、2000年代には留学生数は増加に転じた。

付記

本章では、Hanada（2023）を一部利用している。

第II部

━━ 現代の国際高等教育 ━━

第**4**章

高等教育の国際化

1 ┃ はじめに

　本章では、現代の国際高等教育における最も代表的な取り組みである高等教育の国際化（Internationalization of Higher Education）の概念と取り組みの概要ついて着目する。そのうえで、「海外学習プログラム」「トランスナショナル高等教育」「内なる国際化」「オンライン国際高等教育」といった高等教育の国際化に関する具体的な取り組みについては、第5章から第8章でより詳しくみていく。

2 ┃ 「高等教育の国際化」の定義

　高等教育の国際化は、グローバル化の進展に対する高等教育の対応として、主に1990年代から進展した（Knight, 2008）。その背景には、人、モノ、カネ、情報の国際移動の進展によって、より国際経験が豊かで文化的な差異に代表される多様性への理解や対応力があり、かつ外国語で仕事を遂行できる人材の育成に対する高等教育への期待が産業界から高まったことがあげられる。具体的な取り組みは多岐にわたるため、その定義については多くの研究者よって様々な議論が展開されている。そのなかで、広く受け入れられている定義のひとつとしてジェーン・ナイト（Jane Knight）による定義があげられるだろう。ナイトは高等教育の国際化の黎明期であった1990年代前半に「教育機関における教育、研究、サービスの機能に国際的、異文化的側面を組み込むプロセス[1]」（Knight, 1993, p.21）と定義した。この定義は約10年後の2000年代前半に「中等後教育の目的、機能、実施において、国際的、異文化的、またはグローバルな次元を統合する過程[2]」（Knight, 2003, p.2）と再定義されている。この新旧の定義から主に次の3点における違いが窺える。

　第一に、1993年の定義では、教育機関（Institution）による活動を対象としていた。これに対して、2003年の定義ではひとつの教育セクターとしての中等後教育（Post-secondary Education）全体に関する活動を対象としている。この違いは、高等教育の国際化が教育機関だけでなく、国家や高等教育を中心とする中等後教育セクターに関わる様々なステークホルダーに関係する現象に変貌している様子を示唆している。

　第二に、どちらの定義にも高等教育の国際化を進める目的や、取り組み内容について具体的なことは定義に含まれていない。その理由は、国や地域、文化、教育システムの差異に影響されない部分を定義に反映させているためである（Knight, 2003）。

　第三に、どちらの定義も、高等教育の国際化は静的な状態ではなく、動的に変化する現在進行中のプロセス（process）であることを示している。このことは、高等教育の国際化は、時代の変遷に応じて再検討される必要性を示唆している。言い換えれば、ある10年間の出来事を分析すれば全容が理解されるのではなく、時代や環境の変化に応じて継続した分析が必要となる。この点は、他の研究者によっても指摘されており、例えばde Wit et al.（2015, p.29）は、ナイトの定義に「すべての学生および教職員の教育・研究の質を高め、社会に有意義な貢献をするための[3]」を追記し、中等後教育を取り巻く環境や変化を考慮しながら更新や修正が必要であることを示唆している。

　その他、多くの研究者が高等教育の国際化を定義しているが、ここではそれらを総花的に紹介することは避け、高等教育における国際化の影響に関する議論を紹介する。Rumbley et al.（2012）は、過去20年間において、高等教育の国際化は世界の高等教育機関にとって最も強力かつ広範な力であり、きわめて少数の例外を除いて、世界の大半の高等教育機関はその影響を受けていることを指摘している。しかしその一方で、国家や高等教育機関が高等教育の国際化を推進する目的は当該国が置かれた環境によって様々であり、その目的を実現するための取り組みも多岐にわたる。このことから、高等教育の国際化は、1990年代から2020年代に至るまでにグローバル、異文化、あるいは国際的な

次元と密接に関連するあらゆるものを説明するために使われる「キャッチオール」な存在となっており（Knight & de Wit, 1995, p.16; Knight, 2021, p.70）、そのことが高等教育の国際化の全貌を摑むことを難しくしている。

3 「高等教育の国際化」の領域

　こうしたなかで、高等教育の国際化の取り組みは、国際移動を伴う国際化（Internationalization Abroad）と国際移動を伴わない国際化（Internationalization at Home）（本書では日本語訳として利用されることが多い「内なる国際化」という呼称を用いる）の2つの領域に分類される。前者には、学生や教職員、教育プログラム、高等教育機関による国境を越えた移動が該当する。こうした国境を越えた移動を総称してアカデミック・モビリティ（Academic Mobility）と呼ぶこともある。後者は、国境を越えた移動をせずに大学キャンパスなどの国内でおこなわれる国際的な教育・研究活動が該当する。

図4-1：「高等教育の国際化」の領域

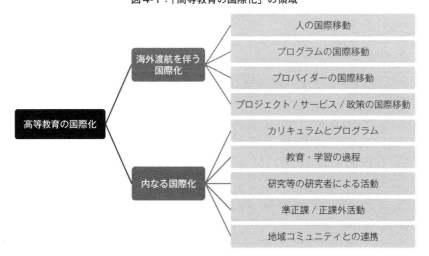

出典：Knight（2021, p.77）
＊オープンアクセスのため、著者から許可を得て、筆者が日本語訳してアレンジ。

4 ┃ 国際移動を伴う国際化

人の国際移動

　人の国際移動は、学生であれば、海外留学、海外サービス・ラーニング、海外インターンシップ、海外フィールドリサーチなどの大学が提供する海外学習プログラムに加えて、学生個人による学位留学なども含まれる。これに対して教職員の国際移動には、海外フィールドリサーチ、海外サバティカル、海外の大学への職員派遣などが含まれる。そのなかでも高等教育の国際化において最も注目を集めてきた活動は海外留学である。

　しかし、海外留学をする機会が得られる学生は世界の大学生のうち数パーセントにとどまっており、依然として一部の学生に限られた学習機会であることがしばしば指摘されている（例：Teichler, 2003; de Wit, 2018）。そのため、高等教育の国際化を海外留学と同一視することへの警鐘は多くの研究者から寄せられている。言い換えれば、残りの大半の学生が海外留学に資する国際教育の機会を享受できるようにすることが公平性の観点から議論されている。その解決策のひとつとして、内なる国際化とともにプログラムおよびプロバイダーの国際移動への注目が高まっている。

プログラムの国際移動

　プログラムの国際移動には、ひとつの高等教育機関が提供する教育プログラムの国際移動から、複数の高等教育機関が協働して提供する教育プログラムの国際移動、オンライン技術を活用したバーチャルな国際移動まで様々な取り組みがある。ここでは、その代表的なものであるフランチャイズプログラム、ツイニングプログラム、ダブルディグリープログラム、ジョイントディグリープログラム[4]、国際遠隔教育プログラムの概要についてまとめる。

　まず、フランチャイズプログラム（Franchise Program）は、「A国の教育機

関がB国の教育機関にコースの一部またはすべての提供を許可することで、学生はB国の教育機関でそのコースを学び、A国の教育機関から学位や修了証が授与されるプログラム[5]」（British Council, 2012, p.69）と定義される。具体的には、A国の大学がB国において教育プログラム提供する際に、B国の教育機関（教育サービス団体を含む）とフランチャイズ契約をする。そのため、学生はA国に留学せずに、B国の教育機関が用意した施設でA国の大学が提供する教育プログラムを学ぶ。

　これに対して、ツイニングプログラム（Twinning Program）は、「A国の教育機関がB国の教育機関と提携し、学生が両方の教育機関でA国の教育機関の単位を取得できるプログラム[6]」（Knight, 2008, p.105）と定義される。例えば、A国の大学がB国の大学と提携して4年間の学士プログラムを提供する場合、学生は最初の2年間はB国の大学でA国の大学のプログラムを学び、残りの2年間をA国の教育機関に渡航して学ぶ場合がある（いわゆる2＋2プログラム）。このプログラムを終了した学生にはA国の大学の学位が授与される。ただし、近年は4年間の学士課程すべてをB国の大学で学びA国の大学の学位を取得する（いわゆる4＋0プログラム）もあり、実質的にフランチャイズプログラムへと形を変えている場合が散見される（Knight, 2012a）。以上の2つのプログラムの特徴から、教育機関の連携を重視するツイニングプログラムと比較して、フランチャイズプログラムはより商業化されたプログラムだといえる（Knight, 2012a）。

　次に、ダブルディグリープログラム（Double Degree Program: DDP）は、「2つの教育機関が協働で学位プログラムを運営し、その卒業要件を満たすことで、それぞれの機関から1つずつ学位が提供されるプログラム[7]」（Knight & Lee, 2022, p. 417）を指す。これに対して、ジョイントディグリープログラム（Joint Degree Program: JDP）は、「1つの学位プログラムをパートナー校と共同で運営し、その卒業要件を満たすことで、1つの学位が連名で授与されるプログラム[8]」（Knight & Lee, 2022, p. 416）を指す。この2つの定義からわかる両者の最も顕著な違いは、プログラム修了者に付与される学位の数であり、ダブルディグリー

プログラムを修了した学生には各大学から学位を授与される（つまり合計2つの学位を取得できる）のに対して、ジョイントディグリープログラムを修了した学生は共同する高等教育機関によって設計された共同学位プログラムの修了証書として1つの学位が授与される（Overmann & Kuder, 2020）。

　最後に、国際遠隔教育プログラム（Self-Study Distance Education）は「外国の遠隔教育プロバイダーが、受け入れ国の学生に直接提供するプログラム[9]」（Knight & McNamara, 2017, p.16）と定義される。具体的には、大学がインターネットを使って外国の学生に対して提供するプログラムを指す。例えば、Coursera、edX、Udacityなどの大規模公開オンライン講座（Massive Open Online Course: MOOC）などで科目が有償または無償で提供されている。学位課程や資格ディプロマが提供される場合は、教育プログラムの提供者である大学から授与される。

プロバイダーの国際移動

　プロバイダーの国際移動は高等教育機関自体が国際移動する場合を指す。その代表的な取り組みである海外ブランチキャンパス、国際共同大学、バーチャル大学について概要をまとめる。

　海外ブランチキャンパス（International Branch Campus: IBC）は、「高等教育機関が外国において提供する学位プログラム全体を運営する分校[10]」（Garrett et al., 2017, p.6）と定義される。高等教育機関が外国で展開する施設には、自大学の学生に対して海外経験を提供するためのサテライトキャンパスやスタディーセンター、大学の広報活動やネットワーキング活動を担う海外オフィスなどがあるが、海外ブランチキャンパスはこうした施設とは異なる。海外ブランチキャンパスの要件として、高等教育機関が外国で学位プログラムを提供し、それに必要な教育施設、教員、学生募集、教育の質保証への対応などの学校運営に至る機能を分校で有していることがあげられる。ただし、分校の敷地や施設の所有権については、派遣側と受け入れ側の法律や両者の意向に基づくため、権利のすべてを外国大学が所有する場合や現地パートナーとの共同で運営され

ている場合がある。海外ブランチキャンパスがツイニングプログラムやフランチャイズプログラムと異なる点は、学位プログラムに関わる教育活動全体を海外ブランチキャンパスでおこなう点にある。例えば1年次と2年次のプログラムを外国のキャンパスで提供し、3年次と4年次のプログラムは本国のキャンパスで提供する場合は海外ブランチキャンパスには該当しない。

　国際共同大学（International Joint University: IJU）は、高等教育の国際化において登場した比較的新しい取り組みであり、研究蓄積もそれほど多くはない。そのなかで、Knight（2019, p.13）によると、「学術プログラムの開発・提供において、現地および外国の高等教育機関やプロバイダーが協力して共同設立した高等教育機関[11]」と定義される。2002年にカイロ・ドイツ大学（German University in Cairo）が設置されたのを皮切りに2019年時点で世界に22大学が設置されている（Simpson, 2021）。

　バーチャル大学（Virtual University）は、オンライン技術を用いた教育プログラムに提供に特化した大学を指す。国を越えた地域レベルで運営されるアフリカン・バーチャル大学（African Virtual University）や国家によって運営されるチュニジアのバーチャル大学チュニス（Virtual University of Tunis）といった主に2つのタイプがある。

政策／プロジェクト／サービスの国際移動

　政策／プロジェクト／サービスの国際移動は、人、プログラムおよびプロバイダーの国際移動を支えるプラットフォームを、国境を越えて調整するという点で国際移動のひとつとして位置づけられる。例えば、一般的に高等教育の質保証制度は国や州といった行政単位で独自に定められていることから、行政単位が異なればその基準も異なる傾向にある。しかし、国際高等教育プログラムを円滑に展開するためには、行政単位間の違いを乗り越えて地域レベルで質保証制度を構築することが必要な場合がある。海外留学を推進する国際的な大学間ネットワークや単位互換制度や、質保証制度に関する国際的なネットワークがこれに該当する。なお、そうした取り組みは公的機関だけでなく、非営利団

体によって運営される場合もある。その例として、外国の中等教育機関で取得
した高校卒業資格が、自国の高校卒業資格と同等であることを示す情報を提供
する非営利団体によるサービスが該当する。

　以上の国際移動をする主体と、具体的な形取り組みをまとめたのが図4-2で
ある。

図4-2：国際移動をする主体と形態

国際移動する主体	具体的な形態
人の国際移動	留学（長期・短期・学位留学） サービス・ラーニング インターンシップ フィールドリサーチ サバティカル 海外の大学への職員派遣
プログラムの国際移動	フランチャイズプログラム ツイニングプログラム ダブルディグリープログラム ジョイントディグリープログラム 国際遠隔教育プログラム
プロバイダーの国際移動	海外ブランチキャンパス 国際共同大学 バーチャル大学
政策／プロジェクト／サービスの国際移動	学位・資格認証 教育の質保証 単位互換 などに関する国際的な制度やネットワーク

出典：筆者作成

5 ｜ 内なる国際化

　内なる国際化（Internationalization at Home: IaH）は、国際移動を伴う国際化
（Internationalization Abroad）とは異なり、学生や研究者が在籍する大学キャン
パスなどの国内でおこなう国際教育に関する教育・研究活動を指す。この概念
は、1999年にスウェーデンのマルメ大学（Malmö University）で内なる国際化
の推進を担ったベングト・ニルソン（Bengt Nilsson）によって提唱されてから
2000年代にヨーロッパに浸透し、今では国際移動を伴う国際化と並んで高等

教育の国際化の二大柱として広く認知されている。内なる国際化の詳細については第7章「内なる国際化」で取り上げるため、ここでは内なる国際化の概念とそれが広く浸透した背景、混同しやすい「カリキュラムの国際化（Internationalisation of Curriculum: IoC）」との違いについてみていく。

　1990年代のヨーロッパにおける高等教育の国際化で代表される取り組みは、1987年から開始されたエラスムス計画（ERASMUS）によるヨーロッパ域内留学の推進であった。ERASMUSはEuropean Region Action Scheme for the Mobility of University Studentsの頭文字をとった略称であり、ルネサンス期の人文主義者でフランス、イギリス、ベルギー、イタリア、スイスなどを遍歴したデジデリウス・エラスムス（Desiderius Erasmus）の名前を冠している[12]。このプログラムは、学生が3か月から12か月間にわたって他のヨーロッパの大学に留学できる制度で、学生には奨学金が支給される機会もある。エラスムス計画が推進された1つの背景には、留学経験が就業力（employability）や仕事で必要とされる汎用的スキルの涵養に有効であると認識されていることがあげられる。例えば、エラスムス・プログラムの効果を検証したErasmus Impact Studyでは、大学在籍時に海外学習経験がある人はそうではない人と比較して、大学卒業から5年後の時点での失業率は23％低く、大学卒業から10年後の時点で44％高い確率で管理職についていることが報告されている（Brandenburg et al., 2014）。こうした海外留学を推進するデータに後押しされたことも一因となり、1987年に約3,200人の学生規模で開始されていたエラスムス・プログラムは、2021年までに合計約1,250万人の学生が参加するプログラムへと発展している（European Commission, 2022a; 2017）。

　その一方で、海外留学の有効性が示されるほど、海外留学の機会を得られない学生に対して、代替する教育機会を提供する必要性が喚起されることになる。内なる国際化はこうした機運から生まれた取り組みである。Nilsson（2003, p.31）によると、内なる国際化は「大学在学中にすべての学生に国際的な視点を与えることに関連する考え方や方策を包含するもの[13]」であり、言い換えれば「国外への学生移動を除く国際的な活動[14]」を指す。

　その後、Beelen & Jones（2015, p.69）は、内なる国際化を「国内において、国際的、異文化的な公式・非公式のカリキュラムをすべての学生に提供するための学習環境の整備に向けた統合的な取り組み[15]」と定義した。また、そうした学習環境に必要な点として、多様な文化的背景を持つ学生が集まるキャンパスにおいてカリキュラムが効果的に構成されていることを強調している。

　こうした内なる国際化に関する具体的な取り組みは図4-3のとおりに分類される（Knight, 2021, p.78-79）。

　なお、内なる国際化と混同しやすい概念として、カリキュラムの国際化（Internationalization of the Curriculum: IoC）があげられる。内なる国際化がスウェーデンを起点として広がったのに対して、カリキュラムの国際化は主にオーストラリアを起点として広がりをみせている。Leask（2015, p.9）によると、カリキュラムの国際化は、「カリキュラムの内容、学習成果、評価、教育方法、学習プログラムの支援サービスなどに、国際的、異文化的、グローバルな側面を取り入れること[16]」と定義されている。この両者の違いとして、内なる国際化が物理的な海外渡航を含まない国際教育に関する活動を指すのに対して、カリキュラムの国際化はカリキュラムとしての物理的な海外渡航をするプログラムを含む点があげられる。ただし、明確な概念的整理は現在進行形で検討されていること、どちらも公式（正課）、非公式（正課外）を組み合わせた学習環境を重視していることから、将来的に両者が別個の概念として共存していくのか、または有機的に統合されていくのかについては今後の議論が待たれるところである。

図4-3：「内なる国際化」の枠組み

カリキュラムとプログラム	・国際的なテーマを扱う教育プログラムの設置 ・既存の講義・外国語科目への国際的、異文化的、グローバルな内容の導入 ・地域研究 ・海外の教育機関とのジョイントディグリーまたはダブルディグリープログラム(*)
教育・学習の過程	・学習内容に加えて、学習プロセスの重視 ・留学生や留学帰国生、文化的背景が多様な学生によって構成される学習環境の整備 ・オンラインツールを用いた国際協働学習や国際共同研究の提供 ・ソーシャルメディアの活用 ・国際的、異文化的な視点に基づいたケーススタディ、ロールプレイ、問題解決シナリオ、PBL、チームワーク、学習コミュニティ、サービス・ラーニングのリソース教材の統合 ・国際的、異文化的、グローバルな視点に基づいた学習評価の実施
研究等の研究者による活動	・地域やテーマごとの研究センターの設置 ・ネットワーク型の研究・イノベーションプロジェクトの推進 ・国際会議・セミナーの開催 ・国際共同発表論文の推進 ・国際研究協定の推進 ・国際研究交流プログラムの推進 ・学術および異業種との国際的な研究活動の推進 ・客員研究員と協働した学術活動の推進
準正課活動／正課外活動	準正課活動 ・国際的・グローバルな視点に基づくリーダーシップ育成プログラム ・学際的なセミナーの開催やシンクタンクとの連携 ・著名人によるセミナー ・オンラインツールを用いたインターンシップ 正課外活動 ・学生団体やクラブ活動 ・国際的・異文化に関するイベント ・ランゲージパートナー、フレンドシッププログラム、学生による講演プログラム ・多様な文化や民族コミュニティとの連携 ・ピアサポートシステム
地域コミュニティとの連携	・地域の団体等におけるインターンシップやボランティア活動、調査研究活動を通じた学生と地域との関わりの推進 ・地域の団体等の代表者による教育・研究活動、正課外活動等への関わりの推進

注：（＊）ジョイントディグリープログラムとダブルディグリープログラムは、プログラムの国際移動に位置づけられるが、それを提供する各大学にとっては、大学キャンパス内で国際的な教育プログラムを展開しているという意味で、内なる国際化にも位置づけられる。

出典：Knight（2012, p.35）

＊出版社から許可を得て、筆者が日本語訳してアレンジ。

6 ｜ 包括的な国際化

　「国際移動を伴う国際化」と「内なる国際化」は、主に教育・研究活動を対象としている。これに対して、組織運営という視点から国際化をとらえた概念のひとつとして「包括的な国際化（Comprehensive Internationalization）」があげられる。この概念は、2011年にNAFSAの元会長であるジョン・ハジック（John Hudizk）が提唱したもので、「高等教育のミッションである教育、研究、サービスに国際比較の視点を導入した取り組み[17]」（Hudzik, 2011, p. 6）と定義している。そして、組織のリーダーシップ、ガバナンス、教員、学生、そして学術やサービスに関するすべての大学部局の参加が不可欠であると指摘している。言い換えれば、一部の教職員のみが国際化に関する活動に関わっている場合や、組織全体としてのビジョンや方針がない場合は、この定義には該当しない。Hudzik & McCarthy（2012）は、包括的な国際化を進めるうえで必要不可欠な4点として、(1) 特定の教職員と学生ではなく大多数に浸透させること、(2) 大学の中核となるミッションに統合すること、(3) 学術部門と大学運営部門に根付かせること、(4) 組織全体としてのビジョンの下、各部局を横断する連携体制を構築することをあげている。

7 ｜ まとめ

　本章では、高等教育の国際化の概念とその主な取り組みについてみてきた。ただし冒頭でも触れたとおり、本章はあくまでその全体概要をみることを目的としたため、より具体的なことは後続の章を参照されたい。
　まず、人の国際移動のうち海外留学については第3章「国際高等教育の変遷」で取り上げたが、近年注目されている海外サービス・ラーニングと海外イ

ンターンシップについては第5章「海外学習プログラム」でより詳しくみていく。次に、プログラムの国際移動とプロバイダーの国際移動で概観した、フランチャイズプログラム、ダブルディグリープログラム（DDP）、ジョイントディグリープログラム（JDP）、海外ブランチキャンパス（IBC）、国際共同大学（IJU）については、第6章「トランスナショナル高等教育」で詳しくみていく。また、国際遠隔教育プログラムと国際協働遠隔教育については、第8章「オンライン型の国際高等教育」でより詳しくみていく。

　最後に、本章の冒頭で高等教育の国際化はグローバル化に対する高等教育の対応だと述べた。これを言い換えれば、グローバル化への対応が必要ない場合や別の対応策がある場合には、高等教育の国際化を必ずしも推進する必要性はない。ただし、現状を見渡すと、様々な国の高等教育政策おいて国際化が優先事項のひとつとなっていることも事実である。その目的は、国・地域の経済的、文化的、政治的な文脈によって異なり、さらには個々の高等教育機関の状況によっても異なってくる。例えば、高等教育の需要に対して供給が不足している国であれば、ダブルディグリーやジョイントディグリー、フランチャイズプログラムなどによる海外の大学との連携を通じて、より質的かつ量的に充実した教育プログラムの提供を目指すかもしれない。また、非英語圏の国の大学がより国際社会で活躍できる人材を輩出することを企図する場合には、母語による教育だけでなく、国際通用性が高い英語による学位プログラム[18]の開発をおこなうかもしれない。このように国際化を推進する目的を一般化することは難しいが、そのなかでも主要な目的についてはKnight（2021, p.76）が図4-4のとおりまとめている。

　このように高等教育の国際化を推進する目的は様々だが、実際に高等教育の国際化を推進した結果、どのようなベネフィットやリスクがもたらされているのかについても検討が必要であろう。例えば、現在の高等教育の国際化の定義は西欧の概念を基盤としており、それを意図していなくても結果的には西欧的な概念を非西欧諸国へ伝播させることにつながっているとの指摘がある（Marginson, 2023）。その一方で、そうした定義が非西欧諸国の研究者や実務家

図4-4：高等教育の国際化を推進する目的

レベル	主な目的
個人レベル	・世界観や異文化理解力の向上 ・キャリア開発 ・国際社会や海外の国に関する知識の獲得 ・国際的なネットワーク（人脈等）の形成
教育機関レベル	・教育の質保証 ・研究とイノベーションの推進 ・国際的な知名度やブランドの向上 ・キャパシティ向上 ・学生や教職員の能力向上 ・外国の機関との戦略的連携の推進 ・収入の増加
国家レベル	・人的資本の質的向上 ・高等教育進学者の増加 ・頭脳獲得 ・教育サービスの輸出入 ・国家戦略への寄与 ・社会的・文化的な発展への寄与 ・外交への寄与 ・ソフトパワーの担い手
地域レベル	・各国の教育諸制度の調整 ・地域アイデンティティの向上（例：ASEANアイデンティティ、EUアイデンティティ） ・地政学的な国家間連携の推進 ・地域競争力の向上（例：ASEAN、EU）

出典：Knight（2021, p.76）
＊オープンアクセスのため、著者から許可を得て、筆者が日本語訳してアレンジ。

によって用いられ、そのなかでベネフィットとリスクが検証され、固有の文脈に根差した国際化のあり方が模索されてきたことも見逃せない。すでに高等教育の国際化に関する議論が活発になった1990年代から約30年近くが過ぎた中で、こうした定義の記述だけに焦点を当てるのではなく、高等教育の国際化によってもたらされた結果を検証し、その新たな方向性を模索することが必要だとも論じられている（de Wit, 2024）。この点については、第10章「リスク・ベネフィット分析」において考察していく。

高等教育の国際化の定義に関する補足説明

　高等教育の国際化の定義は、国・地域の独自性を越えた部分に着目するため、抽象度が高く理解しづらい点もあるかもしれない。

　それを紐解くひとつの例として、高等教育の国際化に関する定義のうち、最も引用数が高いひとつの定義であるジェーン・ナイト（Jane Knight）の定義である "the process of integrating an international, intercultural, or global dimension into the purpose, functions or delivery of post-secondary education" では、各用語の意味について次のとおり説明されている（Knight, 2003）。

1. プロセス（process）

　「プロセス（process）」という言葉には、高等教育の国際化は完成された状態ではなく、継続的な取り組みであり、その内容は変化していくものであることを表現している。この点はinternationalizationの"-zation"にも表されており、国際的な状態を意味するinternationalityの"-lity"とは異なる。

2. international、intercultural、global

　この３つの用語は、国際化の広がりを表現している。インターナショナル（international）は、国家間、文化間、あるいは国同士の関係という意味で使われている。しかし、国際化はそれだけでなく、国内の高等教育、大学キャンパスや教室内に存在する文化的多様性に関わることでもあるため、そうした文化的多様性の側面についてはインターカルチュラル（intercultural）という用語に反映されている。また、グローバル（global）は、世界的な規模という意味で使われている。

3. 統合（integration）

　「統合（integration）」という用語は、国際、異文化、グローバルな次元を政策やプログラムに有機的に組み込む意味で使われている。

4. purpose、function、delivery

　目的（purpose）とは、高等教育が果たすべき全体的な役割を指す。機能（function）とは、高等教育制度や個々の教育機関を特徴づける主要な要素や業務を指す。具体的には、教育、学習、研究、地域、社会全体への貢献などが含まれる。提供（delivery）とは、教育コースやプログラムを国内または海外で提供することを指す。

注

(1)　原文："the process of integrating an international and intercultural dimension into the teaching, research and service functions of the institution"（Knight, 1993, p.21）

(2)　原文："the process of integrating an international, intercultural, or global dimension into the purpose, functions or delivery of post-secondary education"（Knight, 2003, p.2）

(3)　原文："in order to enhance the quality of education and research for all students and staff, and to make a meaningful contribution to society"（de Wit et al., 2015, p.29）

(4)　ジョイントディグリープログラムは、外国の高等教育機関との共同学位である場合が一般的であるため、あえて国際的であることを強調する「国際ジョイントディグリープログラム」よりも「ジョイントディグリープログラム」と表記されることが多い。また、「国際共同学位プログラム」と表記されることもある。本書では、ジョイントディグリープログラムで統一する。

(5)　原文："The origin institution licences a local institution to teach some or its entire course, so that students can receive the award of the origin institution without attending the origin campus"（British Council, 2012, p.69）

(6)　原文："A situation whereby a provider in source country A collaborates with a provider located in country B to develop an articulation system allowing students to take course credits in country B and/or source country"（Knight, 2008, p.105）

(7)　原文："A double degree program awards two individual qualifications at equivalent levels upon completion of the collaborative program requirements established by the two partner institutions"（Knight & Lee, 2022, p. 417）

(8)　原文："A joint degree program awards one joint qualification upon completion of the collaborative program requirements established by the partner institution"（Knight & Lee, 2022, p. 416）

(9)　原文："Foreign sending distance education provider offers academic programmes directly to host country students"（Knight & McNamara, 2017, p.16）

(10)　原文："an entity that is owned, at least in part, by a foreign education provider; operated in the name of the foreign education provider; and provides an entire academic program, substantially on site, leading to a degree awarded by the foreign education provider"（Garrett et al., 2017, p.6）

（11）原文："an HEI co-founded and established in the host country involving both local and foreign sending HEI/providers who collaborate on academic programme development and delivery"（Knight, 2019, p.15）

（12）その後、エラスムス・プラス（ERASMUS+）に拡大されて、大学生の海外留学だけでなく、職業訓練生、教師、ボランティア活動のための海外研修などに範囲を広げるとともに、ヨーロッパ域外の大学との交流をおこなっている。また、修士課程レベルではエラスムス・ムンドゥス（ERAMUS Mundus）がある。

（13）原文："a way to embrace all the ideas and measures related to giving *all* students international perspectives during their time at the university"（Nilsson, 2003, p.31）

（14）原文："any internationally related activity with the exception of outbound student mobility"（Nilsson, 2003, p.31）

（15）原文："the purposeful integration of international and intercultural dimensions into the formal and informal curriculum for all students within domestic learning environments"（Beelen & Jones, 2015, p.69）

（16）原文："the incorporation of international, intercultural and/or global dimensions into the content of the curriculum, as well as the learning outcomes, assessment tasks, teaching methods, and support services of a program of study"（Leask, 2015, p.9）

（17）原文は："a commitment, confirmed through action, to infuse international and comparative perspectives throughout the teaching, research, and service missions of higher education"（Hudzik, 2011, p.6）

（18）英語による学位プログラムにおいて、一部の科目を英語でおこなうプログラムとすべての科目を英語でおこなうプログラムを区別するため、前者をEnglish-Medium Instruction（EMI）プログラム、後者をEnglish-Taught Instruction（ETP）プログラムと呼ぶことがある。

海外学習プログラム

1 ▎はじめに

　本章では、人の国際移動のうち、海外学習プログラムについてみていく。海外学習プログラムには、海外留学、海外サービス・ラーニング、海外インターンシップなどが含まれるが、海外留学については第3章でその歴史的変遷について触れた。そこで本章では、特に近年になって欧米で注目されている海外サービス・ラーニングと海外インターンシップに焦点を当てる。

　なお、どちらのプログラムも、まずはサービス・ラーニングとインターンシップとはどのような教育活動かを理解することが前提となるため、最初にこれらの概念について紹介し、それを海外で実施する場合の特徴についてみていく。

2 ▎サービス・ラーニングの概念

　サービス・ラーニングとは、学生の成長を目指した教育的な意図に基づき、地域社会のニーズに対応する活動に従事する経験型学習を指す（Jacoby, 1996）。この用語は、1967年にアメリカのロバート・シグモン（Robert Sigmon）とウィリアム・ラムゼイ（William Ramsey）によって提唱されたとされている（McIlrath et al., 2019）。

　サービス・ラーニングをより学術的に定義したものとしては、「地域社会のニーズを満たす組織的な奉仕活動に参加し、授業内容のさらなる理解、学問分野に対するより広範な理解、市民としての責任感の向上を得るために、奉仕活動を振り返る正課の教育的経験[1]」（Bringle & Hatcher, 1995, p. 112）があげられる。Furco & Norvell（2019）によると、この定義は、サービス・ラーニングが発祥したアメリカにおいて最も広く引用されている定義のひとつである。アカデミックな実践活動、学生とコミュニティとの相互関係、コミュニティ・

サービスと授業内容を関連させることで省察を得る教育的な仕掛け、学生の市民としての責任意識の涵養の4点が強調されている。言い換えれば、コミュニティ・サービスが教育的な意図をもって設計されていない活動はサービス・ラーニングには該当しない。学生がサービス・ラーニングを通じて得られる学びと、コミュニティにもたらされる利益の相互関係によって成立している点がポイントとなる。

　サービス・ラーニングと他の実践的な活動との違いを明示したモデルとして、Furco（1996, p.3）の「サービス・プログラムの差異モデル（Distinctions Among Service Programs）」があげられる（図5-1）。

図5-1：サービス・プログラムの差異モデル（Distinctions among Service Programs）

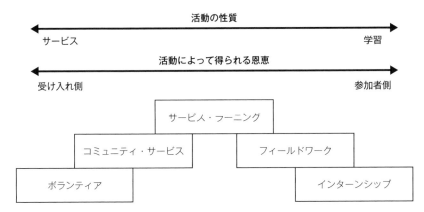

出典：Furco（1996, p.3）
＊University of Nebraska Omaha Librariesから許可を得て、筆者が日本語訳してアレンジ。

　このモデルは、「サービスと学習」と「受け入れ側と参加者側」の関係性を軸に、サービス・ラーニング、ボランティア、コミュニティ・サービス、フィールドワーク[2]、インターンシップの5つの違いを整理した。そのなかで、サービス・ラーニングは受け入れ側と参加者側との相互性および互恵性を重視する活動として位置づけられている。これに対して、ボランティアは受け入れ側の利益がより重視される構造になっている。この分類は、サービス・ラーニング

の特徴を簡潔に示しているが、このモデルは5つの活動の境界線を明確に引くことを意図しているわけではない。例えば、ボランティアとコミュニティ・サービスとの間には、受け入れ側の利益が具体的にどの程度の違いがあるのかを明確に示すことを意図するものではなく、あくまで5つの活動で意図される受け入れ側と参加者側が得られる受益バランスを相対化することを目的としている。

3 高等教育におけるサービス・ラーニング

　高等教育においてサービス・ラーニングの学習効果に対する関心が高まったきっかけは、1980年代のアメリカにあった。そのひとつの背景として、実社会で役立つ実践的な能力を学ぶためには、経験、内省、概念化、実践の4つのステップからなるサイクルを繰り返す経験学習が望ましいことがデイヴィッド・コルブ（David Kolb）の経験学習モデル（experimental learning model）によって提唱されたなかで、サービス・ラーニングがそうした機会を提供するひとつとして認識されるようになったことがあげられる（Furco & Norvell, 2019）。その後、2014年にはサービス・ラーニングに参加した学生によって、延べ660万時間分の活動がおこなわれたことが報告されている（Bamber, 2016）。

　アメリカの高等教育で、実社会で役立つ実践的な能力が重視された主な要因として次の2点があげられる。第一に、社会的ニーズの高まりである。グローバル化により、国際的な視野や能力を持つ人材育成が求められるようになった一方で、アメリカ社会では若者の市民意識に関する課題が議論されるようになる。例えば、アメリカ大学・カレッジ協会（Association of American Colleges and Universities: AAC&U）は、2006年と2007年に約14,000人の大学4年生に対しておこなわれた市民リテラシー試験の平均得点率が50%強で、大学の成績としてはF評価に相当することを報告した（AAC&U, 2012）。この報告書では、その改善に向けて大学カリキュラムにおいて社会の問題解決に取り組む市民教育を充実させる必要性を提起している。そして、アメリカ大学・カレッジ協会

はそうした人材育成の具体的なプランとして、LEAP（Liberal Education and America's Promise）と呼ばれるリベラルアーツ教育活動を2005年から2018年にかけて展開した。そのなかで、サービス・ラーニングは、コミュニティとの結びつきを深めることで市民意識を涵養するためのインパクトの高い教育実践（high impact practices）のひとつとして位置づけられた（Jacoby, 2014）。

　第二に、大学教育においてサービス・ラーニングを提供するための環境整備が進んだことである。例えば、1985年のキャンパス・コンパクト（Campus Compact）の設立はその例だろう。キャンパス・コンパクトは、高等教育機関と地域社会とのパートナーシップを促進することを目的とした非営利のネットワーク団体である（Campus Compact, 2021a）。主に、サービス・ラーニングに関するシラバスなどの教育リソースの情報共有、イベントの開催、加盟する教育機関に対するサービス・ラーニングの実施状況の調査などをおこなっている（Campus Compact, 2021a; 2021b）。

　サービス・ラーニングはヨーロッパでも展開されている。ヨーロッパにおけるサービス・ラーニングを推進するための代表的な取り組みとして、Europe Engageがあげられる。これは、2014年から2017年にかけて、学生の地域社会との関わりを深めるためのプロジェクトであった（Europe Engage, 2019）。ヨーロッパ12か国[3]の各国から1大学が参加する12大学間でサービス・ラーニングプログラムに関する取り組みについて情報共有をおこなっていた。

　さらに、欧米以外でも大学教育プログラムのひとつとして導入されている例がある。例えば、アルゼンチン、メキシコ、シンガポール、南アフリカなどでも大学教育に取り入れられている（Furco & Norvell, 2019）。また、Campus CompactやEurope Engageのように組織的な取り組みもおこなわれており、その代表的な例としてタロワール・ネットワーク（Talloires Network of Engaged University）があげられる。このネットワークは、グローバルなレベルでの大学と地域社会との協働に貢献することを目的としており、サービス・ラーニング、ボランティア、社会起業支援といった様々なプログラムを支援している。この協会の名称は、2005年にアメリカのタフツ大学の呼びかけによ

り、23か国から29大学がフランスのタロワールに集まり、高等教育の公共的
役割と社会的責任について議論を交わしたことに由来する。2022年現在、86
か国の431高等教育機関が加盟している（Tufts University, 2023）。

　日本の高等教育におけるサービス・ラーニングの現状については、福留
（2019）が詳しい。そのなかで、2014年度に実施された調査に回答した607大
学のうち、全学または一部の学部・学科でサービス・ラーニングを実施してい
る大学は53％であったことが報告されている。大学の社会貢献への役割や教
室外学習の重要性については文部科学省の方針でも指摘されていること、日本
の高等教育でサービス・ラーニングが教育プログラムとして位置づけられるよ
うになってからそれほど時間が経っていないことから、今後の発展の可能性が
期待されている。なお、サービス・ラーニングに関する団体としては、2014
年に設立された日本サービス・ラーニング・ネットワーク（Japan Service
Learning Network: JSLN）があげられる。アメリカのCampus Compactや
Europe Engageが大学などの教育機関が加盟しているのに対して、JSLNは研
究者や教育者、実施担当職員などの個人が加盟する団体である（日本サービ
ス・ラーニング・ネットワーク, 2020）。

4 ┃ 海外サービス・ラーニング

　上記のサービス・ラーニングの概念と教育活動としての特徴を踏まえて、次
に海外サービス・ラーニングについてみていく。海外サービス・ラーニングは、
サービス・ラーニング、海外留学、国際教育という3つの教育要素が交差する
ものとして概念化されている（Chan et al., 2021）。海外サービス・ラーニング
は、サービス・ラーニングの特性を持ちつつ、実践活動は外国のコミュニティ
でおこなわれるが、Plater et al.（2009）は、従来の留学体験に奉仕活動を加え
るものでも、国内のサービス・ラーニングに国際体験を加えるものでもなく、
両者を統合することで、学生は知識を構築する重要な要素として現地の声や文

脈を重視する活動だと述べている。また、市民意識に関する学習が国境を越えておこなわれることで、その意識に対する認識も大きく変容させる可能性があることを論じている。Bringle & Hatcher（2011）は、海外サービス・ラーニングと海外留学は、海外での異文化体験が得られることは共通している一方で、教室での学習を補完する組織的な実践的な活動にコミュニティへの貢献や他者との対面的な交流を通じて異文化理解を高めるという点で、海外サービス・ラーニングは海外留学とは異なる経験を提供することが期待されると論じている。

　これらを踏まえ、海外と国内でのサービス・ラーニングとの大きな違いは、主に3つあげられる。第一に、学生は自分の文化圏の外に出て活動することで、自分のなかにあるステレオタイプを変える機会が得られることである（Mora et al., 2019）。第二に、グローバルシティズンシップに代表される国境を越えた市民意識を涵養する機会を得られることである。第三に、学生が外国のコミュニティに貢献する際に、現地とは異なる自国の文脈から学んだ知識やスキルを活かせる点で、コミュニティにとっても自分たちとは異なる視野が得られる可能性があることにある。

　ただし、こうした学習効果を実際に得られるのかについて実証した研究の蓄積はまだそれほど多くない。多くの場合は、単一のプログラムに参加した小規模な人数の分析が多く、その結果から得られた知見の一般化には限界があることが指摘されている（Chan et al., 2021）。例えば、グローバルシティズンシップの涵養に対する肯定的な影響を示した研究（例：Mogford & Lyons, 2019）がある一方で、グローバルな諸課題に対する実際の市民参画[4]の向上への効果は確認できなかったことを報告している研究（Chan et al., 2022）がある。この意識と参画の違いを説明するメカニズムについてはまだよくわかっていない部分がある。

　このように、海外サービス・ラーニングは、海外のコミュニティでの活動を通じて現地の人々との相互関係が得られる点で、学生同士の関係性が中心である海外留学とは異なる特徴があるが、学習効果に関する研究の蓄積が比較的に少ないことから、様々な国・地域の学生を対象とした実証研究を積み上げていくことが期待される。

5 ┃ インターンシップの概念

　インターンシップの定義は様々であるが、そのひとつとして、「仕事や研究のスキルを涵養することを目的とした有給または無給、そして単位付与を伴う場合と伴わない場合がある就業体験[5]」（Goertler & Schenker, 2021, p.7）と定義される。学生はインターンシップを通じて、雇用主や組織の従業員に対するニーズを理解し、自らの能力を養う機会を得られることが期待される。そのためインターンシップは、学生の就業力（employability）を高める学習機会として認識されている（O'Leary, 2018）。

　なお、図5-1において、インターンシップは学習経験を通じた参加者側にとっての恩恵が多い活動として位置づけられており、受け入れ側であるコミュニティに対する恩恵を重視した活動であるボランティアの対極に位置づけられている。このことは、大学と企業が連携していくうえで、企業にとっての恩恵を熟慮した方策を検討することが、インターンシップの推進を後押しすることにつながることが示唆される。

6 ┃ 高等教育におけるインターンシップ

　インターンシップが大学教育の一部として提供されるようになったのは、それほど昔のことではない。その理由として、大学は教育と研究をおこなう場であり、学生が在学中に就業経験を積むことは学生の自己責任の範囲内であるととらえられることがあった。この点について、Berquist（2018）は、インターンシップは大学を介さずにおこなう活動と認識される傾向にあったことを指摘している。しかし、近年では雇用のミスマッチの問題が社会的な課題としてなってきたなかで、その改善への取り組みが高等教育機関にも求められるように

なっている。O'Leary（2018）は、企業活動のグローバル展開や技術革新が進むなかで、企業が求職者に求める能力と就業を希望する学生が習得している能力のギャップが広がっており、その改善に向けた一助としてインターンシップの必要性に言及している。また、LEAPによるインパクトの高い教育実践のひとつとしてサービス・ラーニングと並んでインターンシップが位置づけられたことも、その重要性を示している（AAC&U, 2014）。

　アメリカでは大学卒業者の約75％が、大学在学中に少なくとも1回以上のインターンシップを経験しているといわれている（Hayes, 2018）。インターンシップは就業力をつけるだけでなく、その後の学習や人生経験にとっても重要な3つの学びがある（King & Sweitzer, 2018）。第一に、意欲が高い学習者（Engaged Learners）に向けた成長である。意欲が高い学習者とは、新しい知識を得ることに積極的であり、物事を批評的かつ創造的に考えることで、複雑性のある諸課題に対して多元的な視点から解決に向けて取り組んでいく学習者を指す（Sweitzer & King, 2014）。第二に、他者との有機的な関係性が構築できる学習者（Integrated Learners）に向けた成長である。他者との有機的な関係性が構築できる学習者とは、他者の知識や経験を参考にしながら、さまざまな見地から課題をとらえて取り組むことができる学習者を指す（Swaner, 2011）。そして第三に、自律した学習者（Self-Authored Learners）に向けた成長である。自律した学習者とは、他者との協働の際に、ただ単に他者の行動や意見に影響されるのではなく、自らの意思をもって判断や行動ができる学習者である（Hodge et al., 2009）。つまり、インターンシップは、就業力を高めるだけでなく、学習者としても成長することが期待されている。そして、インターンシップを実りある学習の場とするためには、インターンシップの提供側と参加者側で達成目標が一致していることが望ましい。そのため、インターン生に対してインターンシップの選考時から実習完了まで継続的に指導・監督する支援体制を整備する重要性が論じられている（Sides & Mrvica, 2007）。

7 海外インターンシップ

　海外インターンシップは、海外学習とインターンシップを兼ね合わせた性質を持つ。学生が国内インターンシップで学べることに加えて、異文化の職場環境における対応力の涵養にも寄与することが期待される。ただし、単に海外インターーシップを提供すればよいわけではない。例えば、Snodgrass et al.（2021）は、アメリカの大学からオランダ、ペルー、韓国でおこなわれた120時間から180時間の海外インターンシップに参加した合計31名を対象として、参加者の文化的知性にあたえる影響を調査した。その結果、オランダと韓国でのプログラムでは有意な効果が認められたが、その要因として、この2つのプログラムには、体験型カリキュラムを効果的に実施できる経験豊かな指導者がいた一方で、ペルーのプログラムには未経験の大学院生のアシスタント2名が教員と指導にあたっていたことをあげている。海外インターーシップは、参加者の文化的知性（この研究では特に異文化間能力）を高めることが期待されるともに、経験豊かな教員が担当する必要性を論じている。

　海外インターンシップの普及を担う団体のひとつとして、国際的な大学ネットワークであるグローバル・インターンシップ協議会（Global Internship Conference: GIC）があげられる。GIC は1999年のミシガン州立大学での第1回開催からアメリカ国内での数回の開催を経て、シンガポール国立大学、トロント大学、ダブリン大学など国外でも開催されるなど国際的に展開されている（Berquist & Moore, 2018）。しかし、海外インターンシップでは外国の企業・団体と調整をおこなう必要があることを踏まえると、多くの学生に対して海外インターンシップを提供することは考えにくい。実際にアメリカ教育協会（American Council on Education: ACE）は、アメリカの学生が海外インターンシップに参加する機会はそれほど多くないことを指摘している（Helms et al., 2017）。

　日本においては、2000年代に企業と学生との間にある雇用のミスマッチの解消に向けた取り組みが産学で議論され、その改善に向けて、インターンシップに対する期待が高まっている。例えば、経済産業省で構成された産学人材育成パートナーシップグローバル人材育成委員会によると、企業が求める人材像と大学生が希望する仕事像とのミスマッチがあることが指摘されている。具体的には、経済産業省によるグローバル人材育成に関するアンケート調査を引用し、海外拠点の設置に関する263社からの回答では、その74.1％が事業の海外進出を牽引する人材が不足していることを課題としてあげていたことを報告している（産学人材育成パートナーシップグローバル人材育成委員会, 2010）。また、多くの企業が今後の海外進出の重要拠点として見込んでいる中国、インド、ASEAN諸国での勤務を希望する人材が大幅に不足している点もあげられていた。経済産業省がおこなった人材に関するアンケートによる大学生および大学院生333名からの回答では、将来の海外転勤で働きたい上位5か国はアメリカ（63.4％）、イギリス（36.3％）、ドイツ（22.8％）、フランス（20.7％）、カナダ（15.3％）であったのに対して、中国（香港を除く）（7.2％）、インド（1.5％）、その他アジア諸国（5.1％）は大幅に低い結果であった（産学人材育成パートナーシップグローバル人材育成委員会, 2010）。さらに、企業が大学生に不足していると考える能力の上位3項目には、コミュニケーション能力、主体性、粘り強さがあげられているのに対して、学生自身が不足していると認識している能力の上位3項目には、語学力、業界に関する専門知識、簿記があげられており、企業と学生間での能力に関する認識のミスマッチが発生していたことが報告されている（経済産業省, 2010）。

　こうした背景から、企業がどのようなビジネスを展開しているかについて、就職活動前の学生にインターンシップを通じて体験をしてもらうことは、学生と企業双方にとって有益であろう。2019年度時点の国内786大学を対象とした文部科学省の調査によると、単位認定を伴うインターンシップを実施している大学は686大学（87.3％）であった（文部科学省, 2020a）。また、参加学生数は634,644人で全大学生数のうち22.1％であった。ただし、この大半は教職免許

や看護師免許などの特定の資格取得に必要な現場実習であり、特定の資格取得のためではないインターンシップへの参加者は83,961人にとどまっており、すべての大学生のうち2.9%にすぎない。その一方で、単位取得をおこなわない正課外のインターンシップへの参加者は55,146人（1.9%）だった。なお、経年度比較でみると、参加学生数は上昇傾向にある。例えば、2020年度と2015年度の比較では、特定の資格取得のためではないインターンシップへの参加者はこの5年間で72,053人から83,961人へと16.5%の増加が確認されている（文部科学省, 2020a; 2015）。

　次に海外インターンシップの現状をみる。特定の資格取得のためか否かを問わず、2019年度の海外インターンシップは268大学（34.1%）で実施されていたが、参加学生数は6,032人（0.2%）にとどまっている。2015年度との比較においては、3,884人から6,032人へと55.3%伸びているが、実施大学数は254校から268校へと微増であった（文部科学省, 2020a; 2015）。

　海外インターンシップの実施期間については、2020年度の報告書の学部生に関するデータによると、1週間から2週間未満が29.6%、2週間から3週間未満が24.9%、3週間から1か月未満が20.8%、2日から1週間未満が6.3%、1日が0.1%であった。渡航先国はアメリカが22.8%で最も多く、オーストラリアの13.8%、中国の7.2%、台湾の4.9%、ニュージーランドの3.1%と続く（文部科学省, 2020a）。特に欧米などの文化的背景が大きく国でのインターンシップについては、その適応に時間を要することが想定されるため、学習効果という点から考えると、その期間が十分であるかについては議論が必要であろう。

8 ┃ まとめ

　以上のとおり、海外サービス・ラーニングと海外インターンシップは高等教育において注目されてきている。参加学生数で海外留学と比較するとその規模はまだごく少数ではあるが、海外留学とは異なる学習効果が見込めることから、

今後の展開が期待されるところである。

　高等教育機関にとって、海外留学は学生を提携校へ派遣すれば、学生の現地
での行動については概ね学生次第のところがある一方で、海外サービス・ラー
ニングと海外インターンシップは現地での活動についても入念なアレンジが必
要となる。前者であれば活動先のコミュニティとの調整、後者であれば企業・
団体との調整が発生する点は負担が大きい。また、活動の受け入れ規模も海外
留学のように比較的大規模に展開することが考えにくい点は、海外サービス・
ラーニングと海外インターンシップを拡充するうえでの課題となる。これら点
を踏まえ、海外留学プログラムに短期間でも学習内容と関連づけたサービス・
ラーニングやインターンシップを取り入れることも、海外学習プログラムのひ
とつのあり方としてありうるのではないだろうか。多様化してきている海外学
習プログラムを組み合わせることで、新たな海外学習プログラムのあり方を模
索することも、ひとつの打開策につながるのではないかと考えられる。

注

(1)　原文：“a course-based, credit-bearing, educational experience in which students
(a) participate in an organized service activity that meets identified community
needs and (b) reflect on the service activity in such a way as to gain further
understanding of course content, a broader appreciation of the discipline, and
an enhanced sense of civic responsibility”（Bringle & Hatcher, 1995, p. 112）

(2)　原文：“Field Education”（Furco, 1996, p.3）

(3)　アイルランド、イギリス、イタリア、オーストリア、オランダ、クロアチア、ス
ペイン、ドイツ、フィンランド、ベルギー、ポルトガル、リトアニア。

(4)　原文：“global civic engagement”

(5)　原文：“paid or unpaid work experience intended to promote work or research
skills, which may or may not be accompanied by course credit”（Goertler &
Schenker, 2021, p.7）

付記

本章では、Hanada（2022）を一部利用している。

第 6 章

トランスナショナル高等教育

1 ┃ はじめに

　本章では、トランスナショナル高等教育（Transnational Higher Education: TNE[(1)]）の概念と主な取り組みに着目する。TNEは、「学習成果を認定する教育機関が所在する国とは異なる国で、学習者が受ける高等教育プログラム[(2)]」（UNESCO/Council of Europe, 2001）と定義される。この用語を最初に使い始めた国のひとつはオーストラリアであり、1990年代前半頃からオーストラリアの大学への留学生がオーストラリア国外のキャンパス（オフショア・キャンパス）で学ぶ教育をTNEと呼んだ。上記のTNEの定義はこの考え方を踏襲しており、学生が高等教育機関の所在地（一般的に本校の所在地）とは異なる場所にいながら、その高等教育機関で学ぶ教育プログラムを指す。

2 ┃ トランスナショナル高等教育の特徴

　TNEプログラムは、いくつかの形式に分類できる。例えば、学生が自国にいながら外国の大学キャンパスで学び、その大学から学位を取得できるプログラムがある。アラブ首長国連邦の学生がドバイに所在するアメリカの大学の海外ブランチキャンパスの学士課程で学ぶ場合がこれに該当する。第二に、学生が自国と外国の大学の連携によって運営されているプログラムで学び、その学位を取得できるプログラムがある。インドの学生が、インドの大学とオーストラリアの大学によって提供されているダブルディグリープログラムで学び、両方の大学の学位を取得する場合がこれに該当する。第三に、学生が自国と外国との協力によって設立された外国式の教育をおこなう自国の大学で学び、その学位を取得するプログラムがある。エジプトの学生が日本とエジプトの協力によって設置された国際共同大学の学士課程で学び、その大学の学位を取得する

教育プログラムがこれに該当する。

　TNEプログラムのなかには、学位プログラムだけでなく、特定分野のコースを学ぶ非学位プログラムも展開されており、その種類は多い。そして、そうした国境を越える学習を指す用語も、TNEだけでなく、クロスボーダー高等教育（Cross-border Higher Education）、オフショア高等教育（Offshore Higher Education）、ボーダレス高等教育（Borderless Higher Education）など様々なものがあり、TNEは他の用語と混同されることがある。そして、その区分けは国際高等教育のなかで、はっきりとした線引きがなされていない。例えば、TNEとクロスボーダー高等教育については、TNEがプログラムとプロバイダーの国際移動を指し、クロスボーダー高等教育はこれに人や知の国際移動を加えたより包括的な概念であると区分する場合がある。クロスボーダー高等教育は、高等教育の国際化の黎明期から登場した用語であり、当時は学生やプログラムなど、移動する主体にかかわらず国際移動が国際高等教育の中心的な関心事項のひとつであった背景を踏まえると、この区分はわかりやすい。しかし、学生が居住国でも大学本校の所在国でもない第三国に留学して海外ブランチキャンパスで学ぶ場合は、大学だけでなく学生も国際移動していることから、この区分が現代の多様な教育プログラムを包括できているとも限らない。この点を考慮して、クロスボーダー高等教育は学習者、教育機関または教育プログラムの「国際移動」という動きに焦点を当てているのに対して、TNEは学習者と教育機関またはプログラムの「所在地の違い」に焦点を当てているという見方もある（花田, 2022）。こうした様々な見方があることは、Knight（2021）が指摘したとおり、高等教育の国際化は時代の変遷とともに変化していく過程であり、その過程で生まれた学習形式の多様性を例証している。

　次に、オフショア高等教育は、海外または自国から離れた場所（Offshore）で提供するプログラムを意味するが、これはオーストラリアの大学が海外ブランチキャンパスを展開し始めた頃に利用されていた用語である。現在では、海外ブランチキャンパスはTNEの一部として位置づけられていることから、オフショア高等教育はTNEに内包されていると考えられる。

　最後に、ボーダーレス高等教育は、学問や教育などの地理的な境界があいまいになることを意味する。クロスボーダー高等教育が国境の存在を強調しているのに対して、ボーダーレス高等教育は国境の存在を強調しない点に特徴がある。かつてないほど遠隔教育やeラーニングが発展しているなかで、地理的な国境は強調されにくくなっているとも言えなくもないが、その一方で質保証やアクレディテーションなど様々な高等教育に関わる制度は国・地域ごとに異なるため、国境の存在は依然として大きい。そのため、ボーダーレス高等教育は国境を越えるという概念をイメージがしやすい用語であるが、実際の運用面を反映したものではないことが指摘されている（Knight, 2005）。

3 ┃ トランスナショナル高等教育の変遷

　高等教育の国際化では海外留学をはじめとする人の国際移動への注目度が高いが、TNEも最も重要な側面のひとつである（Levatino, 2016）。すでに1980年代後半にはオーストラリアなどの一部の国がTNEを輸出サービス産業の一部として展開していたが（McBurnie & Ziguras, 2003）、それが本格的に拡大したのは高等教育の国際化が進展した2000年代であった。例えば、Bohm et al.（2002）は、2025年までにオーストラリアにおける国際高等教育に対するニーズの44％はTNEプログラムになるという予測をしており、TNEへの期待感が示されている。その予測から約10年後の2013年には、すでに約26％以上の学生がオーストラリアの大学が提供するオフショアキャンパスで学ぶTNEプログラムを受講しており、これに国際遠隔教育も含めると約34％に達していることが報告されている（Australian Government Department of Education, 2014）。他の国についても、例えば2012年から2013年にかけてイギリスの大学で学ぶすべての学生のうち、イギリス国外で学んでいる学生は約25.6％であったことが報告されている（HESA, 2014）。また、欧米諸国以外についても、シンガポール、マレーシア、香港では、学生の10％から20％の学生がTNEプロ

グラムを受講していることが報告されている（Knight & McNamara, 2017）。その一方で、Fielden et al.（2007）によると、オーストラリアでは2003年から2009年にかけてTNEプログラムの数が1,569から889に減少しており、拡大一辺倒ではなく競争的環境にあることが窺える。

　TNEプログラムで学んでいる学生の特徴については、一般的な大学生年齢よりも高めで就業しながら学んでいる学生の比率が高い。平日の夜間や週末に授業がおこなわれるといった働きながら学べる学習スタイルの柔軟性がTNEの人気を支えている一要因でもある（Knight & McNamara, 2017）。また、学生がTNEプログラムで学ぶ他の理由として、国内大学で学ぶ場合と比較した優位性があることがしばしば指摘される。例えば、マレーシアにあるオーストラリアの大学のTNEプログラムの事例では、オーストラリアの大学の教育の質が高いこと、マレーシアに進出している欧米系企業が多いため、卒業後の就職を考えると欧米式の教育が魅力的であること、オフショアキャンパスでも国際的な教育環境で学べることがあげられている（Pyvis & Chapman, 2007）。マレーシアと他国のTNEプログラムとの比較についても調査されており、中東の湾岸地域からの留学生にとってマレーシアは宗教的な親和性があること、UAEやシンガポールの海外ブランチキャンパスと比較して学費や生活費の負担が少ないこと、マレーシア社会で英語が話されていること、政治が安定していることなどがあげられている（Ahmad & Buchanan, 2016）。さらに、一部の国の学生にとってオーストラリアの留学ビザ取得が困難な場合に、TNEプログラムで学ぶことは代替の選択肢となることも理由のひとつとされる（Levatino, 2016）。このように学生はさまざまな点を検討して実際に受けるTNEプログラムを選択している様子が窺える。

　こうしたTNEの概要を踏まえて、以下のセクションではTNEの主要なプログラムである、フランチャイズプログラム、海外ブランチキャンパス（IBC）、ダブルディグリープログラム（DDP）、ジョイントディグリープログラム（JDP）、国際共同大学（IJU）を取り上げる。なお、図6-1のKnight & McNamara（2017）によるプログラムとプロバイダーの国際移動の枠組み

「International Program and Provider Mobility: IPPM」によると、ダブルディ
グリープログラムおよびジョイントディグリープログラムはパートナーシップ
プログラムとして総称されている。また、国際遠隔教育と国際協働遠隔教育が
IPPMの枠組みのなかであげられているが、この両者については新型コロナウ
イルスの感染拡大によって国際高等教育における位置づけに重要な変化があっ
たため、本章ではなく第8章「オンライン型の国際高等教育」で別途取り上げ
る。

図6-1：International Program and Provider Mobility（IPPM）の枠組み

高等教育機関が単独で展開するTNE (Independent TNE provision)	複数の高等教育機関が協働して展開するTNE (Collaborative TNE provision)
フランチャイズプログラム (Franchise Programmes)	パートナーシッププログラム (Partnership Programmes) ［ダブル／ジョイントディグリープログラムを含む］
海外ブランチキャンパス (International Branch Campus)	国際共同大学 (International Joint University)
国際遠隔教育 (Self-study Distance Education)	国際協働遠隔教育 (Distance Education with Local Academic Partner)

出典：Knight & McNamara（2017, p.15）
＊British Councilおよび著者から許可を得て、筆者が日本語訳してアレンジ。表のタイトルはアメリカ英語で表記しているが、表中は引用元のとおりイギリス英語で表記している。

4　フランチャイズプログラム

フランチャイズプログラム（Franchise Program）は、British Council（2012,
p.69）によると、「A国の教育機関がB国の教育機関にコースの一部またはすべ
ての提供を許可することで、学生はB国の教育機関でそのコースを学び、A国
の教育機関から学位や修了証が授与されるプログラム[3]」と定義されている。
外国の教育機関であるパートナー機関のなかには、フランチャイズプログラムを
提供することに比重を置く新しいタイプの私立大学がある（Knight & McNarama,
2017）。提供する側と提供を受ける側の大学がいるという意味では、大学間の

協力によって成り立っているプログラムではあるが、教育プログラムの設計は提供する側によるところが大きい。この点は、パートナー大学同士が教育プログラムの設計から運営まで共同するダブルディグリープログラムやジョイントディグリープログラムとは性質が異なる。

　フランチャイズプログラムが注目された背景には、経済的なことを含む様々な事情で海外留学ができない学生に対して、外国の高等教育を受ける機会を提供できることにある。例えば、一部の国や文化圏では保護者の意向によって女子学生の留学が一般的に難しい場合があり、フランチャイズプログラムは海外留学に代わる選択肢のひとつとなっている（Aminu et al., 2022）。また、遠隔教育による展開もおこなわれており、例えばイギリスのヘリオット・ワット大学（Heriot-Watt University）の遠隔MBAプログラムは、フランチャイズ契約によって、エジプトのカイロ・アメリカン大学（American University in Cairo）を通じて提供されている（American University in Cairo, 2023）。

　学生にとってのフランチャイズプログラムで学ぶ魅力について、Moufahim & Lim（2015）は、中国人学生がイギリスの大学のフランチャイズプログラムで学ぶ事例から、イギリス式の高等教育を通じて西洋のビジネスや技術、批判的思考力、ディスカッション力を高めることができること、英語力を習得することで就業力の向上につながると認識されていることなどをあげている。これに対して、フランチャイズプログラムを提供する外国の教育機関にとっては、学費収入や大学ブランド向上への寄与があげられるが、Pon & Ritchie（2014）は、こうした商業的な魅力があるだけでなく、自大学とは異なる文化圏で教育プログラムを提供することを通じて、教職員が国際的な教育や学問の経験を積むことができること、海外のパートナー機関との関わりの中で大学運営に変革に寄与している点を論じている。

　その一方で、フランチャイズプログラムには課題も指摘されている。そのひとつは教育の質保証である。フランチャイズプログラムの質保証は基本的には提供元と提供先双方の国・地域の質保証に準ずるが、2023年にイングランドで公的資金の交付や学位授与、留学生募集、学生ローンの受給をおこなう高等

教育機関が登録を求められている学生局（Office for Students）への登録が叶わなかった一部のプロバイダーが、フランチャイズ契約を通じて教育プログラムを提供していることを受け、フランチャイズプログラムの教育の質に対する懸念が表明されている（House of Commons Library, 2024）。また他の課題として、学生が自国にいながら外国大学の教育を受けられるプログラムは多様化しており、フランチャイズプログラムの存在感が相対的に低下していることである（Knight & McNarama, 2017）。例えば、ダブルディグリープログラムやジョイントディグリープログラム、海外ブランチキャンパスなどの他の選択肢が増えている国がある。そうしたなかで、外国大学と自国の大学の学位の両方が取得できるダブルディグリープログラムにより強い関心を持つ学生が増えることは想像に難くない。ただ、こうした複数の選択肢がある国は現状では一部の国に限られるため、そうではない国においてフランチャイズプログラムは引き続き外国大学の教育プログラムを受ける有力な機会であるだろう。いずれにしても、TNEの多様化が進んでいるなかで、他のプログラムとどのようにして差別化を図っていくかは、フランチャイズプログラムの課題だと考えられる。

5 ｜ 海外ブランチキャンパス

　海外ブランチキャンパス（International Branch Campus: IBC）は、「高等教育機関が外国において提供する学位プログラム全体を運営する分校[(4)]」（Garrett et al., 2017, p.6）と定義される。海外ブランチキャンパスに関する調査レポートを定期的に発表しているOBHE（The Observatory on Borderless Higher Education）によると、世界の海外ブランチキャンパスの数は2000年初頭からほぼ一貫して増加している。2002年では24校であったが、2006年には82校、2009年には162校、2011年には200校となり、2017年時点で263校となっている（Garrett et al., 2017; Lawton & Katsomitros, 2012; Becker, 2009）。Garrett et al.（2017）によると、2017年時点で海外ブランチキャンパスを展開している大

学は、国・地域別で34か国・地域あり、その上位5か国・地域は、アメリカ（81校）、イギリス（44校）、フランス（31校）、ロシア（23校）、オーストラリア（14校）で全体の73%を占める。その一方で、海外ブランチキャンパスのホスト国・地域は77か国・地域あり、その上位5か国・地域は、中国（34校）、アラブ首長国連邦（UAE）（33校）、マレーシア（12校）、カタール（12校）、シンガポール（11校）で全体の39%を占める。また、海外ブランチキャンパスで学んでいる学生は、2015年時点で約18万人と推計されている。

　こうした海外ブランチキャンパスの拡大は注目に値するが、TNE全体からするとその存在感はまだそれほど大きいとはいえない。例えば、Lawton & Katsomitros（2017）によると、インドでは2010年時点で631のTNEプログラムが展開されているが、そのうち海外ブランチキャンパスによって展開されているのは5プログラムのみである。海外ブランチキャンパスはフランチャイズなどの1つのプログラムと違って分校を設置するため、そのコストやリスクが大きく、より慎重な検討が求められることは想像に難くない。

　Lane & Kinser（2013）は、海外ブランチキャンパスをその運営形態によって次の5つのタイプに分類している。第一に、海外ブランチキャンパスを自前で所有して運営するタイプである。このタイプは教育活動や運営面において安定性がある一方で、分校の施設や設備、人材の確保といった初期コストが大きい。第二に、ホスト国政府からキャンパス建設費用の支援を受けているタイプである。例えば、カタール政府はEducation Cityに設置される海外ブランチキャンパスに対して施設や設備などの面でサポートをしている。第三に、ホスト国の現地パートナーと共同して設置するタイプである。この場合は、現地の教育機関だけでなく、民間企業がパートナーとなる場合もある。第四に、海外ブランチキャンパスに必要な施設を賃借によって調達する場合である。例えば、アラブ首長国連邦のDubai International Academic City（DIAC）では、海外ブランチキャンパスに対して施設を賃貸している例がある。第五に、他の教育機関の施設内に間借りの形で海外ブランチキャンパスを設置するタイプである。Lane & Kinser（2013）によると、以上の5つのタイプのなかで第一のタイプ

が最も多く、第二、第三、第四、第五のタイプと続く。しかし、一部の国では現地パートナーとの共同事業とすることが海外ブランチキャンパス設置許可の条件となっている場合もあるため、この結果がどのタイプを外国大学が望んでいるかを判断する材料にはならないことには留意が必要である。

　なお、ホスト国側が海外ブランチキャンパスを誘致する理由は当該国の事情によって様々だが、特に海外留学による頭脳流出が課題となっている国にとって学生を自国に留める有力な手段として期待される。その一方で、海外ブランチキャンパスを設置する外国大学にとっての魅力としては、まず新たな収益源が確保できることがあげられるが、このような複数の設置形態に関するオプションがあることは設置障壁を下げることにつながっていると考えられる。

　学生にとっての海外ブランチキャンパスで学ぶ魅力として、基本的に課程のすべてを大学キャンパスにおいて対面式で授業を受けられ、学生同士の交流が得られることがあげられる。Wilkins & Balakrishnan（2013）は、アラブ首長国連邦での海外ブランチキャンパスで学ぶ学生を対象に調査をおこなった結果、授業をはじめとする教室での学びの質、キャンパスで提供される様々なリソースが魅力としてあげられていることを報告している。これらの点は学位課程のすべてを同じ大学キャンパスで学べる強みを表している。

6 ┃ ダブル＆ジョイントディグリープログラム

　ダブルディグリープログラム（Double Degree Program: DDP）は、「2つの教育機関が協働で学位プログラムを運営し、その卒業要件を満たすことで、それぞれの機関から1つずつ学位が提供されるプログラム[5]」（Knight & Lee, 2022, p. 417）を指す。これに対して、ジョイントディグリープログラム（Joint Degree Program: JDP）は、「1つの学位プログラムをパートナー校と共同で運営し、その卒業要件を満たすことで、1つの学位が連名で授与されるプログラム[6]」（Knight & Lee, 2022, p. 416）を指す。この2つの定義からわかる両者の最も顕著

な違いは、プログラム修了者に授与される学位の数であるが、より詳細には以下の2点もあげられる。

　第一に、ダブルディグリープログラムでは、連携する各大学でカリキュラムと卒業要件が設定される。学生は、各大学で修得した単位をもう一方の大学で単位認定をすることで単位修得する。例えば日本の大学設置基準は、60単位を超えない範囲でパートナー大学の科目で修得した単位を国内の大学における授業科目の履修により修得したものとみなすことができると定めている（e-Gov法令検索, 2024）。つまり、1つの科目で修得した単位を双方の大学で単位認定する点に特徴がある。この点については、4年間の学士課程で修得した単位が双方で認定されることから、実質的にダブルカウントであるという指摘もある（Knight, 2017）。

　第二に、ジョイントディグリープログラムでは、連携する大学が共同して1つの学位プログラムを運営するため、ダブルディグリープログラムと比較してより緊密な連携が求められ、手続き上の負担もより大きい。例えば、日本のダブルディグリープログラムでは、設置に際しては新しい学位課程プログラムを認可申請するのではなく、既存学部・学科の履修モデルのひとつと整理することができる（中央教育審議会大学分科会, 2010）。そのため、パートナー大学で履修した授業科目が適切に単位互換される計画になっているかがポイントとなる。これに対して、ジョイントディグリープログラムでは、国際連携教育課程という新たな学位課程の設置について、授与する学位の種類や分野の変更の有無に応じて認可申請または届出をする必要がある。その際には、パートナー大学と共同して策定するカリキュラム、修了要件、成績評価、学生選抜などの教育活動面をはじめ、施設・設備、学費・奨学金、評価・質保証といった大学管理運営面に至る様々な面での連携が求められる（文部科学省, 2023a; 2014）。さらに、海外の事例では、このような運営や制度面に加えて、お互いに異なる学術文化の調整が必要な事例についても指摘されている（花田, 2019）。その反面、ジョイントディグリープログラムでは、ダブルディグリープログラムで指摘される単位のダブルカウントの懸念は発生しない。

　2014年に発表された国際大学協会（IAU）の調査によると、ジョイントディグリープログラムよりもダブルディグリープログラムの設置数のほうが多い（Egron-Polak & Hudson, 2014）。その理由として、両プログラムの特徴の違いから、ジョイントディグリープログラムのほうが実施に向けたハードルが相対的に高いことが推察される。

　学生にとってのダブルディグリープログラムで学ぶ魅力は、本来であれば1つの大学の学位プログラムを修了する年限とほぼ同じ長さで2つの大学から学位が修得できることに加えて、2つの大学という異なる学習環境で経験を得られることにあるだろう。また、ジョイントディグリープログラムでは、2つ以上の大学がより緊密に連携して構築した国際共同学位プログラムを通じて、各大学の強みが反映されたカリキュラムのもとで学べることも魅力となるだろう。

　大学にとっては、フランチャイズプログラムや海外ブランチキャンパスとは違い、外国のパートナー大学との深い連携がおこなえるため、自大学のカリキュラム開発や教職員の国際交流、教育・研究ネットワークの国際化が推進できるという利点がある。こうした点は、特にグローバルサウスの大学がグローバルノースの大学と連携した場合の利点としてしばしば指摘される。また、こうした国際的なパートナーシップを結んでいること自体が大学のブランディングになることをねらいとする場合もあると考えられる。

　その一方で、ダブルディグリープログラムとジョイントディグリープログラムには課題もある。グローバルノースの大学とグローバルサウスの大学間のプログラムでは、どちらか一方の大学の学生が大半を占める場合が散見される。例えば、American Council of Education（2014）によると、2つのプログラムのいずれかを運営しているアメリカの134大学を調査した結果、パートナー大学からの参加学生が中心でアメリカの大学側からの参加学生は限定的であることが報告されている。

　また、ダブルディグリープログラムの単位のダブルカウントに対する懸念は現在でも払拭されているとはいえない部分もあり、アメリカの一部の大学ではダブルディグリープログラムを禁止しているところもある（American Council of Education, 2014）。また、個別の大学による判断ではなく、国としての方針を打ち出している場合もあり、例えば、南アフリカは国内の公立および私立大学がダブルディグリープログラムを実施することを禁止している（Department of Higher Education and Training, 2017）。

7 ┃ 国際共同大学

　国際共同大学（International Joint University: IJU）は、Knight（2019, p.15）によると、「学術プログラムの開発・提供において、現地および外国の高等教育機関やプロバイダーが協力して共同設立した高等教育機関[7]」と定義される。

　国際共同大学はTNEのなかでも新しい取り組みであり、学術的な文献も相対的に少ない。2002年にカイロ・ドイツ大学（German University in Cairo）が設置されたのを皮切りに、2017年時点で22大学が設置されている（Simpson, 2021）。そのうち最大のホスト国である中国では9大学が設置されている。その一方で、設置側の国・地域はドイツが7大学と最も多く、アメリカと日本、香港が3大学と続く。

　国際共同大学と海外ブランチキャンパスはどちらも大学のキャンパスを設置するという点では同じであるが、Simpson（2021）で論じられている点を整理すると両者には次の4点において違いがある。第一に、大学の法的な位置づけである。国際共同大学は国公私立を含めてホスト国に帰属する独立した大学であるのに対して、海外ブランチキャンパスはあくまでも外国の大学という位置づけとなる。第二に、国際共同大学は、その法的な位置づけに基づき、質保証制度もホスト国に準拠することが求められる一方で、海外ブランチキャンパスでは必ずしもそうではない。例えば、アラブ首長国連邦のドバイのようにフリーゾーン（特区）が指定する質保証制度に則ることで、ホスト国による質保証制度への適合が免除されることがある。第三に、組織運営については、国際共同大学では基本的には設置側とホスト側の双方から理事会メンバーが任命され

るのに対して、海外ブランチキャンパスでは法的に求められる国を除いて基本的には設置側のメンバーが担っていることが多い。第四に、教育活動については、国際共同大学ではホスト側と設置側が協働してカリキュラムなどの設計をおこなうのに対して、海外ブランチキャンパスでは本校のカリキュラムとの同等性が強調される。もうひとつのカリキュラムの面での違いとして、国際共同大学ではホスト国の教育・研究の質やキャパシティ拡大への寄与を念頭に置いていることもあり、学部から博士までの教育課程が提供されており、また研究機能も重視される傾向にある。また、ホスト国における産業界との研究面や人材育成面（例：インターンシップ）での結びつきも相対的に強い傾向がある。その一方で、海外ブランチキャンパスは主に学部教育と一部の専門職学位が中心であり、研究機能には必ずしも焦点が当てられていない。

　次に、国際共同大学を設置する目的について、ホスト国と設置国の視点からみる。まずホスト国については、国際共同大学の受け入れを高等教育改革の一環として政府主導でおこなっている場合がある。その例としてベトナムとエジプトがあげられる。ベトナムでは高等教育セクターのキャパシティ拡大と最先端レベルの教育・研究活動の導入が国家政策に掲げられている。これは、ベトナムの高等教育改革アジェンダ2006-2020（Higher Education Reformation Agenda 2006-2020）における取り組み事項のひとつであり、国際共同大学は新しい大学モデル（The New Model University）として位置づけられている。例えば、ベトナム・ドイツ大学（Vientamese-German University）は世界銀行の支援を受けて2008年に設置された。（World Bank, 2021）。

　エジプトでは、2006年に国家政策としての高等教育強化プロジェクト（Higher Education Enhancement Project）を掲げ、高等教育の拡大と質保証制度を含む制度改革をおこなっている。そのなかで国際共同大学は外国との連携の一環であり、最初に設置されたカイロ・ドイツ大学は、エジプトの高等教育省（Ministry of Higher Education）とドイツ連邦教育研究省（Federal Ministry of Education and Research）、両国の公的機関、ドイツ国内の4大学（シュツットガルト大学、ウルム大学、マンハイム大学、テュービンゲン大学）を中心とする共同

プロジェクトとして、エジプトの大統領令によって設置された。この大学は合計71の学部・大学院プログラムを提供するエジプトの私立大学である（German University in Cairo, 2023）。

　ベトナムとエジプトでは国際共同大学は国家政策の一環である一方で、中国では高等教育機関同士のパートナーシップに依るところが大きい。しかし、その設置に際する規制や制度設計については、中国政府が定める規定に適合する必要がある。具体的には、外国の教育機関が中国の教育機関と協働して教育機関を設置する場合は、理事会または共同経営委員会の中国人メンバーが総数の半数以下であってはならないなど、国際共同大学の設置、組織運営、教育活動、資産・財務、事業の変更・終了に際する手続き、法的責任を定めている（Ministry of Education of the People's Republic of China, 2003）。また、上海ニューヨーク大学のように上海市政府やキャンパスの設置地区である浦東新区政府がパートナー機関となる設置に関する様々なサポートをおこなう事例もある（Simpson, 2021）。

　次に、設置国側からみた国際共同大学の目的についてみていく。2023年4月時点で最も設置数が多いドイツでは、国際共同大学は工学や自然科学をはじめとするドイツ式の高等教育モデルの伝播を通じて顕著な成長を遂げているグローバルサウス諸国との結びつきを深めるひとつの手段として位置づけられている（Simpson, 2021）。日本は、政府開発援助（ODA）プロジェクトとしておこなわれている点が特徴的である。これに対して、アメリカでは国家が国際共同大学の設置プロジェクトに直接的には関わっておらず、自国とホスト国の大学間パートナーシップ主導であり（Simpson, 2021）、各国による特徴の違いがみてとれる。

8 ｜ まとめ

　本章では、TNEの概念的整理をおこない、主要プログラムであるフランチャイズプログラム、海外ブランチキャンパス、ダブルディグリーおよびジョイ

ントディグリープログラム、国際共同大学についてみてきた。

　TNEが特に2000年代から進展してきたことで、教育機会の拡大や海外留学にかかる受益者負担の軽減などの学習者への恩恵がもたらされていることは大きな成果であろう。その一方で、商業性、TNEプログラムを提供する大学本校との同等性の確保、単位のカウント方法など、一部のTNEプログラムでは教育の質保証に関する課題もある。

　外国大学にとっては、TNEを展開することで新たな収益構造を構築でき、組織運営の変革、国際的に展開していることによる大学のブランディングへの寄与が期待されている。ただし、教育の質保証の難しさや撤退などにより、逆効果となるリスクもある。そのため、TNEがどのようなベネフィットとリスクをもたらすのかについては当事者による慎重な検討が必要となるだろう。

　また、そもそもTNEでは、プログラムの在籍者数といった基本的なデータの収集もされていない場合があり、教育実態に関する情報を入手しにくい現状が指摘されている（Knight & McNamara, 2017）。このことは、質保証の観点からも基礎データが欠如していると言わざるを得ない。こうした外国で提供される教育プログラムの質保証については、2005年にUNESCO/OECDから発表された『国境を越えて提供される高等教育の質保証に関するガイドライン』では、教育プログラムの提供側が質保証に責任を持つことの重要性が示されている（文部科学省, 2006）。このガイドライン自体はクロスボーダー高等教育についてのものだが、外国で提供される教育プログラムという点でTNEも該当すると考えられる。2015年のUNESCO/OECDによるガイドラインの履行状況調査の結果によると、ガイドラインの遵守については一定の成果が確認されたものの、質の低い教育プログラムからの学習者の保護、質保証機関による国際的な連携の推進などが改善事項として報告されている（Vincent-Lancrin et al., 2015）。TNEに対するニーズが高まっているなかで、学習者の保護を念頭においた取り組みが求められていることは、今後のTNEに展開において十分な検討が求められる課題である。

注

(1) 直訳でTNHEと表記される場合もあるが、TNEと表記される場合でも高等教育を扱う先行研究が多いことを踏まえ、本書ではTNEと表記する。

(2) 原文："All types of higher education study programmes, or sets of courses of study, or educational services (including those of distance education) in which the learners are located in a country different from the one where the awarding institution is based" (UNESCO/Council of Europe, 2001)

(3) 原文："The origin institution licences a local institution to teach some or its entire course, so that students can receive the award of the origin institution without attending the origin campus" (British Council, 2012, p.69)

(4) 原文："an entity that is owned, at least in part, by a foreign education provider; operated in the name of the foreign education provider; and provides an entire academic program, substantially on site, leading to a degree awarded by the foreign education provider" (Garrett et al., 2017, p.6)

(5) 原文："A double degree program awards two individual qualifications at equivalent levels upon completion of the collaborative program requirements established by the two partner institutions" (Knight & Lee, 2022, p.417)

(6) 原文："A joint degree program awards one joint qualification upon completion of the collaborative program requirements established by the partner institution" (Knight & Lee, 2022, p.416)

(7) 原文："an HEI co-founded and established in the host country involving both local and foreign sending HEI/providers who collaborate on academic programme development and delivery" (Knight, 2019, p.15)

第 7 章

内なる国際化

1 ┃ はじめに

　本章では、近年の国際高等教育において、特に注目度が高まっている「内なる国際化」の概念と取り組みに着目する。内なる国際化は、スウェーデンのマルメ大学の副学長として、同大学の内なる国際化の推進を担ったベングト・ニルソン（Bengt Nilsson）によると、「大学在学中にすべての学生に国際的な視点を与えることに関連する考え方や方策を包含するもの[1]」であり、言い換えれば「国外への学生移動を除く、国際的な活動[2]」（Nilsson, 2003, p.31）を指す。

　その後、内なる国際化はヨーロッパ内外で広く浸透したが、そのひとつの背景には高等教育における海外留学の位置づけに変化があったことがあげられる。海外留学の機会を得られる学生はすべての学生うち数パーセントにすぎないことは本書でも触れてきたが、グローバル化が到来する以前は、この比率の低さが大きく注目されることはあまりなかった。例えば、かつてはアフリカから欧米への留学はごく少数の学生に限られており、こうした留学はポスト植民地時代のアフリカと旧宗主国との過度な政治的、経済的な結びつきの維持につながることに対する批判はあったが、海外留学の機会が少ないことに対する批判は大きくはなかった。しかし、グローバル化の進展によって、産業界や社会から求められる能力の育成に対する海外留学の有効性が広く認知されるようになったことで、大学在籍中にその経験が得られない大半の学生に対して大学キャンパスなどの国内で国際教育の機会を提供することが高等教育の公平性として重視されるようになった。

　「内なる国際化」はそうしたなかで推進されてきた。本章では、内なる国際化の先行事例であるマルメ大学の取り組み、近年注目されている英語で学ぶ学位プログラム、内なる国際化の効果に関する実証研究をみていくことで、より効果的なプログラムづくりについて考えていく。

2 ┃ マルメ大学の取り組み

　まず、マルメ大学が内なる国際化を推進した背景について紹介する。マルメ大学は1998年に学生数5,000人規模で設立された大学で、2003年までに学生数は約18,000人にまで拡大していた。6つの学部により50種類の教育プログラムが提供されていたが、その多くが専門家養成プログラム（例：歯学、看護学、工学、教員養成）であり、入学から卒業までのコース履修が細かく設定されていたことから、エラスムス・プログラムへの参加者が多くない状況にあった（Nilsson, 2003）。こうしたなかで、海外での学習機会を得られない大多数の学生に対して質の高い国際教育を提供するため、内なる国際化を推進した。

　2003年に策定されたマルメ大学の教育計画では、海外留学で涵養が期待される国際適応力（international competence）と異文化間能力（intercultural competence）を涵養することが目的として示されている（Nilsson, 2003）。前者は外国語運用能力や外国の政治、社会、経済に関する知識を指し、後者は文化、社会、宗教、民族出自などが異なる人々への理解、尊重、共感する力を指す。そして、この2つを涵養するため、外国に関する知識や見方を学び、その学んだ知識を活かして文化的背景が異なる人々との交流を通じて経験を深めるといった、知識と経験の両輪から異文化に対応できるスキルを習得する教育プログラムが開発された。

　まず、知識を得るためのプログラムとして、技術・社会学部（School of Technology and Society）が全学生向けの選択科目として開発した5週間の国際移動とエスニック関係論（International Migration and Ethnic Relations）があげられる。この科目は、移民に関わる政策、移民の統合と隔離をもたらすプロセスおよび文化的、言語的、宗教的差異について学ぶ。また、教員養成学部（School of Teacher Education）では12週間の国際問題と異文化にまつわる問題を学ぶ科目も設置された（Nilsson, 2003）。

　次に、経験を得るためのプログラムとして、マルメ市の地域コミュニティでの実習活動であるナイチンゲール・メンタリング・プログラム（Nightingale Mentoring Programme）があげられる。このプログラムは1997年にマルメ市で立案され、マルメ大学によって運営されている。その内容は、マルメ大学の学生が毎週3時間にわたってマルメ市内に居住する主に移民の子どもたちの自宅やコミュニティでメンタリングをおこなうものである。移民の子どもとマルメ大学の学生の相互関係で成り立っており、移民の子どもが学校で健やかに学べるようにマルメ大学の学生がサポートする一方で、マルメ大学の学生は移民の子どもたちと接することで多様な文化や宗教などに対する理解を深めることが企図されている（Nilsson, 2003）。なお、ナイチンゲール・メンタリング・プログラムは他のヨーロッパ諸国にも派生し、2006年には、スペイン、ノルウェー、フィンランド、オーストリア、ドイツ、アイルランド、スイスの大学でも実施されている（Prieto-Flores et al., 2016）。2010年には国際的なメンタリングネットワークとして発展し、2023年時点でガーナやウガンダなどヨーロッパ域外を含む21大学、3つのNGOが加盟している（Nightingale Mentoring Network, n.d.）。

　また、マルメ大学では市内に居住する住民をゲストスピーカーとして招待して交流を図る「多文化ダイアログ（Multicultural Dialogue）」というウィークリーセミナーを実施した（Nilsson, 2003）。このプログラムは、人口約30万人の約35％が世界170か国からの移民によって占められるマルメ市の多様性を活用し、地域に居住する移民との関係性を深める機会となっていると思われる。

　マルメ大学は、このような知識と経験を得るプログラムを通じて内なる国際化を推進している。学生は、地域社会であるマルメ市の多様性について学ぶことで、さらに広範なヨーロッパの多様性やそれに関連する諸問題について、より身近にとらえるための学習機会になっていると考えられる。

3 ┃ 英語で学ぶ学位プログラム

　内なる国際化に関する具体的な教育プログラムは、上記以外にもグローバル・シティズンシップ教育、異文化理解教育など多岐にわたるが、ここでは英語で学ぶ学位プログラムを取り上げる。その理由として、このプログラムは、非英語圏の大学においては、ひとつの教育プログラムという存在にとどまらず、留学生の受け入れを促進させることで、キャンパスにおける学生構成の多様化にも寄与する重要な役割を担っているからである。

　内なる国際化は、日本の大学であれば、日本人学生だけでなく、多様な文化的背景を持つ学生が学ぶキャンパス環境づくりを目指す。この点において、英語で学ぶ学位プログラムは、たとえ日本語能力が大学での授業受講には十分ではなくても、英語が堪能な留学生に対して日本の大学で学ぶ門戸を開くため、学生の多様性を高める一助となる。

　英語で学ぶ学位プログラムは、EMI（English-Medium Instruction）とETP（English-Taught Program）の2つに大別される。この両者の違いは、ETPはある学位プログラムで提供されるすべての科目が英語で開講されるのに対して、EMIは一部の科目が英語で開講される学位プログラムである点にある（Brown, 2017）。

　近年、日本の高等教育の国際化に関する政策では、EMIとETPの拡大が推進されている。そのひとつの例が、2009年から2013年にかけて実施された「グローバル30」プロジェクトである。このプロジェクトは、留学生30万人計画を踏まえて、より多様な留学生を受け入れるため、英語を中心とした外国語で学位の取得ができるプログラムの整備を推進した（池田, 2018）。また、2014年から2024年まで実施された「スーパーグローバル大学創成支援事業」でも、外国語による授業や学位取得プログラム、シラバスの英語化を推進している大学がある。こうした機運は、この2つの事業に採択された大学以外にも波及効

果があったと思われ、2018年時点の国内大学782校のうち、学士課程でEMI
プログラムを提供している大学は305校（41％）、大学院レベルでは227校（29
％）となっている。その一方で、学士課程でETPを設置している大学は42校
（5.3％）、大学院レベルでは107校（14％）であった（文部科学省, 2020b）。EMI
と比較してETPの設置数が大幅に少ないが、主に日本語で教育活動や大学運
営をおこなっている日本の大学にとっては、ETPの導入に際する学生募集、授
業運営、部局運営などにおける負担が大きいため、この結果は想像に難くない。

　嶋内（2016）は、日本におけるEMIを、主に留学生を対象とした「出島型」、
主に日本人学生を対象とした「グローバル人材育成型」、留学生と日本人学生
が混在した「クロスロード型」の3つに類型化したうえで、クロスロード型の
プログラムを提供している日本の大学はまだまだ少ないことを指摘している。
つまり、EMIの設置数が多いことが、多文化環境で学位プログラムを展開し
ていることを必ずしも意味するとは限らない。この点について、末松（2017）
は日本の大学におけるEMIは多様な学生が集うことで自然発生的に起こる多
様性に富んだ学習環境とは異なり、グローバル30プロジェクトなどによって
拡充された学習環境であるため、日本人学生がクラスにおいて大半を占める場
合があることを指摘している。また、出身国や文化的多様性を問わず一括りに
された留学生と日本人学生の2つの異なる学生群が共に学び合うことで共修と
位置づけされている場合が多いことを指摘している。日本以外の非英語圏の国
でも、母語ではない英語で学位プログラムを運営する大変さが指摘されている。
例えば、Nghia & Quyen（2019）は、ベトナムの大学を事例として、英語で専
門科目を学ぶことにおいて様々な難しさがあったことを報告している。

　EMIやETPでは、自国出身の学生だけでなく、留学生に対する効果の検証
が求められる。上述の日本の政策では、優秀な留学生に大学卒業後も日本で就
労してもらうことが目標のひとつとして掲げられているが、留学生の日本での
就業に関しては、いくつかの阻害要因があることが複数の研究から示されてい
る。例えば、Breaden（2014）は、日本における就職活動は高等教育の最終学
年のうちに始まり、在学中に内定を得ることが期待されているが、この慣行は

独特なものであることを示唆している。また、Conrad & Meyer-Ohle（2019）は、仕事が頻繁にローテーションされること、給与が年功序列である傾向があることなど、長期雇用が一般的である日本の雇用慣行は国際的にみても特徴的であると論じている。また、Hanada & Pappano（2023）は、留学生が日本での就労について壁を感じることを調査した結果、日本人の同僚との関係性やワークライフバランス、特に都心部におけるコミュニティの希薄さをはじめとして、日本での就労を躊躇する要因をあげている。このことから、留学生にとって日本留学や日本での就労がより魅力的なものするためには、英語で学ぶ学位プログラムだけなく、日本の労働文化や社会生活に関する理解を深める機会を提供する必要があることが示唆される。

　このように内なる国際化を推進するためには、EMIやETPなどの教育プログラムを導入するだけでなく、学生募集（入口）から進路（出口）までを含めた大学全体の戦略が求められることが窺える。

4 ┃ 内なる国際化プログラムの効果

　そして、内なる国際化のさらに難しい点は、多様性のある大学キャンパスを構築できたとしても、その環境を活かした学びを実際に機能させるためには追加の対応が必要となることがしばしば見受けられる点にある。まず前提として、Crowther et al.（2000）は、内なる国際化のプログラムを開発するためには、多様性を教育的資源にすること、国や文化によって異なる視点を取り入れたカリキュラムにすること、異なる文化的背景を持つ多様な学生が一緒に学ぶ学習環境にすることの3点が重要であると述べている。その一方で、Harrison（2015）は、たとえ教育プログラムを整備しても、国内学生と留学生が協働学習の実現は容易ではないことを論じている。

　その具体的な事例として、Peacock & Harrison（2009）は、イギリスの大学の学部生60名に対して、イギリス人学生と留学生との関係性について調査を

おこなった。イギリス人学生の多くは、留学生を自分たちと別の集団だとは考えたことはないと調査に回答していたが、実際には留学生の多くは自分たちと文化的に遠い存在と認識している様子を報告している。例えば、相互理解を図ろうとするよりも、相手に不快感を与えないように配慮することで、交流のきっかけをつくることを避けようとする心理が働いていることが報告されている。さらに、英語力や価値観の違いが内在する多文化環境での学習によって自分たちの成績に悪影響が及ぼされる可能性を危惧する学生がいたことにも触れている。こうしたことから、イギリス人学生と留学生との交流は限定的である場合がみられたという。これと同様に、Ippolito（2007）では、イギリスの大学院生64名を対象とした調査によって、多様性が新たなアイデアをもたらすことに同意する学生がいた一方で、異なる文化的背景を持つ人々と協働するための関係構築に費やす時間については、成績評価に影響する課題に費やす時間を削ることになるため非効率であると指摘する学生がいた。そのため、成績のプレッシャーがある正課活動の前に、よりインフォーマルで社交的な場で留学生と知り合う機会があった方が良いと提案する学生もいた。文化的あるいは語学的な部分が留学生と国内学生の関係性構築の障壁になっていることを乗り越える負担感と留学生と学ぶ意義が認識されているなかで、国内学生同士で学ぶ環境と比べた負担感が強調される傾向が窺える。さらに、Hou & McDowell（2014）は、中国の大学で1〜3年間学んでからイギリスの大学に留学して学業を修了する大学間パートナーシップによって運営されている工学分野のプログラムに在籍する中国人学生とイギリス人学生との関係性について調査した。その結果、同じ授業に両国の学生が混在している場合であっても、両国の学生の語学的な側面と文化的背景から生じる行動様式の違いにより、授業内で両国の学生間に距離感がある傾向を報告している。

　北米の大学における調査研究からも国内学生と留学生間の関係性構築に向けた難しさが窺える。Williams & Johnson（2011）は、アメリカの南部にある中規模大学における80名のアメリカ人学生と留学生との間での友人関係について調査した。その結果、アメリカ人学生のうち57％は留学生の友人が1人もい

ないと回答した。また、80名全体での留学生の友人の数の平均は3.32人であったことを報告している。ただし、留学生の友人がいる学生とそうではない学生間の比較によると、前者のほうがより偏見のない思考[3] ができ、文化的背景が異なる学生とのコミュニケーションへの不安感が少なかったことを明らかにしている。そして、この思考は適切な教育や経験によって培われる態度や姿勢であることに言及したうえで、留学生が国内学生に与える良い影響があることから、両者の関係性を構築するプログラムの必要性を論じている。また、カナダ国際教育局（Canadian Bureau of International Education: CBIE）による留学生を対象とした調査によると、回答者の56%がカナダ人の友人が1人もいないと回答した。また、たとえ友人をみつける機会があったとしても、スポーツなどの関心事項や文化的な部分の共通点が少ないことにより、表面的な関係で終わってしまうことが報告されている（CBIE, 2014）。

　最後に、アジアの大学における事例として、Hormeyr（2023）は、日本のスーパーグローバル大学創成支援事業に採択されている2大学に在籍する164名の日本人学生を対象に、教員が関わる公式な異文化交流プログラムと教員が関わらない非公式な異文化交流の異文化間能力への効果を分析した。その結果、前者では学生の開放性、好奇心、文化的多様性への理解の向上に効果があった一方で、後者では有効性が確認できなかったことを報告している。また、大学入学前に6ヶ月間以上の留学経験がある学生のほうが、より開放性と共感性が高い傾向があり、入学後の異文化経験により得られる効果が大きかったことを指摘している。次に韓国の大学における事例として、Jon（2013）は韓国人学生と留学生との関係性構築と留学生の韓国での生活サポートを目的としたバディシステムや言語・文化交流プログラムを通じて教育的な介入を受けた95名と、そうした介入を受けなかった148名の学生を比較し、異文化間能力の涵養に向けた介入効果を検証した。その結果、そうした介入は異文化間能力の涵養により効果的な影響を及ぼしていることを示唆している。

5 ┃ より効果的なプログラムに向けて

　以上の実証研究からわかるとおり、内なる国際化に関するプログラムを提供するだけでは、期待する学習効果が得られるとは限らない。それでは、より効果的なプログラムを構築するためには、どのような点が必要なのだろうか。

　第一に、人は異文化や文化的背景が異なる人との交流を必ずしも肯定的にとらえるわけではないことを理解することが出発点になると考える。この点をより具体的に論じた研究として、Dunne（2013）は、人は同じような属性や価値観を持つ人とつながろうとする同属性（homophily）があることを指摘している。例えばソーシャルネットワークサービス（SNS）で自分と共感性の高い他者とつながろうとする動きはその一種であろう。海外学習プログラムへの参加学生は、異文化や文化的背景の異なる人々との交流に対する意欲があるからこそ参加していると思われるが、留学生を受け入れるキャンパスで学んでいる国内学生は異文化や交流に必ずしも興味や関心があるとは限らない。そのため、内なる国際化は、留学生と国内学生の双方に対する教育プログラムを念頭に置くことが望ましい。この点において、派遣学生に対する教育に着目する海外学習プログラムと比べてより綿密なプログラム開発が求められる。

　第二に、その具体的なプランとしては、正課、準正課、正課外活動を含めた総合的な学習機会およびメンタリングをはじめとする教育的介入の必要性があげられる。Söderlundh（2018）は、マルメ大学における正課授業の効果という点で、学生は文化的背景の異なる人々とのコミュニケーションをとるときは、自己管理と責任ある行動をとることが必要であることは理解していたが、実際に授業内で学生がお互いのミスコミュニケーションを避けるためにそうした行動を直接的に起こした事例はわずかであったことを指摘している。また、スペインの大学で実施されたナイチンゲール・メンタリング・プロジェクトの効果を考察したPrieto-Flores et al.（2016）によると、参加した95名の学生群と71

名の参加しなかった学生群の異文化間能力を比較したところ、両群に有意な差がなかったことを報告している。この2つの研究から、座学と実習を問わず個別の正課授業だけに終始した場合の効果は限定的である可能性が推察される。

　Soria & Troisi（2014）は、アメリカの9大学に在籍する15,807人の学生を対象におこなった調査結果として、内なる国際化に関するプログラムの効果は海外留学と比較しても遜色ないか、それ以上の効果を生み出す可能性があるが、そのためは正課の授業だけでなく、大学の国際オフィスや学生オフィスが協力して、異文化交流プログラムや学生寮での教育（リビング・ラーニング）などを含めた正課内外のプログラムを通じて継続的に支援していくことが重要であることを論じている。ここから、正課外活動を含んだキャンパスライフにおいて、国内学生と留学生が一緒に何かをする機会を提供することが両者の関係性構築に効果的であることが示唆される。言い換えれば、多文化環境でお互いに同じ環境を共有しているという事実だけでは学生に対してポジティブな影響を与えるとは限らない。国内学生は、留学生との交流に関心が高い学生ばかりではないことを念頭に置いて、彼らの異文化理解や多様性への関心を高めるための教育的介入が重要となる。例えば、異文化に興味がない学生に対しては、マルメ大学の事例のように、彼らが在住する街の文化の多様性や自国との他国との国際関係を学ぶ機会など、自分の生活や国の領域に関する部分に触れる機会を提供することがひとつの方策であろう。もちろん実践としての国際交流から入ったほうがすべての経験が新鮮に感じられ、結果的に異文化理解が向上する場合もあるだろう。しかし、それがすべての人に当てはまるとは限らないことに留意して、キャンパスでいきなり留学生と接し、同じ教室で学ぶ実践をする前に、留学生との交流をおこなうことで得られることに対する興味を持つという動機づけが必要となる場合もある。このように多様な学生が集まるキャンパスにおいて国際化を進めていくためには、Leask（2009）が指摘するように、その教育機関全体で様々な人々が関わり、教室内外で留学生と自国の学生との交流がおこなえるキャンパス環境と文化を醸成していく必要性があると考えられる。

6 ｜ まとめ

　内なる国際化は、そのプログラムづくりにおいて正課内外を含めた様々な活動から知識、経験、スキルを習得できる、キャンパス全体に及ぶ取り組みにすることが望まれることをみてきた。そのため、個別の学部や教員による限定的な活動ではなく、大学全体としてのビジョンや実施体制を構築することが求められるだろう。そして、大学による政策と実際の教育現場の声の相互関係を築くことが重要であり、そうではない場合は、大学による内なる国際化に関する方針は実現性に欠ける提言にとどまってしまう可能性がある。具体的な教育プログラムづくりの参考となるポイントが実証研究によって明らかになってきていることを活かすことで、内なる国際化の進展に向けた広がりは大きな可能性があるだろう。

　その一方で、こうした大学による取り組みや研究者による教育効果に関する実証研究は、個々によっておこなわれているのが現状である。こうした個々の取り組みを、国際的なネットワークなどを通じて、グッドプラクティスや実証研究を共有することは、より多くの大学で内なる国際化を推進する一助になるのではないだろうか。海外学習プログラムと比較して、内なる国際化が対象とする学生規模は圧倒的に大きいため、効果的な取り組みを展開するためには綿密なプランや人的資源が必要であると思われる。しかし、こうした取り組みを、あらゆる大学がゼロから独自におこなえるとは限らない。他大学の事例や実証研究を共有することで、各大学が自らの取り組みをセルフチェックができる仕組みを検討していくことも一案ではないかと考える。内なる国際化が世界的に拡がっていくためには、個別の大学の経験をより広く共有して、大学間でサポートし合える仕組みが一助になるのではないだろうか。

注

(1)　原文：“a way to embrace all the ideas and measures related to giving all students international perspectives during their time at the university”(Nilsson, 2003, p.31)

(2)　原文：“any internationally related activity with the exception of outbound student mobility”(Nilsson, 2003, p.31)

(3)　原文：“open-mindedness”

第 8 章

オンライン型の国際高等教育

1 ┃ はじめに

　本章では、2020年の新型コロナウイルスの感染拡大によって、高等教育において急速に関心が高まったオンライン型の国際教育の概念と取り組みに着目する。

　2020年以前の高等教育における国際教育では、物理的な海外渡航を伴う海外学習プログラムへの存在感が非常に大きかった。その分、同年の上半期に海外学習プログラムがほぼ停止状態になったことで国際教育は大きな影響を受けた。例えば、アメリカでは2018/19年度と2020/21年度の比較で、単位取得を伴う海外留学に参加した学生は347,099人から14,549人と95.8%減少したことが報告されている（IIE, 2022）。高等教育の国際化によって海外留学への参加人数はほぼ一貫して右肩上がりだった状況から、新型コロナウイルスの感染拡大によって突然急降下したわけである。

　しかしながら、国際的な経験を積む学習や異文化理解に関する学習に対する学生からのニーズが尽きたわけではないため、大学は海外渡航を伴わない国際教育プログラムの開発が急遽求められた。その対応策のひとつとして、オンライン型の国際教育が注目された。

　ただし、留意しなければならない点は、高等教育におけるオンライン型の国際教育は新型コロナウイルスの感染拡大によって突如登場したわけではない。例えば、COIL（オンライン国際協働学習）という用語は少なくとも2006年から利用されており、バーチャル交流という用語も2011年には使われるようになっていた（Rubin,2022）。

　こうした背景を踏まえて、本章では、まず新型コロナウイルスの感染拡大前後の高等教育におけるオンライン型の国際教育の位置づけの変化について概観する。次に注目度が高まっているバーチャル交流（Virtual Exchange）、バーチャル・モビリティ（Virtual Mobility）、ブレンディッド・モビリティ（Blended

Mobility)、オンライン国際協働学習（Collaborative Online International Learning: COIL）、大規模公開オンライン講座（Massive Open Online Course: MOOC）に焦点を当て、その特徴についてみていく。

2 ▎ オンライン型の国際高等教育の位置づけ

　高等教育におけるオンライン型の国際教育は、学生が物理的な海外渡航をせず、外国の教育機関による教育プログラムを受けることができるという点から、トランスナショナル高等教育（TNE）に位置づけられている。TNEについては、第6章で取り上げたKnight & McNamara（2017）の枠組みのとおり、6つの種類（フランチャイズプログラム、海外ブランチキャンパス、国際遠隔教育、ダブルおよびジョイントディグリープログラム、国際共同大学、国際協働遠隔教育）があるが、そのうち国際遠隔教育と国際協働遠隔教育の2つがオンライン型の国際教育に該当する。この両者の違いは、前者は外国の高等教育機関が単独で提供するプログラムであるのに対して、後者は外国の複数の高等教育機関が協働して提供するプログラムである点にある。

　ただし、海外ブランチキャンパスやフランチャイズプログラム、ダブルおよびジョイントディグリープログラムがすでに2000年代から注目されてきたことと比較すると、その注目度は相対的にあまり高くなかった。このことは、新型コロナウイルスの感染拡大前に調査された高等教育の国際化におけるオンライン教育へのとらえ方からも窺える。ヨーロッパ大学協会（European University Association: EUA）によるヨーロッパの451大学を調査対象とした"Trend 2015"を担ったSursock（2015）によると、高等教育の国際化は戦略的な重要性が高い取り組みだと回答していた高等教育機関が93%であったのに対し、国際化を推進する1つの手段としてeラーニングを位置づけていると回答した大学はわずか9%であった。eラーニングは授業の学習効果や運営上の事項として検討されてきたが、高等教育の国際化を推進するひとつの方法としては認識され

ていなかった。その一方で、後述するようにオンライン型の国際教育は主にグローバルサウスを中心とする、高等教育キャパシティが十分ではない国の学生に対して安価で高等教育を提供する役割を担ってきた。

　しかし、新型コロナウイルスの感染拡大によって様相は変化する。本章の冒頭で紹介した海外留学の急減に際して、アメリカの大学の78％は留学生に対してオンライン履修を提供し（O'Dowd, 2023）、ヨーロッパの大学でも50％の留学生が現地への渡航からオンライン履修に切り替えたことが報告されている（Gabriels & Benke-Åberg, 2020）。それでは、ポストコロナ時代には元の状態に戻るのか？この点について、ポストコロナ時代が新型コロナウイルスの感染拡大以前の海外渡航に依存する国際教育の時代に完全に戻ることは考えにくいとの論調もある。NAFSA元会長で「包括的な国際化（Comprehensive Internationalization）」を提唱したジョン・ハジック（John Hudzik）は、高等教育機関は物理的な海外渡航に依存してきた従来の国際教育から、海外渡航とテクノロジーを両立させたブレンド型のプログラムや、キャンパス内での国際教育への注力へとパラダイムシフトする必要性を指摘している（Hudzik, 2020）。海外学習プログラムに参加する学生だけでなく、それに参加しない学生を含めた包括的な国際教育プログラムの必要性を訴えていることは、「包括的な国際化」を2011年に提唱したハジックの考え方を改めて反映しているといえる。

　実際に新型コロナウイルス感染拡大前時点での学生の海外学習プログラムへの参加比率をみると、これまで本書で何度か触れてきた世界平均だけでなく、ヨーロッパやアメリカといった国際高等教育の先進的な国・地域でもその参加比率は学生数全体からみれば決して高くない。エラスムス・プラスによって最も学生の国際移動が進んでいるヨーロッパでも2018年時点で13.5％であり（European Commission, 2020）、アメリカでは近年でも3〜5％という指摘が多いが（例：Hudzik, 2020）、2018年時点では多くても10％未満という報告がある（NAFSA, 2023）。つまり、国際移動を伴う国際教育は高等教育の国際化によって急拡大したものの、世界の大学生全体からみるとごく少数しか参加する機会が得られない。残り大半の大学生に対しては、海外渡航が必要ない国際教育プロ

グラムが求められる。この点について、UNESCO による Sabzalieva et al.
（2022）も、これからの国際高等教育は海外渡航だけでなく、学生をより広範
な人々とつなぐテクノロジーを活用したバーチャルな学習機会を導入する必要
性を論じている。こうした背景から、オンライン型の国際教育は、海外渡航を
必要としない国際教育という点で、大学キャンパスにおける「内なる国際化」
のひとつの手段としても位置づけることができる。

　次に、高等教育におけるオンライン型の国際教育の学習様式の多様化が進ん
でいる現状を踏まえ、現在注目度が高まっているバーチャル交流、バーチャ
ル・モビリティ、ブレンディッド・モビリティ、オンライン国際協働学習
（COIL）、大規模公開オンライン講座（MOOC）の特徴についてみていく。

3 ｜ バーチャル交流

　バーチャル交流（Virtual Exchange）という用語は、2011 年にバーチャル交
流連合（Virtual Exchange Coalition）というコンソーシアムによって使われ始め
た（Rubin,2022）。バーチャル交流は、「テクノロジーを活用した持続的な人と
人との教育プログラムであり、表面的な社会的交流ではなく、肯定し合える関
係を築き、若者の間に建設的で有意義な対話を育む活動[1]」（Virtual Exchange
Coalition, 2015, p.1）と定義されている。エラスムス・プラスにおけるバーチャ
ル交流を活用した教育活動では、学生が教育者やファシリテーターの支援を受
けながら、地理的に離れたあるいは文化的背景の異なる個人やグループの間で
建設的なオンラインコミュニケーションや交流をおこなうことで、相互理解と
グローバル・シチズンシップを高めるための教育だと位置づけられている。そ
して、そうした教育には、正課教育だけでなく、正課外活動も含まれている
（EVOLVE, 2018）。

　その一方で、O'Dowd（2023）は、バーチャル交流を、正課教育として組み
込まれたものと、非公式な異文化交流や協働作業を区別する必要性を論じてい

る。この区分によると、外国語学習者が他国の人々とソーシャルネットワークで交流する場合は、外国語運用能力や外国の文化的知識を深めるためには効果的であるかもしれないが、これをバーチャル交流とみなすべきではなく、あくまでカリキュラムなどで正課教育として位置づけられていることが要件だと指摘している。

　このEVOLVE（2018）とO'Dowd（2023）の考え方を比較すると、バーチャル交流は正課プログラムに含まれることは共通しているが、非正課教育の位置づけに違いがある。この点から、バーチャル交流の学術的な位置づけについては、現在進行形で議論がおこなわれていることが窺える。

4 ┃ バーチャル・モビリティ

　バーチャル交流が「交流（Exchange）」を強調しているのに対して、バーチャル・モビリティ（Virtual Mobility）は必ずしも交流を必要条件にしない。例えば、ある学生が外国の大学の学位プログラムをオンラインで受講する場合やMOOCで提供されている科目を受講する場合を指す。Pittarello et al.（2021, p.12）は、バーチャル・モビリティを「ある教育機関の学生が、自宅を離れることなく、教育機関（通常、別の国を拠点とする）のコースに参加できるようにする教育実践[2]」と定義している。

　また、欧州委員会は、「eラーニングを含む情報通信技術によって支援される一連の活動で、教育、訓練、学習の文脈における国際的な協働体験を実現または促進する活動[3]」（European Commission, 2019, p.327）と定義している。この定義では、協働がおこなわれることも念頭に置いてあり、協働をするということは交流が内在するため、交流を排除していない。ただし、バーチャル交流が交流を通じた協働学習を指すことと比較すると、バーチャル・モビリティは遠隔技術を通じて外国の教育を受けることを主目的としており、必ずしも交流が求められていない点に特徴がある。

5 | ブレンディッド・モビリティ

　ブレンディッド・モビリティ（Blended Mobility）は、「物理的な海外渡航に
オンラインによる協働学習やチームワークを促進するバーチャルな要素を組み
合わせたもの[(4)]」（European Commission, 2022b, p.46）と定義される。別の呼称
でハイブリッド・モビリティ（Hybrid Mobility）と呼ばれることもある
（Sabzalieva et al., 2022）。

　ブレンディッド・モビリティは、欧州委員会が2021年から2027年にかけて
実施する海外学習支援のための指針であるErasmus+ Programme Guideにお
いて推進が期待されるひとつ学習様式として位置づけられている。この指針で
は、特に短期の海外学習プログラムにおいてブレンディッド・モビリティの導
入を推奨している。具体的には、物理的な国際移動は5日以上30日以内を目安
とする一方で、それだけで学習を終わらせずオンラインでの協働学習交流やチ
ームワークを促進する学習を組み合わせることを提唱している。この背景には、
オンライン教育を組み合わせて海外滞在期間を短くすることで、経済的な部分
をはじめとする海外渡航に際する様々な負担を減らすことができ、より多くの学
生が参加できる機会を提供することが企図されている。また、両者を組み合わ
せることで異文化間能力や外国語運用能力、批判的思考といった海外学習で涵
養が目指される能力に対する学習効果をより一層高めることが期待されている。

6 | オンライン国際協働学習（COIL）

　COILは、オンライン国際協働学習（Collaborative Online International Learning）
の略称である。COILという用語はジョン・ルービン（Jon Rubin）によって
2006年から利用されていた。そのきっかけはルービンが所属していたニュー

ヨーク州立大学（SUNY）システムがオンライン教育交流に関するセンターを設置し、そこで構築されたオンラインツールを活用した国際協働学習をCOILと呼称したことにある（Rubin, 2022）。それが次第に学外でも用いられるようになり、現在に至っている。

COILは異なる国の2つ以上の教育機関による協働学習であり、各機関から提供される教育コンテンツをベースとした授業やプロジェクトをおこなう。例えば、2大学の教員の指導のもと、数週間にわたり2大学の学生がオンラインツールを用いながら協働プロジェクトをおこなう。異なる国に居住する学生と教員がお互いに協働することで、異文化理解などの学習機会となることが期待される。つまり、COILはオンライン型の国際教育プログラムのなかでも、異文化理解や外国の学生との相互関係を重視した特徴を持つ。

以上から、COILとバーチャル交流は双方とも交流を重視しているが、バーチャル交流がオンラインでの交流を指す概念的な用語であるのに対して、COILはそのひとつの具体的な教育の様式である。Rubin（2022）によると、バーチャル交流は「スポーツ」であり、COILは「バスケットボール」の関係性にある。

7 ｜ 大規模公開オンライン講座（MOOC）とバーチャル大学

バーチャル交流のひとつがCOILであるのと同様に、バーチャル・モビリティのひとつとしてMOOCとバーチャル大学（Virtual University）がそれぞれあげられる。MOOCは大規模公開オンライン講座（Massive Open Online Course）の略称で、オンラインで海外や国内の教育機関の講義を視聴するプラットフォームを指す。そのなかには、Coursera、edX、Udacityなどが含まれる。このように場所を問わず高等教育機関による講義を受けられる利点がある一方で、一方向的な講義形式になりがちなため、学生の学習における継続率の低さが課題ともいえる。例えば、Katy（2015）によると、MOOCの科目履修の修了率

の中央値は12.6％と低いことが指摘されている。

　これに対して、学位や資格課程のすべてがオンラインで提供されるバーチャル大学もあり、近隣に大学がなく高等教育を受けることが難しかった学生や諸事情により通学がかなわない学生にとって課程教育を受ける機会となりうる。対面型の授業ではない遠隔形式の大学教育は、1965年にイギリスで設置されたThe Open Universityをはじめとするオープン大学が主に担ってきた。オープン大学とバーチャル大学は、前者はインターネットが登場する以前から様々なメディアやオーディオビジュアルの記録媒体を通じて授業を提供してきた一方で、後者はインターネット技術を使ったオンライン教育やオンデマンド教育に特化しているに違いがあるようにみえる。ただし、インターネットが普及した現代では多くのオープン大学がインターネットによる授業を提供していることから、両者の区分はあまり明確ではなくなってきており、Open and Virtual Universityと表記する研究もある（例：Porcaro, 2009）。

　このOpen and Virtual Universityという枠組みには、国を越えた地域レベルの大学、国家ごとの公立、私立の大学がある。例えば、アラブ・オープン大学（Arab Open University）やアフリカン・バーチャル大学（African Virtual University）は国を越えた地域レベルの大学である。国ごとの公立大学では、イギリスのオープン大学（The Open University）、カナダのアサバスカ大学（Athabasca University）、チュニジアのバーチャル大学チュニス（Virtual University of Tunis）、リビアのオープン大学リビア（Open University Libya）、シリアのシリアバーチャル大学（Syrian Virtual University）、私立大学ではアメリカのフェニックス大学（University of Phoenix）、日本の放送大学があげられる。

　そうしたなかで、地域レベルの大学は、当該地域の高等教育キャパシティの拡大という社会的なミッションを色濃く有しており、しばしば国際的な支援を受けて運営されている。その例として、Arab Open University（AOU）は2002年にUNESCOの支援のもと、アラブ世界にオンライン教育を提供することを目的に設置された（Porcaro, 2009）。本部はクウェートにあり、エジプト、オマーン、サウジアラビア、スーダン、バーレーン、パレスチナ、ヨルダン、

レバノンに拠点を設置している。ビジネス、コンピュータ、英語・英文学、教育、メディアの5学部を有し、専攻は57分野にわたる。2002年の開学以来、世界143か国からの約31.7万人の学生が学び、約6.6万人が卒業している（AOU, 2022）。AOUは教育プログラムの提供においてイギリスのオープン大学の支援を受けている。

　African Virtual University（AVU）は、1997年に世界銀行の支援のもとで設立された。AVUはアフリカの大学をパートナー機関としてラーニングセンターを設置し、その教室でオンライン教育をおこなっている点でAOUと異なる特色を持つ。オンライン教育であるにもかかわらず教室で教育プログラムを提供することにはアフリカの事情が推察される。サブサハラアフリカでは高等教育で学ぶ人口が1990年の140万人から1997年には220万人と10年間に約60%拡大した一方で（Bateman, 2008）、AVUが設置される以前では、若年層の約3%しか高等教育を受けていなかった（Graber & Bolt, 2011）。その一方で、増える高等教育ニーズに対応するため大学数を増やすことには限界があるため、オンライン教育が模索されたが、2000年時点で世界のインターネット普及率が6.5%（総務省, 2015）だったのに対して、サブサハラアフリカでは0.5%（JETRO, 2019）ときわめて低かったこともあり、各ラーニングセンターの教室に学生が通学し、そこでオンライン教育を受けるシステムが導入された。AVUの本部は、当初は世界銀行本部があるアメリカのワシントンD.C.に設置されていたが、2002年からはケニアのナイロビに移転しアフリカ自身のイニシアティブを高め、セネガル、モーリタニア、コートジボアール、マリを加えた5か国の政府により協働運営することとなった（Bateman, 2008）。AVUはその設置時には、アメリカ、カナダ、オーストラリアなどの大学からプログラム開発支援を受けていた。例えば、経営学の学位プログラムは、オーストラリアのカーティン大学（Curtin University）、コンピュータサイエンスでは同じくオーストラリアのロイヤルメルボルン工科大学（RMIT）とカナダのラバル大学（Laval University）からの支援を受けて開発された（Graber & Bolt, 2011）。2003年までにアフリカ18か国の34大学をパートナー機関として、情報技術、コン

ピュータサイエンス、経営学、会計学といった専門職分野などの生涯教育にも
重点を置き、約23,000人の学生が1学期以上のコースを受講したことが報告さ
れている（Bateman, 2008）。

8 ┃ まとめ

　国際遠隔教育は、Arab Open University（AOU）とAfrican Virtual University
（AOU）の事例からもわかるとおり、高等教育キャパシティを拡大し、通学が
困難な学生や社会人に対してオンラインで教育プログラムを提供することで、
高等教育の発展に寄与してきた。そして、そのなかには障がいのある学生、移
民や難民の学生、経済的な事情がある学生、パートタイムの学生、仕事や介護
の責任を持つ学生などが含まれる（Sabzalieva et al., 2022）。この点において、
国際遠隔教育は包摂的な高等教育の進展に寄与しているととらえられる。

　その一方で、学生の学習成果についてはまだ明らかになっていない部分が多
い。国際遠隔教育に関する学術論文は、教育プログラムの開発や展開、オンラ
イン技術の活用方法などのプログラムの提供に関する内容が多く、学生の学習
成果に関する研究は少ないことから、実際の教育活動の成果を把握する手段は
まだまだ少ないのが現状である。

　例えば、オンライン授業に留学生がいることで得られる多文化の学習環境が
もたらす効果に関する学術論文について調査したLee & Bligh（2019）によると、
学習者視点に立った研究は相対的に少ないことが示されている。この研究では、
遠隔教育やオンライン教育に関する用語と国際教育に関する用語を扱っている
39本の学術論文・章を抽出してシステマティックレビューをおこなった。そ
の結果、39本のほとんどは複数のテーマを扱っており、延べ数でテーマ別で
みると、世界的な高等教育への需要の高まりに対するオンライン教育の増加と
いったマクロ的な現象を扱った論文が27本と最も多かった。次に、オンライ
ンコースを受ける留学生の語学力の不足や学習スタイルの文化的な違い（例：

受動的、発言の頻度）が学習プロセスに与える影響といった留学生と国内学生との違いに関する論文が20本、留学生との交流を通じて異文化を学ぶことの教育的価値を強調する論文が8本、自国学生と留学生にかかわらず、参加者一人ひとりが個性を持った存在であり、そうした異なる文化的な背景を有する学生が共に学ぶ環境が生み出す価値を強調している論文が6本だったことを報告している。この結果から、主に教育プログラムの提供者側の視点に立った研究が多いことがわかる。

　国際遠隔教育を通じて、多文化環境のダイナミクスは得られるのであろうか、その場合にはどのような教授法が実践されているのだろうか、といった点については管見の限り詳細は明らかにされていない。教育プログラムの設計、それを提供するための技術的基盤といった提供者側をテーマとした研究は大変重要であるが、それと同時に国際遠隔教育を受けた学習者の経験や学習効果に関する詳細な実証研究が期待される。

　国際協働遠隔教育については、確かに国際遠隔教育と同様に新型コロナウイルスの感染拡大以前から実践されてきた。その一方で、その感染拡大によって物理的な海外渡航が困難になったことが要因となり、国際協働遠隔教育への注目度は高まったことも確かであり、ある意味で対処療法的に注目を集めてきた側面もある。そのため、国際移動が新型コロナウイルス感染拡大前の時代と同じ状況に戻る可能性がまったくなくはないことも想定しながら、国際高等教育における国際協働遠隔教育の位置づけを明確にしていくことが求められるだろう。そのなかで検討事項のひとつをあげるとすれば、オンライン接続をしている授業中だけでなく教室以外での経験をどう積むかについてである。

　Tan et al.（2021）は、授業外でのインフォーマルなコミュニケーションや課外活動の機会が少ないことが、学生同士の交流の深さに影響を与える可能性があることを指摘している。学生が他の学生や教室の外にいる人々と接する機会が量・質ともに十分でなければ、異文化経験の深さは限られてしまう可能性があることは想像に難くない。こうした背景もあってか、バーチャル交流を推進しているエラスムス・プラスにおいては、バーチャル交流を海外留学の代替と

しては位置づけていないが（European Students' Union and the Erasmus Student Network, 2022）、物理的な海外渡航とバーチャル交流を組み合わせたブレンディッド・モビリティの学習効果や、両者をどのようなバランスで組み合わせたらより学習効果が高まるのかに関する実証研究の蓄積は、建設的な議論の助けになる。例えば、COILを海外留学前後のどちらに設定するかで期待される効果が変わってくるのだろうか。事前の場合は、学生が海外で過ごす期間に備える機会となることで、言語的、文化的、心理的な準備に寄与することが想像される。その一方で、事後の場合は、学生が現地で知り合った学生と共に学習を振り返ることで、その後の関係性の維持や得られた国際経験を強化することに寄与することが想像される。このような教育的な活用方法を示す実証研究が今後とも期待される。

注

(1) 原文："technology-enabled, sustained, people-to-people education programs. While new media technologies are often used for either superficial social interaction or intensely polarizing political display, virtual exchanges use the same technologies to build mutually affirming relationships and foster constructive and meaningful dialogue among youth"（Virtual Exchange Coalition, 2015, p.1）

(2) 原文："educational practices that allow students from one educational institution to follow courses organised at a different institution（usually based in a different country）without having to leave home"（Pittarello et al., 2021, p.12）

(3) 原文："a set of activities supported by Information and Communication Technologies, including e-learning, that realise or facilitate international, collaborative experiences in a context of teaching, training or learning"（European Commission, 2019, p.327）

(4) 原文："a combination of physical mobility with a virtual component facilitating a collaborative online learning exchange and teamwork"（European Commission, 2022b, p.46）

第 **9** 章

高等教育の地域化

1 ┃ はじめに

　本章では、現代の国際高等教育において、高等教育の国際化と並んで目覚ましい進展がみられる高等教育の地域化（Regionalization of Higher Education）の概念とその取り組みに着目する。

　高等教育の地域化は、高等教育の国際化との類似点と相違点がある。類似点は、どちらも主にグローバル化が進展した1990年代から顕著にみられる現象だという点である。これに対して、相違点は、国際化が主に国家を単位とした対応であるのに対して、地域化はヨーロッパ、アジア、アフリカといった国家を越えた地域としての対応である点である。地域化は域内の国家間による連携によって成り立っており、参画する国同士の意図や戦略、高等教育システムの違いなどの調整が必須であることから複雑性が高い（Knight, 2016）。その一方で、効果的な国家間の連携が成立する場合は、ひとつの国家だけでは対応しきれない課題に対する対応と、それに伴う効果が期待される。

　本章では、まず高等教育の地域化の概念をみる。次に、地域化の先進事例としてのヨーロッパ、それに続いて地域化を進めているアフリカを取り上げることで、地域化に関する取り組みの共通点と地域独自の相違点を探り、高等教育の地域化に関する理解を深めていく。

2 ┃ 高等教育の地域化の概念

　高等教育の地域化の概念を先行研究から引用する場合には、ジェーン・ナイト（Jane Knight）による定義があげられることが多い。これは、高等教育の国際化に関する概念は複数の研究者によって異なる角度から提示されていることと比較すると、地域化の概念に関する研究が相対的に少ないためだと考えられ

る。Knight（2012b, p.19）によると、高等教育の地域化は、「ある地域の枠組みのなかで、高等教育の関係者や制度間のより緊密な連携と調整を構築するプロセス[1]」と定義されている。この定義における「緊密な連携と調整」の対象は、教育の質保証、学位や資格に関する認証枠組み、学生、研究者、教育プログラムおよび教育機関の域内移動、カリキュラムや研究の域内ネットワークなど多岐にわたる。また、一言で「連携と調整」といっても、各国独自の制度は維持しつつ互換性を高める連携にとどめるのか、地域共通の制度に統合を図るのかなど、その度合いにも違いがある。さらには、各国が政治的なリーダーシップを発揮して地域化を推進するのか、第三者的な国際的なネットワーク組織を構築してそこに委ねるのか、高等教育機関が教育・研究活動において協力を進めるのかなど、連携と調整の進め方にも異なる方法がある。

　この「対象」「度合い」「進め方」の3点のうち、対象と進め方については、地域内で議論されている政策から探っていくことは難しいことではないかもしれない。その一方で、度合いについては、協力（cooperation）、調整（coordination）、調和（harmonization）、統合（integration）など複数の用語があるため、政策文書に記載されている用語をみても、それが地域化のどのような度合いを意味するのかを判断することが難しい場合がある。例えば、協力（cooperation）と調整（coordination）の違いは、一見するとわかりにくいかもしれない。この点について、Knight（2012b, p.26）は各用語が示す連携と調整の度合いについて図9-1のとおり4つの段階に分類して、段階が進むにつれて度合いが深くなっていくことを示している。

　第一段階である協力（cooperation）、協働（collaboration）、パートナーシップ（partnership）は、高等教育関係者による自発的な二国間・多国間の活動を指している。例えば、地域内の学生移動を活性化させるために、域内の大学が域内留学プログラムのパートナーシップを締結する場合があげられる。この場合、各国は教育システムの独自性は維持できる一方で、政府間によるリーダーシップの関与はそれほど強くない場合が多い。

　第二段階である調整（coordination）、一貫性（coherence）、同調（alignment）

図9-1：高等教育の地域化の概念マップ

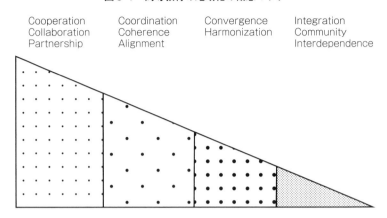

出典：Knight（2012b, p.26）
＊出版社と著者から許可を得て掲載。

は、第一段階より組織化された取り組みを指す。例えば、先例の域内留学の推進において、国際的なネットワークが構築されている場合が該当する。

　第三段階である調和（harmonization）と収斂（convergence）は、より強固で戦略的なつながりを意味し、教育機関だけでなく国家の体系的な連携を伴う。例えば、域内留学においては、地域共通の質保証制度の構築、学生が渡航先の大学で修得した単位に関する地域共通の互換制度の構築、学位の国際共通性の確保といった、各国の教育に関する法的に根拠づけられている高等教育システムにおける連携と調整がおこなわれている場合が該当する。

　最後の第四段階の統合（integration）、コミュニティ（community）、相互依存（interdependence）は、より公式化、制度化、包括化された地域内のつながりを指す。例えば、域内の高等教育が統合されている段階を指す。

　Knight（2012b）はこの整理を示した際に、標準化、適合性、均一性、均質化などの用語は意図的に外していると述べている。その理由として、高等教育の地域化は域内の国家や高等教育機関の多様性や差異を十分に認識したうえで、当事者間で共通の利益に向けて連携と調整をおこなうプロセスであるが、これらの用語はそうした差異をとらえずに矮小化させる印象を与えるためである。

また、この第一段階から第四段階までは成長曲線のように段階を上ることがより望ましいという見方ではなく、その地域がどの段階を目指しているのか、そのゴールを当事者間で十分に共有されているのかを明確にする一助として位置づけている。例えば、国際的な頭脳獲得競争のなかで、ある地域で頭脳流出が進んでいる場合には、域内の頭脳循環を推進するという目的と、上記4段階のどれを構築することを目標とするのかを当事者間で合意したうえで実践することが求められる。これが可能な場合は、1か国だけでは頭脳流出を止められない場合でも、域内で連携と調整を通じた効果的な施策を展開できる可能性がある。つまり、高等教育の地域化は、地域のなかから導き出された戦略的な対応である。以上の高等教育の地域化の概念をもとに、次節以降ではヨーロッパ、アフリカにおける高等教育の地域化に関する具体的な政策や取り組みについてみていく。

3 ┃ ヨーロッパ高等教育の地域化

　ヨーロッパ高等教育の地域化は、ヨーロッパ高等教育圏の創設に向けて1999年に開始されたボローニャ・プロセス（Bologna Process）における一連の取り組みを指す。ただし、その土台となる高等教育の連携や調整の動きは、それ以前の1970年代から進められてきた。その契機となったのは、1971年のヨーロッパ共同体（EC）教育大臣会議である。この会議は、1969年に欧州議会が文化共同体の基礎として大学のヨーロッパ化（Europeanisation）について言及したことを受け、加盟国間の協力の推進を目的として開催された（Pépin, 2007）。それまでは、国家の文化や伝統が色濃く反映されやすい教育分野における協力は各国から消極的な意見があったが、1968年にフランスで起きた五月革命[2]に代表される学生運動の高まりなどを受け、国家としても教育のあり方を国際的な場で検討する必要に迫られたことが協力を模索する機運を高めた（Pépin, 2007）。1974年にはEC委員会[3]が「ヨーロッパ共同体における教育

（Education in the European Community）」を発表した。このなかで、学生や教職員の域内移動の促進、100万人を超える4歳から18歳までの移民の子弟に対する教育の充実化、域内で使われている言語や各国に関する知識を深めるといったヨーロッパに関する教育の充実化が提起された（European Communities, 1974）。このうち、学生の域内移動の促進に向けた取り組みが、1987年にエラスムス計画（European Community Action Scheme for the Mobility of University Students: ERASMUS）につながっていく。この計画は、域内大学の留学ネットワークを構築することで、学生の国際移動を高めることを目指した。その後、1993年にマーストリヒト条約の発効によって欧州連合（European Union: EU）が成立し、1995年には教育と職業訓練に関する取り組みの整理がおこなわれ、教育はソクラテス計画、職業訓練はダビンチ計画へと統合された。

　ヨーロッパ高等教育における地域化への取り組みを本格化させることになった契機は、1999年にヨーロッパ29か国[4]の教育大臣によるボローニャ宣言が採択されたことである。ボローニャ宣言では、ヨーロッパ高等教育の魅力をより高めていくために、2010年までにヨーロッパ高等教育圏を創設することが目標として掲げられた。「知のヨーロッパ（Europe of Knowledge）」と「共通の社会的・文化的空間（Common Social and Cultural Space」（Issacs, 2020）という言葉に標榜されるように、学問の自由および自治、学生や教職員の自由な移動および高等教育機関のガバナンスへの完全かつ平等な参加などの加盟国間で共通の価値を掲げている（Viðarsdóttir, 2018）。

　そして、これを実現させるために、加盟国間に存在する高等教育システムの差異を調和させ、その互換性を高めていくボローニャ・プロセスが開始された。それを掲げたソルボンヌ宣言は「ヨーロッパ高等教育制度の構造の調和に関する共同宣言（Joint declarationon harmonization of the architecture of the European higher education system）」が正式名称であり、ここにヨーロッパ高等教育制度の調和をおこなうことが明確に示されている。そして、そのアクションプランとして、「学部、大学院の2サイクルからなる学位課程システムの確立」「比較が容易に可能な学位システムの構築」「ECTSをベースとした単位互換制度へ

の統合」「学生、教員、研究者や技術スタッフなどの国際移動の推進」「質保証における協力の促進」「ヨーロッパ次元に立脚した高等教育の推進」の6点[5]において各国が協力していくことが示された（EHEA, 1999）。また、その進捗状況のフォローアップのため、2年に1回のペースで教育大臣会議（コミュニケ：Communique）を開催することとなった。6点に関する具体的な取り組みについては、次のとおりである。

学部・大学院の2サイクルからなる学位課程の確立

　国家間の調和の必要性を象徴するひとつは、域内の多様な学位課程である。当時のヨーロッパでは国によって学位の名称や性質、取得に至る学修年限が異なっており、学生が取得した学位の互換性が課題であった。例えば、1990年代後半のフランス[6]の大学では、2年間の一般教養課程を修了すると一般教養課程修了証書（DEUG修了証書）が授与された。その後、3年目の学習を修了するとリサンス（Licence）、4年目の学習を修了するとメトリーズ（Maîtrise）を取得した。また、メトリーズを取得した学生のうち博士課程への進学希望者はDEAという準備課程に進み、その後、博士号の取得までにはおおよそ3～5年間を要していた。また、職業専門職課程として、DESSもあった。その一方で、ドイツでは、学士課程と大学院修士課程の一貫教育課程に相当するディプロム（Diplom）とマギスター（Magister）があり、その修了までには標準的には約5年程度を要した。

　こうした域内の国によって異なる学位の互換性を高めるため、学部および大学院の2つの課程サイクルに調和させていく改革がおこなわれた。フランスでは、DEUGとリサンスを統合して3年間の学士課程であるリサンス（Licence）、メトリーズとDEAを統合して2年間の研究型修士課程（Master Recherche）、メトリーズとDESSを統合して2年間の職業専門修士課程（Master Professionnel）とした。そして、その上に博士課程（Doctorat）を設置することでLMD（Licence-Master-Doctorat）制度を構築した。ドイツでは、3年間の学士課程（Bachelor）と2年間の修士課程（Master）、その上に博士課程

（Doktor）が設置された。なお、第2サイクルの大学院については、2003年の
ベルリン・コミュニケにおいて修士課程と博士課程は区分されたため、それま
での学部と大学院の2サイクルから、学士、修士、博士の3サイクルに改めら
れた。

比較が容易に可能な学位システムの構築

　3サイクルの学位システムを実際に機能させるためには、学位の互換性を高
める仕組みが必要となる。例えば、フランスでリサンスを取得した後にドイツ
の修士課程に進学する場合には、フランスのリサンスがドイツの学士に相当す
ることを示す必要が出てくるだろう。その主な仕組みづくりは、1997年に採
択された欧州評議会とUNESCOによる高等教育の資格承認に関するリスボン
規約[7]に始まる。この規約では、高等教育機関や雇用主に対して他国の学位
や資格に実質的な差異がなければ自国の学位・資格に相当するものとして承認
することを求めた。それを支える取り組みとして、ディプロマ・サプリメント
（diploma supplement）、ヨーロッパ高等教育圏資格認証枠組み（The Qualification
Framework of the European Higher Education Area: QF-EHEA）、学位や資格の
自動認証（automatic recognition）の推進があげられる（Eurydice, 2020）。

　まず、ディプロマ・サプリメントは、いわゆる学位記の添付文書である。一
般的に学位記には学習量や学習内容、学習成果に関する具体的な内容が記載さ
れていないことが多いため、この添付文書によってそれらを明確にしようとし
た。例えば、ユーロパス[8]によるディプロマ・サプリメントには、資格の保
有者、種類、レベル、取得日、プログラムやコースの内容、単位数（後述する
ECTS）、成績評価、発行元の大学および所在する国の高等教育制度の概略が記
載されている（EU, 2022）。ディプロマ・サプリメントは1990年代には開発さ
れていたが、2005年のベルリン・コミュニケにおいて、学位や資格を取得し
たすべての学生が無料で自動的にヨーロッパの主要言語で受け取れるように運
用が進められている。2018年度時点で、ディプロマ・サプリメントがこの形
で運用されている国は48か国中37か国に上る（Eurydice, 2020）。また、2018

年のパリ・コミュニケでは、より利便性を高めるため紙面ではなくデジタル発行に移行することが決定された。

　次に、QF-EHEAは、加盟国がそれぞれの国家資格枠組み（National Qualifications Framework: NQF）を制定する際に指標となるヨーロッパ高等教育圏共通の資格枠組みである。NQFは、各国の高等教育機関から授与される学位や資格が担保する学習成果を可視化することを目的とする。これに対して、QF-EHEAは各国のNQFで示された学習成果を加盟国間で比較可能にするため、ヨーロッパ高等教育圏共通の学習成果の基準を設定したものである。また、近年では生涯学習プログラムが注目されているなかで、各国で生涯教育プログラムをはじめとするショートサイクル（short-cycle）と呼ばれる短期間の学習で得られる認定書を学士や修士と並んで独立したひとつの学習成果の証明書として位置づけている。ボローニャ宣言前の段階でNQFを運用していた加盟国はイギリスとアイルランドのみであったため、QF-EHEAの導入を採択した2005年のベルゲン・コミュニケにおいて、加盟国はQF-EHEAを参照して2007年のロンドン・コミュニケまでにNQFを設計することが推奨された。しかし、ロンドン・コミュニケではそれは達成されず、5年後の2012年のブカレスト・コミュニケではNQFが設計されていない国に対する支援策が検討されるなど、NQFの整備状況は加盟国間で格差が生じている。2018年時点で、QF-EHEAに基づいてNQFを運用されている国は48か国中30か国である（Eurydice, 2020）。

　学位や資格の自動認証は、2012年のブカレスト・コミュニケで導入が議論された。これはリスボン規約で示された加盟国間の学位や資格に実質的な差異がない場合は、自動的に認証することを後押しする。つまり、他の加盟国で発行された高等教育の学位や資格は、自国における同等のものとして自動的に認められ、学生は次のレベルの高等教育プログラムへ応募することができる。その参照資料として、「ヨーロッパの資格認証に関する手引き（European Area of Recognition Manual: EAR Manual）」が発行された。この手引きには、外国で取得された学位・資格の認証に関するガイドラインと事例が掲載されており、各

国の認証機関や高等教育機関が外国の学位や資格の認証を判断する際の参考資料となる。2018年時点で自動認証が運用されている国は48か国中10か国であった（Eurydice, 2020）。自動認証は2025年までにヨーロッパ高等教育圏全域で運用されることが目指されている。

ECTSをベースとした単位互換制度への統合

　ECTSは、1989年に導入されたヨーロッパ単位互換評価制度（European Credit Transfer and Accumulation System: ECTS[9]）である。この制度は、それまでヨーロッパ諸国で1単位の学習量が異なることが域内留学よって得られる単位の互換性の課題になっていたことを踏まえ、ヨーロッパとして1単位の標準学習量を設定し、単位互換をスムーズにすることを企図した制度である。具体的には、1 ECTSに求める学習量を25 〜 30時間の学習時間（授業と自習を含む）として、1年間の標準修得単位数を60 ECTSに設定した（EU, 2015）。そのうえで、第1サイクル（学士課程）の要卒単位は、180 ECTSから240 ECTSが基準とされた[10]。180 ECTSを求める国が過半数を占めているが、240 ECTSや210 ECTSを要卒単位数としている国々があるなど、要卒単位数は各国の判断によって決められている（Eurydice, 2020）。つまり、ECTSは単位の互換性を高めるための学習量の指標であるが、各国の仕組みのすべてを統一するのではなく、様々な違いがあることを前提として各国間の互換性を高めることで、ヨーロッパ高等教育圏としての調和を進めることを意図している。

　その一方で、学習量ではなく、学習成果としてのコンピテンシー、その評価方法などを調整する仕組みとして、2000年から実施されたチューニング・プロジェクトがあげられる。ECTSは、自国と留学先の大学間の学習量だけでなく、学習成果の等価性も担保する指標であることが強調され、それまでの名称であったヨーロッパ単位互換制度（European Credit Transfer System）から、ヨーロッパ単位互換評価制度（European Credit Transfer and Accumulation System[11]）と認知されるようになった（González & Wagenaar, 2008）。2015年のエレバン・コミュニケではECTSの運用方法に関する資料としてECTSユーザーズガイド

が発表され、加盟国での運用を推進している。2018年時点で、ECTSユーザーズガイドに基づいてECTSが運用されている国は48か国中25か国である（Eurydice, 2020）。

学生、教員、研究者や技術スタッフなどの国際移動の推進

　学生、教員、研究者や技術スタッフなどの国際移動のうち、最も顕著な動きがあるのは学生の国際移動である。その推進はボローニャ・プロセスの開始前からエラスムス計画を中心に進められてきたことは既述のとおりである。ただし、当時のエラスムス計画は交換留学などの非学位留学が中心だったのに対して、ボローニャ・プロセス以後は、自国で第1サイクルを修了した学生が第2サイクルで他国へ留学する学位留学も推進している。2009年のルーヴァン・コミュニケでは、2020年までにヨーロッパ高等教育圏で学ぶ3,800万人以上の学生の20%が何らかの形でモビリティに参加することが目標とされ、2012年のブカレスト・コミュニケではこの目標値を達成するための戦略として「Mobility for Better Learning」が策定された（Eurydice, 2020）。ここでいうモビリティは、3サイクルのいずれかにおける15 ECTS以上の学習量を伴う留学または3か月以上の留学が対象になる。

　その一方で、この実現に向けた課題として学生の財政的負担が指摘されている。またECTSやディプロマ・サプリメントをはじめとする取り組みがすべての国々で運用されているわけではないことも課題として指摘されている（Eurydice, 2020）。

　ヨーロッパ高等教育圏における学生の国際移動におけるもうひとつの主要な課題は、加盟国間の留学生送り出しと受け入れの不均衡性である。例えば、2017年の留学生の送り出し数と受け入れ数によると、イギリス、デンマーク、オランダは受け入れ数が超過している一方で、アンドラ、キプロス、ルクセンブルクは送り出し数が超過している（Eurydice, 2020）。一部の国への学生の国際移動が顕著になると、域内での頭脳循環ではなく頭脳流出の問題となるため、ヨーロッパ高等教育圏の全体平均で20%を達成すれば良いといわけではなく、

このバランスをどのようにとっていくかも課題であろう。

質保証における協力の促進

　ヨーロッパにおいて、教育の質保証が各国の教育省などに関連する機関によってではなく、第三者的な外部機関による実施への転換について関心が高まったのは1990年代以降である。それ以前に外部機関による質保証をおこなっていた国は、イギリス、オランダ、デンマーク、フランスの4か国のみであった（Eurydice, 2020）。1990年代にEUにおける質保証の試行的なプログラム[12] が開始された後、1998年の欧州理事会によって地域内で質保証に関する協力を進める提言が示された。その翌年にボローニャ・プロセスが開始されたことで、様々な取り組みがおこなわれている。

　まず、2000年に各国の質保証の専門家や政府関係者からなるヨーロッパ高等教育質保証ネットワーク（European Network for Quality Assurance in Higher Education: ENQA[13]）が設立された。ENQAは、域内共通の質保証の基準、手順、指針を策定する役割を担い、その策定において公平性を担保するため、外部質保証システムを導入すること、学生組織を質保証のステークホルダーに入れること、域内に点在する質保証機関のネットワークを発展させることを担っている。そのひとつの取り組みとして、ENQAを含めて、いわゆる「E4グループ」と呼ばれるヨーロッパ大学協会（EUA[14]）、ヨーロッパ高等教育機関協会（EURASHE[15]）、ヨーロッパ学生連盟（ESU[16]）とともに、「ヨーロッパ高等教育圏における質保証の基準とガイドライン（Standards and Guidelines for Quality Assurance in the European Higher Education Area: ESG）」を策定した。ESGは、各国の質保証システムの独自性や多様性を尊重しつつも、ヨーロッパ共通の質保証基準の枠組みを提示したものである。さらに「E4グループ」は、どの質保証機関がESGに準拠しているかを証明するものとして、ヨーロッパ質保証機関登録簿（European Quality Assurance Register for Higher Education: EQAR）を策定した（EQAR, 2022）。EQARによる質保証の報告書はデータベース化（Database of External Quality Assurance Results: DEQAR）され

ており、質保証の透明性と信頼性の向上に努めている。

　ただし、2007年時点で、ESGに準じて質保証システムを運用している国は46か国中17か国にとどまっていた（BFUG, 2007）。また、2009年時点でEQARに登録されている質保証機関は増加傾向にあるものの14機関にとどまっており、量・質ともに構築したシステムをいかに運用するかが課題であった（Eurydice, 2020）。各国で異なる質保証システムを調和させていくことは容易ではないことから、2012年のブカレスト・コミュニケでは、学生の学習成果の透明性の確保を中心に基準を再検討する方針が示された。具体的には、学生がどのようなカリキュラムでどの科目を履修したのかではなく、学生が何を習得したのかによって基準を考えていく試みである。また、正課外活動の学習成果も注目されるようになったが、この背景には学生の就業力の向上が議論されているなかで、授業の成績だけではなく、実際に就業するに求められる能力をより重視する方向性が色濃くなったことがあると考えられる。

　2018年時点で、EQARに登録された外部質保証機関による定期的な質保証の実施設置、学生の外部評価、自己評価およびフォローアップへの参画、高等教育機関が外国のEQAR登録機関によって評価を受ける仕組みが整備されている国は、48か国中それぞれ30か国、20か国、21か国であった（Eurydice, 2020）。

ヨーロッパ次元に立脚した高等教育の推進

　ヨーロッパ次元に立脚した高等教育の推進に関する主な取り組みとして、ヨーロッパ域内移動の推進やジョイントディグリープログラムなどの統合的なプログラムのカリキュラムの開発を進めてきた。比較が容易に可能な3サイクルの学位システム、単位制度（ECTS）、質保証に関する取り組みは、そうした取り組みを推進するためのヨーロッパ独自の制度を運用するという点で貢献している。

　ジョイントディグリープログラムの開発については、ヨーロッパ大学協会（EUA）の大学院課程における共同学位プロジェクトがあげられる。また、修士課程レベルのヨーロッパ域内外の学生交流を支援するエラスムス・ムンドゥ

スでは、加盟3か国以上の大学からなるコンソーシアムによる修士課程に在籍する第3国からの学生や研究者に奨学金を提供している（UK HE Europe Unit, 2005）。2018年のパリ・コミュニケでは、域内の異なる国の高等教育機関による共同教育プログラムを実施する際の共通基準として「共同教育プログラムのための質保証に関するヨーロッパのアプローチ（European Approach for Quality Assurance of Joint Programmes）」が定められた（Eurydice, 2020）。これにより、関係するすべての国の質保証に関する基準ではなく、この1つの共通基準に適合すれば良いため、プログラムの開発の煩雑さが軽減される効果が期待され、域内大学の連携の推進に寄与することが期待される。

これに対して、ボローニャ・プロセスによって直接的に推進されているものではないが、ヨーロッパ次元に立脚した高等教育の推進に関連する取り組みとして、教育活動ではヨーロッパ大学イニシアティブ（European Universities Initiatives: EUI）、研究活動ではヨーロッパ研究領域（European Research Area: ERA）があげられる。

EUIは、2017年に欧州委員会サミットで合意された取り組みであり、ヨーロッパ高等教育圏の発展とヨーロッパとしてのアイデンティティ（European Identity）の醸成などに関する高等教育機関の取り組みを支援する（Craciun et al., 2023）。具体的には、域内3か国の3大学以上による長期的な展望を有するアライアンスのうち、物理的またはバーチャルな国際移動による共同カリキュラムを提供し、かつ学際的な視点からヨーロッパ社会の発展に寄与する企画に対して補助金が支給される。2019年に第1回目の公募がおこなわれ、社会科学、人文、公衆衛生、芸術、科学技術分野などの17企画が採択された（Gunn, 2020）。2023年3月現在で、合計340高等教育機関による44アライアンスが活動している（European Commission, 2022c）。EUIは「エラスムス・プラス2021-2027[17]」の一環として展開されており、2024年中頃までに合計500機関による60企画への支援に拡大することが計画されている（European Commission, 2023）。

EUIが主に教育プログラムの域内連携を推進するのに対して、ERAは研究活動の推進を担っている。ERAの構想は、1972年の欧州委員会による報告書

において、アメリカや日本に対峙するための研究開発活動（R&D）の政策ガイドラインの必要性が提起されたことに端を発する（Reillon, 2016）。その後、2000年に設立され、ヨーロッパ各国の研究政策や活動を調整することで、ヨーロッパの研究資源の効率化を図り、イノベーションの創出を向上させることを目的としている（Luukkonen, 2015）。

4 アフリカ高等教育の地域化

　このようにヨーロッパは、高等教育の地域化において様々な取り組みを先進的におこなってきた。この経験は他の地域にも影響を与えたが、そのひとつはヨーロッパと高等教育のつながりが深いアフリカである。

　アフリカにおいて高等教育の地域化が推進され始めたのは、2007年の「アフリカ連合による高等教育プログラムの調和に向けた戦略（African Union Strategy for Harmonization of Higher Education Programmes: AU-HEP）」によるところが大きい一方で、高等教育の地域化に関する議論が始まったのはアフリカ諸国が旧宗主国から一斉に独立して間もない1960年代にまで遡る。

　当時、アフリカ諸国は独立を果たしたものの、完全に自立するには難しい状況にあった。その一方で、新植民地主義への抵抗の機運が高まっており、アフリカ諸国が自立するため、域内の協力と連帯の推進が提唱された。それがひとつの形として現れたのが1963年に設立されたアフリカ統一機構（Organization of African Unity: OAU）である。そして、1960年代から70年代にかけての高等教育政策は、経済成長、アフリカのアイデンティティの維持、国づくりへの貢献を担った（Woldegiorgis & Doevenspeck, 2013）。より具体的な場として、アフリカ教育大臣会議が開催されるなど、教育施設の拡充などにおける協力と連帯について議論がおこなわれた（ECA, 1962）。そうしたなかで、1967年に34大学が加盟したアフリカ大学連盟（Association of African Universities: AAU）が設立された。アフリカ大学連盟では、アフリカの人材育成を域内の大学が協力し

ておこない、高等教育におけるヨーロッパからの自立が目指された。なぜなら、それまでのアフリカの大学ではヨーロッパの植民地政策を支える現地エリートの養成機関としての側面があったからである（Ndofirepi et al., 2017）。ヨーロッパの大学との関係は切り離せない一方で、「アフリカにある大学（Universities in Africa）」から「アフリカの大学（African Universities）」への転換に向けて、アフリカ独自のアイデンティティや価値、文化の継承、貧困や開発といった地域の諸課題に関する研究を通じた大学のアフリカ化（Africanization）が推進されていった（Ndofirepi et al., 2017; Letsekha, 2013）。

　1980年代に入ると、アフリカ諸国の経済開発が進んだことにより高等教育への需要が拡大する。例えば、1982年に開催されたアフリカ教育大臣会議では、アフリカ域内の高等教育進学者は1960年には14.2万人だったのに対して、1980年には116.9万人にまで増加したことが報告されている。その一方で、教育の質の課題として、経済開発に必要な科学技術分野の教育を強化する必要性が指摘された（Cisse, 1986）。この課題に対して、各大学が単独で取り組むことは難しいため、専門家人材が域内で交流することで協力し合うことが打開策として示された。

　また、学生のアフリカ域内での留学についても議論がおこなわれ、1981年に域内の学位や資格を相互認証するアルーシャ規約が締結された（UNESCO, 1981）。しかし、この規約の運用は2017年時点で実行性が伴っていないことが報告されている（Woldegiorgis, 2017）。そうとはいえ、アフリカの地域化への取り組みという視点からみると、この規約は地域内で相互承認された枠組みを構築しようとする初期の試みであったといえよう。

　その後、2002年にアフリカ統一機構がアフリカ連合（African Union: AU）に改編された。アフリカ連合では、経済共同体と政治共同体としてのアフリカの連帯と団結が打ち出されている（Adejo, 2001）。このなかで、高等教育に関しては、「アフリカのための第二次教育10年計画2006-2015（The Second Decade of Education for Africa 2006-2015）[18]」を策定し、その目標を停滞していた高等教育の地域化の推進に設定した。その実行性という観点からみた最初の取り組

みは、2007年の「アフリカ連合による高等教育プログラムの調和に向けた戦略（African Union Strategy for Harmonization of Higher Education Programmes: AU-HEP）」だろう。そして、これを実現させるための主なアクションプランとして、上記のアルーシャ規約（Arusha Convention）に加えて、ムワリム・ニエレレプログラム（Mwalimu Nyerere Programme）、汎アフリカ大学ネットワーク（Pan-African University Network: PAU）、アフリカ質保証ネットワーク（African Quality Assurance Network: AfriQAN）、チューニング・アフリカプロジェクト（Tuning Africa Project）があげられる。

ムワリム・ニエレレプログラム（Mwalimu Nyerere Programme）

　このプログラムは、2007年に開始されたアフリカ域内で学生や研究者などの国際移動を推進するプログラムである。ニエレレという名称は、汎アフリカ主義の推進に尽力した人物として知られるタンザニアの初代大統領のジュリウス・ニエレレ（Julius Nyerere）からとったものである。また、ムワリムはニエレレの愛称で、スワヒリ語で「先生」を意味する。アフリカの高等教育の地域化を推進するうえでひとつの課題は、多くの国で旧宗主国の高等教育システムに影響を受けていることであった（Woldegiorgis & Doevenspeck, 2013）。それがアフリカ高等教育への支援につながっていた一方で、そこからの自立の課題にもなっていた。この状況を踏まえ、ムワリム・ニエレレプログラムは、アフリカ域内の学生移動を活性化させる目的で開始された。特に、科学技術分野における学士、修士、博士課程プログラムにおける学生の国際移動を活性化させ、参加した学生は学位取得後の最短2年間から最長5年間はアフリカに滞在し、アフリカの発展に寄与することが求められている（Knight & Woldegiorgis, 2017）。このプログラムには、2015年までに合計で約1,500名の学生の参加が計画された[19]（Woldegiorgis & Doevenspeck, 2015）。

汎アフリカ大学ネットワーク（Pan African University Network: PAU）

　汎アフリカ大学ネットワークは、大学院生を対象にアフリカ域内の国際移動

を促進するプログラムである。科学技術分野の修士課程と博士課程の学生の国際移動を通じて、高度な専門性を有するアフリカの学生を育成することを目指して2011年に開始された。このネットワークの特徴は、アフリカを北部、西部、中部、東部、南部の5つの地域に分け、各地域には担当する専門分野に特化した旗艦大学を指定し、各旗艦大学には外国の支援パートナーからの支援がおこなわれている。例えば、日本は国際協力機構（JICA）が関わる「Africa-ai-Japanプロジェクト」を通じて、東部の旗艦大学であるケニアのジョモ・ケニヤッタ農工大学を拠点として、基礎科学および技術イノベーション分野に対する支援をおこなってきた。汎アフリカ大学ネットワークでは、2016年時点で435人の修士課程学生と138人の博士課程学生が学んでいる（Knight & Woldegiorgis, 2017）。

アフリカ質保証ネットワーク
(African Quality Assurance Network: AfriQAN)

　高等教育の地域化における質保証の基本的な考え方は、各国の差異を踏まえつつも、地域の高等教育として保証すべき共通の水準を設定する点にある。アフリカには英語、フランス語、ポルトガル語などのヨーロッパ言語圏があり、それに伴って教育システムも異なるなかで、共通の水準を設定することは容易ではない。そのため、国境を越えた質保証は言語圏または地域圏ごとに取り組まれてきた。その例として、アフリカとマダガスカル高等教育協議会（African and Malagasy Council for Higher Education: CAMES）と東アフリカ大学間協議会（Inter-University Council for East Africa: IUCEA）による取り組みがあげられる。

　CAMESは1968年に設立されたフランス語圏の19か国[20]（2022年1月時点）により構成される質保証機関である（Shabani & Okebukola, 2017）。1999年にヨーロッパでボローニャ・プロセスが開始されたことを受け、フランス式のLMDシステムに統一し、加盟国間での学位の相互認証に取り組んでいる。また、透明性と公平性の確保については、CAMESでは各高等教育機関が自身の質保証をセルフチェックできるよう支援するとともに、質保証に対する理解を

深めるためのワークショップを開催するなどの取り組みをおこなっている
(Shabani et al., 2017)。次に、IUCEA は東アフリカ地域の6か国[21] によって構
成される質保証機関である。2015年までに質保証のシステムの構築を目指し、
質保証に関するハンドブックの発行や専門家育成のワークショップを開催して
いる（Shabani et al., 2017）。

　こうした地域レベルでの質保証に関する取り組みがおこなわれている一方で、
アフリカ大陸全体としての質保証システムの構築に向けた動きとして、アフリ
カ質保証ネットワーク（African Quality Assurance Network: AfriQAN）があげ
られる。AfriQAN は、CAMES や IUCEA などの地域の質保証機関の連携を強
化することを目的にアフリカ大学連盟により2007年に創設された。世界銀行
や UNESCO の支援を受けて、アフリカ地域の質保証の専門家育成のためのワ
ークショップの開催や、域内の高等教育機関が自主的に質保証の状況を確認す
るためのアフリカ質保証ピアレビューメカニズム（African Quality Assurance
Peer Review Mechanism: AQAPRM）の立ち上げと運用をおこなっている
(Shabani et al., 2017)。しかしながら、AQAPRM の運用にかかる予算不足など
の課題が指摘されている（Shabani et al., 2017）。

チューニング・アフリカプロジェクト（Tuning Africa Project）

　チューニング・アフリカプロジェクトは、アフリカ域内の高等教育機関で提
供されている教育活動の共通の成果として、学生が習得すべき汎用的な能力と
専門性について調整することを目的として2011年に開始された。アフリカの
主な言語圏の枠を越えて、英語圏、フランス語圏、ポルトガル語圏、アラビア
語圏から合計60大学が参加したパイロットスタディが実施された後、2015年
から2018年にかけて第2フェーズでは合計107高等教育機関が参画した
(Beneitone & El-Gohary, 2017)。チューニング・アプローチの2つの基本的な前
提は、多様性の尊重と柔軟性である。その対象は汎用的能力と専門分野別能力
の2種類があり、これらを共通の学習成果としたうえで、具体的なカリキュラ
ムの構築は各国や大学が柔軟性を持っておこなえる仕組みになっている。専門

分野別能力が医学や工学といった特定の専門分野で求められる能力であるのに対して、汎用的能力は専門分野にかかわらず、アフリカのすべての大学卒業生が身につけるべき能力として位置づけられた（Beneitone & El-Gohary, 2017）。そのなかには、アフリカ特有の思想である「ウブントゥ（Ubuntu[22]）」や地域の諸課題に関する知識をはじめ、リーダーシップ、コミュニケーション能力、柔軟性といったリベラルアーツで求められる能力が含まれている。

5　まとめ

　本章では、高等教育の地域化の概念を整理するとともに、ヨーロッパとアフリカの事例をみてきた。ここから、地域化の取り組みについて共通性と地域の事情に応じた個別性が確認される。共通性としては、まず地域にとっての基本政策があり、その具体的な取り組みとして、域内の学生交流プログラム、学位・資格枠組み、カリキュラム、大学ネットワーク、質保証に関する取り組みがおこなわれていた。それをまとめたものが図9-2である。

図9-2：高等教育の地域化への基本的な取り組み事項

	ヨーロッパ	アフリカ
基本政策	ボローニャ・プロセス	アフリカ連合による高等教育プログラムの調和に向けた戦略（AU-HEP）
学生交流	エラスムス・プラスプログラム	ムワリム・ニエレレプログラム
学位・資格枠組み	リスボン規約	アルーシャ規約
カリキュラム	チューニング・プロジェクト	チューニング・アフリカプロジェクト
大学ネットワーク	ヨーロッパ大学イニシアティブ（EUI）ヨーロッパ研究領域（ERA）	汎アフリカ大学ネットワーク（PAU）
質保証	ヨーロッパ高等教育質保証ネットワーク（ENQA）	アフリカ質保証ネットワーク（AfriQAN）

出典：筆者作成

　なお、地域化はあくまでも地域内での努力目標に基づいた取り組みであることから、必ずしも目標が達成されていない状況も両地域に共通してみられた。

　次に、地域の独自性については、ヨーロッパでは地域アイデンティティの強化という理念的な側面が掲げられており、学生の国際移動や大学間連携など様々な角度から進められていると思われる。これに対して、アフリカでは地域アイデンティティの醸成がアフリカ化という言葉に表されて推進されている一方で、旧宗主国や同じ言語使用する国々との結びつきが強い様子が窺える。高等教育の地域化を進めるためには地域共通の価値や規範が必要と考えられるが、アフリカではそれらの共有を目指す動きがある一方で、ヨーロッパと比較してより複雑性が高い状況があり、そのことがアフリカとしての地域化を進めるうえでの課題のひとつとなっていることが見受けられる。

注

(1) 原文："the process of building close collaboration and coordination among higher education stakeholders and systems within a defined region or framework called a region"（Knight, 2012b, p.19）

(2) Pépin（2007）はMay 1968 eventsと表記している。

(3) 現在の欧州連合（European Union: EU）の欧州委員会（European Commission: EC）に相当する。

(4) 2023年1月時点で48か国に増加している。

(5) フランスの高等教育は大学に加えて、グランゼコールという高等教育機関がある。これは大学とは異なり、中等教育でバカロレアを取得後、2年間の準備課程で学んで選抜された学生が進学する。代表的な機関として、理工科学校のエコールポリテクニーク、経営学のHEC、政治学のENAなどがあげられる。

(6) 原文："Adoption of a system essentially based on two main cycles", "Adoption of a system of easily readable and comparable degrees", "Establishment of a system of credits", "Promotion of mobility", "Promotion of European co-operation in quality assurance", "Promotion of the necessary European dimensions in higher education"

(7) 正式名称は、Convention on the Recognition of Qualifications concerning Higher Education in the European Region（または、Lisbon Recognition Convention）。

(8) ユーロパスは2004年に立ち上げられ、学習者の学修歴を示すディプロマ・サプリメントや履歴書などに関して、欧州地域で共通のフォーマットを提供している。

（https://europa.eu/europass/en/about-europass）

(9)　ボローニャ・プロセスの開始前はヨーロッパ単位互換制度（European Credit Transfer System）という名称であった。

(10)　第2サイクル（修士課程相当）では、90 ECTSから120 ECTSが基準となっている。第3サイクル（博士課程相当）では、論文作成指導が中心の国もあり、ECTSの水準はなし。

(11)　ECTSという略称は継続して利用されている。

(12)　1993年のInstitutional Evaluation Programmeや1995年のEuropean Pilot Project for Evaluating Quality in Higher Educationが該当する。

(13)　ENQAは、2004年に各国の政府関係者を含めない独立した組織としてヨーロッパ高等教育質保証協会（European Association for Quality Assurance in Higher Education: 略称は同じENQA）に改編された。

(14)　EUA（European University Association）は、ヨーロッパ49か国の850以上の高等教育機関が参加する協力機関。ボローニャ・プロセスにおいて、また高等教育に関するヨーロッパの政策に影響を与えている。（https://eua.eu/about/who-we-are.html）

(15)　EURASHE（European Association of Institutions in Higher Education）は、1990年に設立された専門職高等教育機関の協力機関。専門職高等教育機関の魅力の発信、国際化および域内での協力の促進に取り組んでいる。（https://www.eurashe.eu/）

(16)　ESU（European Students' Union）は、1982年に設立されたヨーロッパ40か国の45の学生団体によって構成される学生組織である。ESUは、欧州連合、欧州評議会、UNESCO、ボローニャ・フォローアップ・グループといったヨーロッパの主要な意思決定機関に対して、学生の教育、社会、経済、文化的な利益を訴える組織である。（https://esu-online.org/about/）

(17)　エラスムス計画は、学生・教職員のモビリティに焦点を当てていたが、最新エラスムス・プラスは、職業訓練生、教師、ボランティアのための海外留学や研修、ボランティアなどの機会も含まれている。

(18)　第一次教育10年計画は、アフリカ統一機構によって「アフリカのための第一次教育10年計画1997-2006（The First Decade of Education for Africa 1997-2006）」が策定された。高等教育アクセスの拡充や教育の質保証の向上が目指されたが、その実行力はほとんど見られなかったことが指摘されている（Woldegiorgis, 2017）。

(19)　実際の実績値については、管見の限りデータは公表されていない。

(20) ガボン、カメルーン、ギニア、ギニアビサウ、コートジボアール、コンゴ、コンゴ民主共和国、セネガル、チャド、トーゴ、ニジェール、ブルキナファソ、ブルンジ、ベナン、マダガスカル、マリ、ルワンダ、赤道ギニア、中央アフリカ。

(21) ウガンダ、ケニア、タンザニア、ブルンジ、ルワンダ、南スーダン。

(22) アフリカの人々に代々継承されてきた他者との絆を尊重する考え方。

第 **III** 部

━━ 国際高等教育の分析手法 ━━

第 **10** 章

リスク・ベネフィット分析

1 ┃ はじめに

　本章では、国際高等教育の政策がもたらす影響について分析するひとつの手法であるリスク・ベネフィット分析についてみていく。次に、その分析事例として、アラブ首長国連邦（UAE）の海外ブランチキャンパス（IBC）誘致政策を取り上げて、この政策がUAEの高等教育にもたらすベネフィットとリスクについて検討する。

2 ┃ リスク・ベネフィット分析とは

　リスク・ベネフィット分析は、教育学独自の分析手法ではなく、医療分野をはじめとする様々な分野で活用されている。この分析は、例えば医薬品の効果（ベネフィット）と副作用（リスク）の双方を分析し、それを採用するかを意思決定する際に活用される。国際高等教育では、ある政策を実施する際に、それによってもたらされる効果と副作用を検討し、実際にその政策を実施するかどうかの意思決定をする際に用いることができる。または、ある政策を実施しているなかで、それを継続するかの判断材料にも用いることができる。

　高等教育の国際化がキャッチオールな状態で広く浸透しているなかで、ただ時代の潮流に乗るのではなく、自国や大学にとってのベネフィットとリスクを慎重に検討することは非常に大切である。特に、リスクを軽減させるための対応策を事前に講じることは、独自の教育システムを保持しつつ、国際的な教育研究を推進していくうえで重要となる。この文脈にUAEの海外ブランチキャンパスの誘致政策を当てはめると、外国大学の分校を導入することでUAEの高等教育に生じるリスクを検討することになるが、政策を実施する当事者が否定的な見解を示すことは難しい場合があることを踏まえ、第三者的な立場にい

る研究者が政策に対する提言をおこなうための分析手法になりうる。また、学生が実地調査をおこなう準備として、できる限りの文献収集をしてベネフィットとリスクをある程度想定することで、調査の焦点を絞るための一助にもなりうる。

3 ▌ リスク・ベネフィット分析の有用性

UAEは、カタールやマレーシア、シンガポールなどと並んで、海外ブランチキャンパスを通じて外国の教育プログラムを自国に導入する「教育輸入」(Ahmed, 2010) を積極的に展開している。教育プログラムの輸入には、教育理念やカリキュラム、教授法など様々なものが付随する。

ある国の教育を別の国に移転させることは、教育移転（Educational Transfer）や教育借用（Education Borrowing）の視点からとらえることが比較教育学などで主流である（例：Perry & Tor, 2008; Phillips & Ochs, 2003）。そして、外国の教育を自国へ移転または借用する際には、そのままの形で導入するのではなく、自国の教育制度や文化に適応させることの効用が土着化（Indigenization）、内在化（Internalization）、再文脈化（Re-contextualization）といった概念で示されてきた。

これに対して、教育輸入は必ずしも土着化、内在化、再文脈化をおこなう必要はなく、自国の高等教育制度への影響を限定的にした出島的な導入もおこなわれている。教育輸出をする側にとっても一度限りの教育移転ではなく、継続的な利益を得るためには輸入側における土着化が望ましいとはとらえない（林, 2019）。

現代では教育輸出が一部の国で推進されており、その例としてフィンランドの「教育輸出戦略（Finnish Education Export Strategy）」(Ministry of Education and Culture, 2010) や日本の「EDU-Portニッポン」（文部科学省, 2023b）があげられる。こうした輸出側の政策を分析することも重要であるが、それを輸入し

た側に対してどのような影響を及ぼしているのかに関する分析も欠かせない視点である。そこで、UAEの事例のように教育輸入の効果を検討する一助として、リスク・ベネフィット分析の活用が考えられる。

　リスク・ベネフィット分析をおこなう際には、文献調査を通じて分析するベネフィットとリスク項目の大まかな焦点を当てて、詳しい分析に入ることがひとつの方法であるだろう。しかし、項目の選択をするためには広範な文献レビューをする必要があるため、対象とする国や政策によっては初学者にとってハードルが高い場合があると想定される。

　そこで本章では、高等教育の国際化のベネフィットとリスクを定期的に調査している国際大学協会（International Association of Universities: IAU）によるIAU Global Surveyの結果で示されているベネフィットとリスクの上位3項目を活用する。この調査は、ヨーロッパ、北米、アジア太平洋といった地域ごとで認識されているベネフィットとリスクを報告している。そのため、中東地域の結果が中東地域の1か国であるUAEにそのまま当てはまるわけではないが、この地域で認識されているベネフィットに対して、海外ブランチキャンパスの誘致政策はどのように寄与しているのか、またはリスクを防止・軽減するためにどのような対応がなされているのか、さらにはリスクを発生させる要因となっている可能性があるのかに関する分析に活用できる。このようにリスク・ベネフィット分析は、ある政策の分析に関心を持った際に、その分析の切り口となる視点を提供してくれる。

　ベネフィットとリスクの上位3項目をどのような観点から分析するかについては、ファウラー（2008）を参照する。この研究では、政策分析をする際には社会的な文脈と教育政策の関係性を把握するため、政策環境を理解することが有効であると論じている。そして、政策環境を理解するポイントとして、経済的環境、人口動態、政治的なシステムと文化、価値とイデオロギーなどがあげられており、これらの点を中心にみていく。そして、UAEによる海外ブランチキャンパスの誘致政策が中東地域であげられていたベネフィットとリスクにどのように関係しているのかについて考えていく。

IAU Global Survey

　国際大学協会（IAU）は、1950年にUNESCOのもとに設置された大学の国際コンソーシアムである。2022年10月時点で世界120か国以上から約600大学・機関などが加盟している（IAU, 2023）。IAU Global Surveyは、2003年の第1回調査から2024年までに6回実施されており、高等教育の国際化のベネフィットとリスクを明らかにする世界で最も包括的な調査のひとつである。そのうち、今回は2019年に発表された第5回調査を利用する。その理由として、第5回調査では中東地域のベネフィットとリスクが掲載されているのに対して、第6回調査では北アフリカ・中東地域にまとめられていることから、第5回調査のほうが中東地域の結果をより正確に反映しているためである。第5回調査での高等教育の国際化に関するベネフィットとリスクに関する質問への回答方式は、IAUがあらかじめ提示したベネフィットとリスクに関する11項目のうち、上位3項目を選択する。11項目以外の回答がある場合は、「それ以外」を選択し、具体的なことを自由回答記述欄に記入する。世界126か国907高等教育機関からの回答があり、907の地域別内訳は、ヨーロッパ地域が36%、ラテンアメリカ・カリブ地域が29%、アジア太平洋地域が13%、アフリカが12%、北米が6%、中東が4%であった（Marinoni, 2019）。

　この調査の特徴として、世界全体の結果では地域別内訳の比率が小さい地域の回答は反映されにくくなる一方で、地域別結果ではそれが可視化される点に特徴がある。その一方で、11項目のベネフィットとリスクのうち、特に影響度が大きい項目を報告する形になっており、少数意見は反映されない点は念頭に置いておく必要がある。

中東地域のベネフィット

　第5回調査において、中東地域で回答が多かったベネフィット上位3項目を他の地域と比較しながらみてみる（図10-1）。まず第1位には、「国際協力と高等教育キャパシティの向上」があげられている。これは北米を除くどの地域に

図10-1：高等教育の国際化によるベネフィット（IAU Global Survey第5回調査）

順位	中東	アフリカ	アジア太平洋	ヨーロッパ	ラテンアメリカ・カリブ	北米
1	国際協力と高等教育キャパシティの向上[1]	国際協力と高等教育キャパシティの向上	国際協力と高等教育キャパシティの向上	国際協力と高等教育キャパシティの向上	国際協力と高等教育キャパシティの向上	学生の国際意識とグローバル・イシューに対する関心の向上[2]
2	カリキュラムと内なる国際化の推進[3]	授業と学習の質的向上[4]	カリキュラムと内なる国際化の推進　授業と学習の質的向上	授業と学習の質的向上	授業と学習の質的向上	国際協力と高等教育キャパシティの向上
3	授業と学習の質的向上　研究力の強化[5]	高等教育機関の名声・知名度向上[6]　研究力の強化		高等教育機関の名声・知名度向上	学生の国際意識とグローバル・イシューに対する関心の向上	カリキュラムと内なる国際化の推進　収益の拡大・多様化[7]

注：(1) Enhanced international cooperation and capacity building；(2) Increased international awareness of/deeper engagement with global issues by students；(3) Enhanced internationalization of the curriculum/internationalization at home；(4) Improved quality of teaching and learning；(5) Strengthened institutional research and knowledge production capacity；(6) Enhanced prestige/profile for the institution；(7) Increased/diversified revenue generation
出典：Marinoni（2019. p.81）
＊出版社から許可を得て、筆者が日本語訳してアレンジ。

も共通している。高等教育のキャパシティの向上には、高等教育アクセスの拡大に加えて、他国との国際協力関係によって、より多くの自国の学生に対して国際教育プログラムを受ける機会を増やすことも含まれる。

　第2位の項目は地域ごとに違いがみられる。中東地域ではアジア太平洋地域と同様に、「カリキュラムと内なる国際化の推進」があげられている。これに対して、アフリカ、ヨーロッパ、ラテンアメリカ・カリブの諸地域では「授業と学習の質的向上」があげられている。なお、アジア太平洋地域では、この2つが同率2位となっている。

　第3位は、中東地域では「授業と学習の質的向上」と「研究力の強化」が同率であげられている。他の地域では、高等教育機関の名声・知名度の向上や収益の拡大・多様化などをあげている地域がある。

　この上位3項目をみる限りでは、中東地域では教育と研究に関する点に国際化のベネフィットが大きいことが窺える。

図10-2：高等教育の国際化によるリスク（IAU Global Survey第5回調査）

順位	中東	アフリカ	アジア太平洋	ヨーロッパ	ラテンアメリカ・カリブ	北米
1	頭脳流出[1]	頭脳流出	頭脳流出 教育の商品化・商業化[2]	頭脳流出 教育の商品化・商業化	頭脳流出	反グローバル化感情[3]
2	教育の商品化・商業化 他国・地域との格差[4]	教育の商品化・商業化 他国・地域との格差			教育の商品化・商業化 国家間の国際化の受益格差[5]	教育の商品化・商業化
3			国内高等教育機関間の格差[6]	国内高等教育機関間の格差 国家間の国際化の受益格差		外国人嫌い・人種差別の増加[7] 留学生への過度な依存[8]

注：(1) Brain drain；(2) Commodification and commercialization of education；(3) Anti-globalization sentiments；(4) Growing development gaps between our country/region and others；(5) Unequal sharing of benefits of internationalization amongst countries；(6) Growing gaps (e.g. quality/prestige/institutional capacity) between higher education institutions within our country；(7) Increased xenophobia/racism in society；(8) Over-dependence on international students
出典：Marinoni（2019. p.92）
＊出版社から許可を得て、筆者が日本語訳してアレンジ。

中東地域のリスク

　次に、中東地域で回答が多かったリスク上位3項目を他の地域と比較しながらみてみる（図10-2）。中東地域を含めた北米以外のすべての地域では「頭脳流出」が最も大きいリスクとしてあげられている。これに対して、北米地域では「頭脳流出」は第3位までに入っていない。その一方で、「反グローバル化感情」「留学生への過度な依存」「外国人嫌い・人種差別の増加」が上位リスクに入っている。ここから推察されることは、北米では留学生が多く流入しており、それが過度な段階になることへのリスクが指摘されている一方で、他の地域は留学生が流出していることへの懸念が現れていることである。頭脳流入が過度に進むことは、その地域の社会にとっては必ずしも良いことばかりではないことが示唆されていることは、学生の国際移動を促進させている高等教育の国際化を分析するうえで重要な点である。

　次に、中東で第2位としてあげられたのは「教育の商品化・商業化」である。これは北米、アフリカ、ラテンアメリカ・カリブ地域でも第2位にあげられ、アジア太平洋、ヨーロッパ地域では第1位にあげられており、地域を問わずリ

スクとして認識されている。公共財および私的財としての高等教育に関する議論は国際化が進展する以前からおこなわれてきたが、国際化の進展により様々な教育プロバイダーが高等教育分野に参入したことで、近年では私的財としての教育の影響がより注目されている。また、高等教育機関においても、学生募集がしやすい分野や学生の就職につながりやすい専攻分野が重視されるなど、教育の実用性が注目されるなかで、長期的視野から社会の発展に寄与する分野への優先度が相対的に下がる傾向が一部みられる。こうした点が「教育の商品化・商業化」の例としてあげられるだろう。さらに、様々な教育プロバイダーが参入する一方で、ディグリーミルや教育の質保証の担保に課題を抱える場合があることは、「教育の商品化・商業化」のスピードに制度設計が追いついていない可能性が想定される。

　最後に、中東地域のもうひとつの第2位に「他国・地域との格差」があげられている。この格差については、アフリカでも第2位にあげられている。さらに、格差に関するリスクは、別の視点から北米以外の地域で共通して懸念されていることが分かる。具体的には、ラテンアメリカ・カリブとヨーロッパ地域でそれぞれ第2位と第3位に入っている「国家間の国際化の受益格差」、ヨーロッパとアジア太平洋地域で第3位に入っている「国内高等教育機関間の格差」である。

　以上を踏まえると、「収益の拡大・多様化」と「教育の商品化・商業化」、「留学生への過度な依存」と「頭脳流出」など、高等教育の国際化はベネフィットとリスクの双方をもたらしていることが分かる。そして、地域や国、高等教育機関の間などの様々なレベルにおいて、ベネフィットとリスクに対する期待値に格差がある状況が窺える。

UAEの海外ブランチキャンパス誘致政策の目的

　次に、UAEの海外ブランチキャンパス誘致政策についてみていく。アラブ首長国連邦は7つの独立した首長国からなる連邦国家である。同国では、GDPの多くを原油資源に依存していた時代には高等教育へのニーズがそれほど高く

なく、例えば2009年の高等教育進学率は22.5%にとどまっていた（Schwab et al., 2012）。しかし、連邦制府は持続可能な経済構造への転換を牽引する知識型産業の振興に舵を切るようになった。その象徴的な国家ビジョンとして「UAE Vision 2021」があげられる。このビジョンでは、グローバル知識型経済への転換に向けて取り組むべき国家優先事項を掲げており、そのひとつに先端水準の教育システム（First Rate Education System）の確立があげられている（Ministry of Cabinet Affairs, 2023）。当時のアラブ諸国では人口の半分以上が若年層で占められており（Romani, 2009）、この特徴は高等教育への需要を拡大させる一因となりうる。

UAEの人口動態の別の特徴として、2015年時点の人口約891万人のうち約90%が外国人居住者（Expatriate People）で占められている（World Bank, 2024a: 2024b）。また、2018年に発表された生産労働人口によると、公共部門における就労者の約60%がUAE国民である一方で、民間部門では約0.5%ほどでしかなく、民間部門での就労の多くは外国人居住者に依存している現状が窺える（De Bel-Air, 2018）。そのため、UAEの生産労働人口の教育水準を上げるためには、外国人居住者の子弟の高等教育への就学率を向上させることが合理的であろう。そうしたなかで、UAEは官民両部門でより多くのUAE国民が就労することを目指した首長国化（Emiratisation）を推進している（The United Arab Emirates' Government Portal, 2023）。これに関連して、高等教育においては、公立の高等教育機関は海外からの留学生の受け入れはおこなっているものの、国内学生については基本的にはUAE国民にしか門戸が開かれていない。外国人居住者の子弟は、私立大学に進学することはできるものの、優秀な外国人居住者の子弟の大学進学を拡大させる点では障壁となっている。

このように、UAEは国内の生産労働人口の大部分を外国人居住者に依存している一方で、少数のUAE国民に対する首長国化を推進しているという社会システムや文化的価値観がある。そこで、外国人居住者に対する高等教育機会を拡大する方法として海外ブランチキャンパスの誘致を展開している。これにより、公立大学のあり方に変化を与えることなく、外国人居住者やより多くの

留学生に広く高等教育への門戸を開くことが可能となった。

4 ┃ 海外ブランチキャンパス誘致政策の施策

　本節では、7つの首長国のなかでも中東と北アフリカを合わせたMENA（Middle East & North Africa）の教育ハブを標榜し、国内最大規模の海外ブランチキャンパスの受け入れをおこなっているドバイに焦点を当てる。

　ドバイを含むUAEの高等教育は、連邦政府の教育省（Ministry of Education）が管轄しており、国内大学は連邦政府の学術認証委員会（Commission for Academic Accreditation: CAA）による認証評価を受けることが求められている。しかし、海外ブランチキャンパスについては、フリーゾーン[1] に設置することにより、この認証評価を受けることが義務づけられていない（Knight, 2011）。その理由は、各首長国はその領内における経済開発に関する権限を有しており、経済開発の特区であるフリーゾーンに進出する海外ブランチキャンパスは教育産業の輸入とみなし、経済開発の枠組みに位置づけられているためである（中島, 2020）。しかしながら、フリーゾーンに設置された教育機関が提供する教育の質を担保するシステムがないわけではなく、フリーゾーンが独自にシステムを導入している場合がある。その例として、Dubai International Academic City（DIAC）とDubai Knowledge Park（DKP[2]）では、2008 年にドバイ首長国政府の知識・人材開発局（Knowledge and Human Development Authority: KHDA）によって設置された大学質保証国際委員会（University Quality Assurance International Board: UQAIB）が、フリーゾーンに進出する高等教育機関向けの質保証ガイドラインを作成している。このガイドラインでは、海外ブランチキャンパスで提供される教育プログラムの質は外国大学の本校と同等の水準（Equivalency）であることを原則として求めている（KHDA, 2013）。

　KHDAによると、2012年時点で学位を授与する認可を受けたドバイにある私立の中等後教育機関は53機関であり、フリーゾーン内に設置されているの

は32機関であった（KHDA, 2013）。そのうち海外ブランチキャンパスは26機関であり、国別でみると、アイルランド、アメリカ、イギリス、イラン、インド、オーストラリア、パキスタン、フランス、レバノン、ロシアの10か国であった。学生数でみると、ドバイの高等教育機関に通う48,058人の学生のうち、22,301人がフリーゾーン内の32機関で学んでいた（KHDA, 2013）。このうち海外ブランチキャンパスで学んでいる学生数のデータはないが、32機関のうち26機関が海外ブランチキャンパスであることを踏まえると、海外ブランチキャンパスは高等教育へのアクセスを提供する一定の役割を担っていることが窺える。

　これだけ多くの外国大学が海外ブランチキャンパスをドバイに設置している要因のひとつとして、CAAではなくUQAIBによる質保証の基準が適用されることが参入障壁を下げるひとつの要因であると考えられるが、これに加えて各フリーゾーンが独自のインセンティブを提供していることもあげられる。DIACでは、外国大学による100%外国資本での法人設置、法人税の非課税、利益送金の自由など幅広い（Dubai Free Zones, 2020）。外国大学にとっては、DIACからこうしたインセンティブが提供されることは、UAEの高等教育需要に成長の余地があること、ドバイがMENAの教育ハブになる目標を掲げており、国内学生だけでなく留学生の受け入れをおこなっていることと並んで、数ある設置候補先のなかでDIACを選択している要因であろう。また、DIACでは、異なる海外ブランチキャンパスの学生や教職員に対して共同住宅やレクリエーション施設を提供していることから、相互に交流することでダイナミズムを生み出すことが期待される（Middle East Institute, 2010）。こうした点は、本校では得られない海外ブランチキャンパスならではの経験を学生に提供できるため、本校にとっても新たな教育環境を導入できるという利点である。

5 | 海外ブランチキャンパスのベネフィットとリスク

　第5回IAU Global Surveyの結果から、中東地域における高等教育の国際化によるベネフィットの上位3項目には、「国際協力と高等教育キャパシティの向上」「カリキュラムと内なる国際化の推進」「授業と学習の質的向上」および「研究力の強化」があげられていた。その一方で、リスクとしては、「頭脳流出」「教育の商品化・商業化」「他国・地域との格差」があげられていた。これらの項目に対して、海外ブランチキャンパスの誘致政策が与える影響について検討していく。

ベネフィット
――「国際協力と高等教育キャパシティの向上」

　海外ブランチキャンパスの受け入れがUAEの高等教育にもたらす最大のベネフィットは、国内人口の90％近くを占める外国人居住者に対する高等教育へのアクセスを大幅に拡大することだろう。これによって、生産年齢人口の大部分を外国人居住者に依存しているなかで、UAE独自の高等教育制度を維持しつつ、より多くの外国人居住者に対して高等教育を受ける機会を拡大できるベネフィットは大きいと考えられる。

　海外ブランチキャンパスの誘致が急拡大した2010年代のUAEには200以上に及ぶ国籍の人々が居住していたと言われ、その出身国の上位3か国はインド、パキスタン、バングラディシュであった（Ministry of Foreign Affairs, 2023）。特にドバイでは子どもたちが様々な国のカリキュラムに沿って初等・中等教育を受けており、私立学校では13か国のカリキュラムが教えられていた（Lane, 2010）。こうした教育機関を卒業した外国人居住者の子弟にとって、海外ブランチキャンパスは出身国由来の高等教育を提供するのみならず、外国の高等教育をドバイに居住しながら受けるなどの様々な選択肢を提供することにもつな

がる。なお、2022年度時点におけるドバイの人口の約92％が外国人居住者であり（Government of Dubai, 2023）、外国人居住者が人口の多くを占める傾向は現在でも続いている。

　また、国際協力に関する情報は少ないが、外国大学の本校とUAEとのつながりが形成されることが見込めるという点で、UAEが世界の様々な高等教育とのネットワークへの参画に対して寄与していると考えられる。

——「カリキュラムと内なる国際化の推進」

　「カリキュラムと内なる国際化の推進」については、少なくとも2023年度時点でドバイでは11か国の外国大学による海外ブランチキャンパスを受け入れており、こうした大学からもたらされるカリキュラムの多様性は豊かである。アメリカ、イギリス、フランス、オーストラリアなどの欧米諸国の大学のカリキュラムに加えて、インド、パキスタン、レバノン、イランなどの非欧米諸国の大学のカリキュラムも提供されている（C-BERT, 2023）。1か国でこうした多様な大学カリキュラムが提供できることはドバイがMENAの教育ハブの実現を後押ししており、留学生にとってUAEで学ぶ魅力を高めていると考えられる。

　内なる国際化の推進についても、海外ブランチキャンパスの多くはフリーゾーンに設置されているため、多様な国の大学が同じ敷地内に立地しており、国際的な環境といえる。こうした環境づくりによってUAEへ留学する学生はアラブ諸国のみならず他の地域からの学生も増えていると言われている。Ahmad & Hussain（2017）によると、彼らがUAEへの留学を選択する理由の上位3項目として、学習環境、留学費用の安さ、教育機関の評判があげられている。また、経済政治の安定、治安の良さ、留学生の受け入れ環境に優れていること、卒業後に就職できる可能性、多様な学生が集まっていることもUAE留学の魅力を高めている要因としてあげられている。

——「授業と学習の質的向上」「研究力の向上」

　UAEは、特色ある多様な外国大学を誘致することを重視している。世界最

先端の教育・研究を探求する大学だけではなく、ビジネスやファッション分野などの特定分野に特化した大学、イスラム文化を学ぶカリキュラムを提供する大学もある。ドバイは誘致を担う中心的な存在であり、こうした多様な強みを持つ大学が存在することは高等教育の多様性をもたらし、そこに集う学生の多様性の向上にもつながることが期待される。そのことが、授業や学習の質的向上へ寄与することになりうる。

　その一方で、研究力の向上については、海外ブランチキャンパスの多くは学士課程と専門職修士課程が中心で研究志向の博士課程の数は限定的であることから、教育プログラムの「店舗販売（Brick and Mortar）キャンパス」と表現する研究者もおり（例：Knight & McNamara, 2017）、研究力の向上への寄与は未知数である。例えば、DIACでは2020年時点で学士課程が239プログラム提供されているのに対して、博士課程は経営、理工、自然科学分野の24プログラムであった（DIAC, 2021）。

リスク
──「頭脳流出」

　海外ブランチキャンパスは、外国人居住者への高等教育アクセスを提供するだけなく、海外留学を志望するUAE国民に対しても、国内にいながら外国大学の高等教育を受ける機会を提供する。また、ドバイには留学生の獲得を積極的におこなっている大学があるため、特に欧米の大学本校への留学と比較してより安価な留学の選択肢となる。そのため、頭脳流出を防止しながら頭脳流入の効果が見込める。

　ただし、大学院研究課程の設置数は相対的に少ないため、そこで学んだ学生がより高度な研究をおこなう場を求めて海外留学することが、結果的に研究志向の学生の頭脳流出につながる可能性は否めない。さらに、様々な国からの留学生や外国人居住者の子弟が集う多文化環境で学ぶなかで、当初は視野に入っていなかった大学院留学を志向するようになったとしても不思議ではない。そのため、頭脳流出を抑制する効果と促進する効果の動向を注意深くみていき、

想定しなかった結果（Unintended Consequence）に対して必要に応じた対応策を講じることが高等教育の当事者に求められるだろう。

──「教育の商品化・商業化」

海外ブランチキャンパスを誘致するリスクのひとつは、学生募集マーケットの動向に左右される可能性が高いことである。そのため、外国大学本校からすれば撤退しやすい状態にしておく必要があり、誘致する側のUAEにとっても撤退されるリスクは常に踏まえておく必要がある。「店舗販売（Brick and Mortar）キャンパス」という表現に象徴されるように、海外ブランチキャンパスの持続可能性には疑問符がつく。そもそも外国大学にとって、現地での学生募集が可能かという点が重要なポイントであるため商業的な要素は除外できない。その結果、教育プログラムは学生からのニーズが高いビジネスやエンジニアリングなどの実用的な分野が中心となり、長期的な視野に立つ研究分野は限定的になることは否めない。これは教育プログラムの商品化のひとつの現象ととらえることができる。

また、フリーゾーンから提供されているインセンティブによって、外国大学からすれば資産取得や建設費用に多額の負担がかからない点も設置と撤退の容易さを後押しするだろう。海外ブランチキャンパスの設立数が急増した2010年代には一部で撤退した事例もある。このことは、海外ブランチキャンパスの持続可能性に関するリスクを示唆している。

教育の質保証制度についても検討が必要であろう。海外ブランチキャンパスの教育プログラムの質保証は、CAAによる認証評価は必須ではなく、DIACのUQAIBのようにフリーゾーンの制度に依拠している場合があるが、この柔軟性は脆弱性と紙一重だと考えられる。例えば、DIACのUQAIBでは教育プログラムは外国大学の本校と同等の教育プログラムを提供することが求めているが（KHDA, 2016）、Altbach（2010）は、本校と同等水準の教員を確保することは簡単ではないことを指摘している。その理由として、本校の教員は多くの場合、海外ブランチキャンパスへの移籍は望まないだろうし、若手教員は海外

ブランチキャンパスで働くことで本校での昇進の機会が制限されることを懸念されていることに言及している。その結果、教員の多くは、本校での勤務経験がない場合が多くなると思われる。また、Wilkins et al.（2017）は、海外ブランチキャンパスの教員の仕事に対するコミットメントは本校教員よりも組織的な支援への依存が高くなる傾向があることを指摘している。

　「国境を越えた高等教育における質の提供に関するUNESCO ／ OECD ガイドライン」によると、質保証には教育プログラムの提供者と受け入れ国の双方が関わっていることを前提としながらも、主に受け入れ国側の質保証を尊重するものであり、受け入れ国側が信頼できる基準を策定することが必要だと考えられている（Vincent-Lancrin et al., 2015）。これを踏まえれば、フリーゾーンに設置する場合は、CAAの基準を満たすことが必須条件となっていない点は教育の質におけるリスクといえる。2019年時点で、CAAとUQAIBのどちらからも認証評価を受けて認められた海外ブランチキャンパスは3校[3]に留まっていることが報告されている（Wilkins, 2020）。フリーゾーンによって質保証のシステムが違うことは、外国大学側からすると、より条件の良いフリーゾーンへ移動することも選択肢として残せるし、受け入れ側からすると設置数の伸び悩みや撤退数の多さなど、その時々の状況に応じて設置要件の水準を柔軟に対応できる可能性がある。例えば、2008 年にUQAIBが質保証のガイドラインを制定した際に、その水準に合致していなかった大学が別のフリーゾーンに移転することで、その運営を続けられたという事例があった（Ahmed, 2010）。こうした点からも、フリーゾーンへの設置は柔軟性がある一方で、教育の質保証のリスクがあることは指摘できるだろう。

　「教育の商品化・商業化」に関するもうひとつのリスクは、UAE独自の教育文化への影響である。海外ブランチキャンパスで提供されているプログラムが実用的かつ学生からニーズが高い分野であることは学生にとっては魅力になっている一方で、UAEが培ってきた独自の教育文化とは異なる側面があるだろう。フリーゾーンという限定したエリアで受け入れても、国内高等教育への影響を完全に抑えることは果たして可能なのかは検討が必要であろう。例えば、

本校の教育プログラムとの同等性を担保するうえで、そのカリキュラムや教授法の多くは外国大学本校のものに強く影響を受ける一方で、現地の価値観や規範との交流はあまりおこなわれていない実態が指摘されている（Siltaoja et al., 2019）。それは、学問の自由に対する考え方、男女混合教育に対する考え方、多様性に対する考え方といった点で、外国の教育文化に基づくことになる。海外ブランチキャンパスの存在感がそれほど大きくない間は表面化することはないかもしれないが、その存在感が大きくなるにつれ、教育文化の違いのバランスの取り方が課題となる可能性がある。外国大学本校と同等のカリキュラムを維持しつつ、教員が教材の一部を現地に適合する形に文脈化している事例（Shams & Huisman, 2016）は、UAE独自の教育文化に対する影響への懸念を和らげる取り組みとして紹介されることがあるが、逆にいえばそうした懸念が実際にある様子が窺える。

──「他国・地域との格差」

「他国・地域との格差」については、DIACがMENAの教育ハブの構築を目指していること、UAEが近隣諸国のなかで経済の中心的存在であること、近隣諸国ではカタールも海外ブランチキャンパスの誘致をおこなっているが、UAEが多様な国から受け入れているのに対して、カタールはより選択的なアプローチ[4]を採っていることから、少なくとも現時点では中東域内の他国との格差がリスクとみられる点は少ないと考えられる。ただし、他の地域に目を向けると、シンガポール、マレーシアにも海外ブランチキャンパスが進出していること、より広い視点でみると留学生の獲得競争は北米やヨーロッパ、オーストラリアなども含めた世界的な競争環境にあることはリスクとして想定される。

また、海外ブランチキャンパスの誘致において、UAEのフリーゾーンから提供されるインセンティブは常に他国と比較されるだろうし、UAEはすでに数多く受け入れていることから、外国大学にとって今後とも魅力的な進出先であり続けるとは限らない。このように、将来を見据えていくうえで、他国との

競争環境における優位性に対して敏感でないとならない点は、教育・研究活動という意味での高等教育の充実化とは別の部分に取り組む負担があり、潜在的なリスクのひとつであるとも考えられる。

6 ┃ まとめ

　本章では、UAEの海外ブランチキャンパスの誘致政策を事例にリスク・ベネフィット分析についてみてきた。IAU Global Surveyの中東地域の結果とUAEの状況との間に直接的な関係性があるわけではないが、高等教育の国際化という世界的な潮流の特定国への影響を検討するうえで、複数国に跨る地域の結果を踏まえて、そのなかの特定国の政策を検討することで、理解を深める一助になることが期待される。

　最後に、繰り返しになるが、リスク・ベネフィット分析の特徴は、量的・質的分析に関する専門的知識をあまり必要とせずに分析視点や材料を提供してくれる初学者にとってアプローチしやすい手法である一方で、具体的な解析をおこなうものではないため、あくまで分析の切り口となる視点を得るために活用される点にある。実地調査の事前準備として対象とする政策がもたらすベネフィットとリスクをあらかじめ想定することで、実地調査の目的をより具体化できるといった使い方が想定される。そして、実地調査を通じて当該政策に関する実態に関する理解を深め、ベネフィットをより大きくする方策やリスクへの対応策を検討する政策研究の材料を得られる点にこの手法の意義があると考えられる。

注

(1) 外国の企業・団体の誘致を目的として、様々な法的・税制面での優遇措置を整備している特区を意味する。

(2) 2016年にDubai Knowledge Village（DKV）から名称変更した。

(3) Institute of Management Technology, Dubai、Rochester Institute of Technology, Dubai、University of Wollongong in Dubaiの3校。

(4) Kane（2013）の表現では"best of the best"な外国大学を誘致するアプローチである。

付記

本章では、Hanada（2013）を一部利用している。

·

第 11 章

プッシュ・プル要因分析

1 ▌ はじめに

　本章では、高等教育の国際化のなかでも最も顕著な進展があった海外留学に
焦点を当て、なぜ学生が海外留学をするのか、どのような理由で留学先の国を
決めたのかについて検討するプッシュ・プル要因分析についてみていく。本書
のなかで、世界の大学生人口における海外留学者数はわずか数パーセント程
度でしかないことを紹介してきたが、その一方で、大学生人口の増加に比例し
て海外留学をする人口は増加している。例えば、世界の留学生人口は1960年
には約23.8万人だったが（McMahon, 1992）、それからほぼ一貫して増え続け、
高等教育の国際化が進み始めた1997年には約200万人、その20年後の2017年
には540万人にまで達した（UIS, 2023a）。また、2020年の新型コロナウイルス
が感染拡大する以前の予測では、2025年には800万人にまで増えるという見方
もあった（Altbach & Bassett, 2004）。プッシュ・プル要因分析は、こうした増
加の要因を考えるうえで、学生が海外留学をする要因と、留学先の選択する要
因を明らかにするひとつの手法である。

2 ▌ 海外留学のプッシュ・プル要因

　海外留学のプッシュ・プル要因は次のとおり定義される。プッシュ要因
（push factor）とは学生が留学を選択する決断に影響を与えた要因を指し、プ
ル要因（pull factor）とは学生が特定国・地域を留学先として選択した要因を
指す（Mazzarol & Soutar, 2002）。例えば、教育学を学びたい学生が自国の大学
へ進学するよりも、外国の大学へ進学することが自分自身のキャリアにとって
有益だと考えて海外留学をする場合、海外留学がキャリアにとって有益である
ことがプッシュ要因となる。これに対して、数多ある留学先のなかで、ある国

の大学の教育学部のカリキュラムが魅力的であり、その大学への進学を選択した場合は、その大学のカリキュラムの魅力がプル要因となる。言い換えれば、プッシュ要因は留学に自らを押し出す要因、プル要因は特定の留学先に自らが引き寄せられる要因と理解できる。

　第3章で触れたとおり、海外留学には時代ごとに主な動向がある。高等教育の国際化が顕著に進展した1990年代までは非欧米諸国から欧米諸国への海外留学が主流だったが、近年ではこの動向に加えて、アジア太平洋地域をはじめとする一部の国は近隣諸国からの留学生の受け入れ国になっている。その結果、アジア太平洋地域内における学生の国際移動が新たな潮流として登場するなど海外留学の多様化が進んでいる。こうした海外留学パターンの変化の要因について、先行研究が示しているプッシュ・プル要因を冷戦時代と高等教育の国際化時代を比較することで考えてみる。

3 ┃ 冷戦時代のプッシュ・プル要因

　まず冷戦時代における留学のプッシュ・プル要因を分析した研究例として、3つの先行研究を取り上げる。

　第一に、McMahon（1992）は、第三世界18か国[1]からアメリカへの留学生を対象として、1960年代から70年代にかけたプッシュ・プル要因を調査した。その結果、プッシュ要因には、教育機会の不足、自国の教育分野への公的支出優先度、グローバルな貿易に自国の関与が高いほど留学を志す人が多いことがあげられた。その一方で、プル要因には、GDPで自国と比較したアメリカの経済力の強さ、アメリカと自国との貿易の結びつきの強さなどがあげられており、自国とアメリカの経済的関係が留学動機になっていることを明らかにしている[2]。

　第二に、Altbach & Lulat（1985）では、アメリカに留学した第三世界の学生によるプッシュ要因として、留学奨学金の支給、自国の教育・研究施設の不

足、外国の大学の学位に対する評価の高さ、自国で希望した高等教育機関へ入学がかなわなかったといった要因をあげている。さらに、教育的側面以外の要因で特徴的な点は、自国の政情やマイノリティへの差別など政治的・社会的な要因があげられる。プル要因では、アメリカの教育の質の高さ、教育・研究施設の充実度、奨学金の支給、政治的、社会的、経済的な環境の良さ、親族からの経済的な支援、国際経験を積む機会などがあげられており、様々な側面で自国と比較したアメリカの状況が魅力になっていることがわかる。

　第三に、Cummings（1993）でも、世界の留学動向として、プッシュ要因には自国の教育的側面（高等教育の機会、高度な科学技術の欠如）、経済的側面（貿易依存度、世界経済への依存度、財政能力）、社会的側面（言語的孤立、文化的気質）、政治的側面（自国の政治的不確実性）などがあげられている。その一方で、プル要因としては、自国への援助規模、貿易関係、留学先への移民の可能性、留学費用の支払いができることなどがあげられている。

4 ｜ 高等教育の国際化時代のプッシュ・プル要因

　次に高等教育の国際化時代におけるプッシュ・プル要因について、5つの先行研究からみていく。

　第一に、Mazzarol & Soutar（2002）は、1996年から2000年の間にオーストラリアに留学したインド、インドネシア、中国、台湾からの学生を調査した。その結果、プッシュ要因としてあげられたものは、自国と比較した外国で履修できる教育コースの質の高さ、欧米社会に対する理解を深めること、自国の高等教育機関へ入学がかなわなかったこと、自国にない分野を学びたいこと、移民する意向があることであった。その一方で、プル要因には、オーストラリアの教育の質、教育機関の社会的評価、オーストラリアに関する知識や情報収集のしやすさ、家族や親戚からの薦め、現地に親族や友人がいること、留学費用、留学生数、気候やライフスタイル、差別が少ないこと、留学生がアルバイトを

できること、地理的な近さなどがあげられた。

　第二に、アメリカへ留学した学生を対象としたAltbach（2004）では、世界的水準の高等教育機関が不足していること、希望する専門分野を学べないこと、大学院課程の不足、学問の自由に対する考え方、自国の政治的、社会的環境などがプッシュ要因としてあげられている。その一方で、プル要因には、アメリカの高等教育に対する世界的な評価の高さ、大学入学の難易度の多様性（総合研究大学からコミュニティカレッジまでがあること）、アメリカ経済の多様性と規模、留学後のアメリカでの就職の可能性やキャリア開発、給与水準、ライフスタイルの魅力があげられている。

　次に、近年の留学動向の特徴として、アジア太平洋地域諸国からの域内留学が新たな潮流として起こっていることを第3章で述べた。そのなかでも、2017年時点での世界の留学生受け入れ数トップ20か国をみると、日本と中国が上位10か国に入り、またマレーシア、韓国、シンガポール、インドが上位30か国に入るなど、かつて留学生を輩出してきたアジア太平洋諸国が留学生受け入れ国になってきている（UIS, 2023a）。そのうち、日本、韓国、マレーシアを例にプル要因をみると、3か国の留学先としての魅力が高まっていることが窺える。

　第三に、Aleles（2015）では、96名の日本の大学で学ぶ学生（うち80名がアジア太平洋諸国出身者のためほぼ域内留学のデータとしてみる）[3]を対象にそのプル要因を調査した結果、英語で学べる学習環境、留学後の就職の可能性、奨学金の支給、日本や日本文化に対する関心、日本語への関心、地理的な近さ、第一志望の国の大学に合格できなかったことなどをあげている。

　第四に、Lee（2017）によると、韓国に留学した中国人留学生633人のプル要因として、韓国の高等教育の質の高さ、大学入学の難易度、家族や友人、エージェントからの薦め、留学後の就職の可能性、留学費用、地理的な近さ、韓流による韓国への関心などをあげている。

　第五に、656名のマレーシアで学ぶ留学生を調査したPadlee et al.（2010）は、教員の質の全体的な高さ、最先端水準の教員がいること、専門分野を英語で学

図11-1：東西冷戦時代と高等教育の国際化時代のプル要因の比較

東西冷戦時代

	McMahon（1992）	Altbach & Lulat（1985）	Cummings（1993）
教育的側面		• 教育の質の高さ • 教育・研究施設の充実度	
政治的側面		• 留学先の政治的状況の良好さ	
経済的側面	• 自国と留学先の貿易関係の強さ • GDPで自国と比較した留学先の経済力の強さ	• 留学先の経済的状況の良好さ	• 自国との貿易関係の強さ • 自国への援助規模
社会文化的側面		• 留学先の社会的状況の良好さ	• 留学先への移民の可能性
留学生の財政的側面		• 奨学金の支給 • 親族からの経済的な支援	• 留学費用の支払いができること
その他		• 国際経験を積む機会	

高等教育の国際化時代

	Mazzarol & Soutar (2002)	Altbach (2004)	Aleles (2015)	Lee (2017)	Padlee et al. (2010)
教育的側面	• 教育の質の高さ • 教育機関の社会的評価 • 留学生数	• 高等教育に対する世界的な評価の高さ • 大学入学の難易度の多様性	• 英語で学べる学習環境 • 第一志望の国の大学に合格できなかったこと	• 高等教育の質の高さ • 大学入学の難易度	• 教員の質の全体的な高さ • 最先端水準の教員がいること • 専門分野を英語で学べる環境
政治的側面					
経済的側面		• 現地の経済の多様性と規模			
社会文化的側面	• 現地の気候やライフスタイル • 差別が少ないこと	• ライフスタイル	• 現地や現地の文化に対する関心 • 現地の言語に対する関心		• 現地での英語の通用性
留学生の財政的側面	• 留学費用 • アルバイトができること		• 奨学金の支給	• 留学費用	• 留学費用 • アルバイトができること
その他	• 現地に関する知識や情報収集のしやすさ • 家族や親戚からの薦め • 現地に親族や友人がいること • 地理的な近さ	• 留学後の就職、キャリア開発 • 給与水準	• 留学後の就職の可能性 • 地理的な近さ	• 留学後の就職の可能性 • 地理的な近さ • 家族や友人、エージェントからの薦め • 韓流による韓国への関心	• 大学が都心にあること • 家族や友人などからの薦めやメディアの情報 • 留学生の受け入れ体制の充実度

出典：Hanada（2023）を基に筆者作成

べる学習環境、現地での英語の通用性などが重要視されているほか、留学費用、家族や友人などからの薦めやメディアの情報、留学生の受け入れ体制の充実度、大学が都心にあること、留学生がアルバイトできることなどがプル要因であると報告している[4]。

以上の各文献であげられた主なプル要因を列挙したものが図11-1である。

5 ┃ プッシュ・プル要因の比較からわかること

時系列比較

冷戦時代と高等教育の国際化時代との比較を通じてみえてきたことは次のとおりである。まず、2つの時代におけるプッシュ要因は、留学生が自分の出身国の教育的、経済的、政治的、社会的な環境について満足していない部分が主なプッシュ要因となっている点は概ね共通する。ただし、高等教育の国際化時代では自国の高等教育にない部分を求めるといった教育的な側面がより強調される傾向にあることがわかる。具体的には、自国の大学と比較した外国の大学における教育・研究の質の高さ、専門分野の豊富さ、学問の自由といった教育観への親和性などがあげられていた。

プル要因については、自国にない教育的側面が充実していることや財政的側面である留学費用については2つの時代に共通してあげられる傾向にあるが、他の側面については相違点が顕著にみられる。冷戦時代のプル要因には、自国との経済的、政治的関係性や文化的なつながりが深い国が留学先として選択される傾向にあった。これに対して、高等教育の国際化時代のプル要因には、ライフスタイル、気候、留学後の現地での就職の可能性やキャリア開発、現地の文化への関心、家族や友人からの薦め、地理的な近さといった個人的な趣向がより強調される傾向にある。このことから、学生が留学先を決定する要因は経済力が強いグローバル・ノース諸国への留学一辺倒ではなく、個人の志向にあった国への留学がより選択される傾向になっていることが窺える。このことが、

欧米への留学が圧倒的に多かった冷戦時代と比較して、多様化が進んでいる国際化時代の留学動向をもたらしているひとつの要因だと考えられる。

地域別比較

　次に、地域別比較からみえてきたことは次のとおりである。まず、アジア太平洋地域内での留学が増えている要因を日本、韓国、マレーシアへのプル要因からみると、この3か国の高等教育への留学生からの評価が高まっていること、現地の言語（日本語、韓国語、マレー語）だけでなく英語の学位課程で学べること、留学後の現地での就職展望があること、留学費用が相対的に安いこと、地理的な近さ、家族や友人からの薦めなどがあげられた。

　ここから次の2点が読み取れる。第一に、かつてのアジア太平洋諸国から欧米諸国への留学が主流だった時代には、留学生の出身国の教育的、経済的、政治的な側面が彼らにとって望ましい環境ではないことがあげられていたが、当時の学生にとってこれらを満たす魅力的な留学先がアジア太平洋域内に留学動向に影響を与えるほどには存在していなかったと考えられる。これに対して、現代のアジア太平洋諸国では、そのニーズに対応できる高等教育水準、社会生活を提供する国が登場している。

　第二に、留学先を決定する動機は、必ずしもその国の言語や文化を深く学んで精通することが目的ではない様子が窺える。確かに、日本留学では日本文化や日本語への関心、韓国留学では韓流、両国ともに留学後の就職事情があげられていることから、留学先国に強い関心を持つ学生がいることは読み取れる。その一方で、Alele（2015）で、第一志望の国の大学に合格できなかったため日本を選択したことがあげられていることは、日本文化や日本語に関心のある学生だけでなく、他国との比較の上で選択されるようになっていることが分かる。そのなかで、日本とマレーシアについては、英語の通用性がプル要因にあげられていることは注目に値する。つまり、日本やマレーシアへの留学は、その国の言語や文化に対して関心がある学生だけに限らず、非英語圏の国でも自分の興味のある分野を英語で学べる環境（第8章で取り上げたETPやEMI）があ

り、かつ留学費用の安さや地理的な近さを求める学生から留学先の選択肢として検討されるようになった。英語での高等教育の質が高まっているなかで、地理的な近さと留学費用の安さという欧米諸国より優位性がある強みがあることから、こうした域内留学を選択する学生が増えていると考えられる。少なくとも一部のアジア太平洋諸国では、多様なニーズに応えるひとつの留学先になってきていると考えられる。

6 ┃ まとめ

　以上のプッシュ・プル要因分析を通じて、冷戦時代と高等教育の国際化時代における留学動向の変化の要因について検討した。2つの時代におけるプッシュ・プル要因を比較するうえで、特に冷戦時代における先行研究は管見の限りではアメリカ留学が中心であったため、本章で扱った内容には偏りがあることは否めない。また国際化時代における文献でも限られたものを取り上げていることも指摘しなければならない。これを踏まえたうえでのあくまで全体的な傾向ではあるが、かつての「東から西への留学」に加えて「アジア太平洋地域における域内留学」が興隆している要因のひとつの側面がみえてきた。この背景には、アジア太平洋地域出身の留学生にとって、一部の域内諸国の留学先としての魅力が高まっている様子が見受けられた。このようにプッシュ・プル要因分析は、ある国が留学先として外国人学生からどうみられているのか知る一助となる。そのため、自分が研究対象としている国の留学政策を考えるうえで、その国の優位性と課題となっている点を把握し、その改善に向けたポイントを検討するうえでひとつの分析手法となるだろう。

　その一方で、留学先の決め手に学生の個人的志向がより重視されていることを踏まえると、その具体的な内容を理解するためには、よりミクロレベルの考察が必要となる。また、このプッシュ・プル要因分析によって明らかとなった要因は、必ずしも留学動向との因果関係を示すものではないことにも注意が必

要である。留学動向へ影響を与える要因は複合的な要因と個人の事情とが絡んでいると考えられるため、この手法で明らかになることは極端に単純化したものともいえる。以上の点を踏まえつつも、個別の議論に入る前に全体傾向を摑むことは分析の第一歩でもあるため、その一助としてこの手法を使うことが有効だと考えられる。

注

(1)　イラン、インド、インドネシア、エチオピア、ガーナ、カメルーン、ケニア、コロンビア、タイ、チリ、ナイジェリア、パキスタン、ブラジル、ベトナム、ベネズエラ、マレーシア、メキシコ、韓国の18か国。
(2)　この研究では高所得国と低所得国でのプッシュ要因とプル要因の違いについて触れているが、ここでは全体的な傾向を示している。
(3)　残り16名の内訳は、日本9名、エジプト3名、アメリカ、アルゼンチン、ケニア、ブラジルから各1名。
(4)　因子分析による因子負荷量0.5以上のものがあげられている。

付記

本章では、Hanada（2023）を一部利用している。

第 **12** 章

海外留学の学習効果分析

1 ┃ はじめに

　本章では、海外留学が学生にもたらす学習効果に着目し、その分析アプローチについてみていく。世界の留学生人口は2017年には540万人にまで増加した（UIS, 2023a）。これは国際高等教育の発展を象徴するひとつの根拠ではあるが、その一方で、海外留学が学生にもたらす学習効果については、検証の対象となる能力が、知識、態度、感情、対応力など多岐にわたるため、様々な方法を通じて議論されている。本章ではそのうち異文化への理解や適応に関する能力の向上に対する効果を分析する方法に着目する。

　なお、第11章では学生が海外留学を選択する要因と留学先を決める要因について、プッシュ・プル要因分析を通じて考えてきた。プッシュ・プル要因分析は留学先に到着するまでを分析対象とする。これに対して、本章で扱う海外留学を通じて涵養された能力の効果分析は、留学先に到着してから帰国後を対象とする点で、両者は整理される。

　さて、海外留学をすれば異文化への理解や適応ができるようになるのだろうか。この問いについて、異文化間能力（Intercultural Competence）の研究者であるダーラ・ディアドルフ（Darla Deardorff）は海外留学を含む国際教育交流にまつわる間違った理解[1] として、以下の5点をあげている。

1）多様な人々が集まれば、魔法のように成長できる。
2）人々は、海外留学をすれば異文化適応ができるようになって帰国する。
3）異文化理解をするためには、異文化環境に入れば良い。
4）異文化理解に入る際に特別な学習や訓練は必要ない。
5）海外留学などの国際教育交流の学習効果は、あるひとつの評価ツールで測定可能である。

（Deardorff, 2017, p.12-13）

この5点から、海外留学の効果を分析する際には次の2つのポイントを考慮する必要がある。第一に、海外留学が生み出す学習効果は、海外留学の機会さえ提供すれば得られるわけではなく、効果がある場合とそうではない場合がある。第二に、非認知能力である異文化を理解する力や適応する力を測定することは容易ではなく、工夫が必要である。

そこで、これまでの海外留学の学習効果に関する先行研究を通じて、異文化を理解する力と適応する力を中心とする学習効果の分析手法の論点をみていく。

2 ▎海外留学の学習効果に関する先行研究

海外留学の学習効果に関する研究は、短期留学に関する研究が非常に多い。例えば、短期留学の学習効果のうち、異文化に関する能力について書かれた論文を調査したGoldstein（2022）によると、その数は904本にも及ぶ。また、Iskhakova & Bradly（2022）によると、2000年から2019年にかけて出版された短期留学に関する論文だけでも369本あった。このように数多くの論文が発表されているひとつの背景には、多くの研究者が大学などで実施されている個別の海外留学プログラムの効果に関する研究をおこなっていることがあげられる。例えば、ある大学が実施した参加者が数名の短期留学プログラムを対象として、参加者へのインタビューや振り返りを通じて学習効果を分析しているものがあげられる。また、異文化に関する能力も多様であり、そのいくつかをあげるだけでも、「異文化性（Interculturality）」（Jackson, 2018）、「文化的能力（Cultural Competency）」（Hermond et al., 2018）、「文化的多様性への意識（Awareness of Cultural Diversity）」（Wooldridge et al., 2018）、「異文化間能力（Intercultural Competence）」（Deardorff, 2009）、「自己効力感（Self-Efficacy）」（Nguyen et al., 2018）、「多様性への開放性（Openess to Diversity）」（Basow & Gaugler, 2017）、「文化適応（Acculturation）」（Lee & Negrelli, 2018）など多岐にわたる。

そうしたなかで、大学横断型の大規模な研究もあり、その例としてアメリカ

の国際教育研究所（Institute of International Education: IIE）による研究プロジェクトがあげられる（Farrugia & Sanger, 2017）。これは、1999年から2016年の間に海外留学をした4,500人を超えるアメリカの大学卒業生に対するアンケート調査と、30名のフォローアップインタビュー調査をおこなった結果、海外留学経験が仕事上で必要とされる21世紀型の幅広いスキル（例：異文化への対応力、自己認識力、対人能力、問題解決能力）の向上に効果があったことを明らかにしている。また、ミネソタ大学の研究チームによるSAGE（Study Abroad for Global Engagement）プロジェクトでは、アメリカの22大学の留学経験のある卒業者6,391名の回顧的追跡調査を実施し、グローバル・エンゲージメントへの意識向上に加えて、その後の教育やキャリアの選択にも影響を与えていることを報告している（Paige et al., 2009）。

　次に、異文化に対する理解や対応力に間接的に関わる海外留学の効果のひとつとして就業力の向上について論じている研究もある。例えば、2000年から2001年のエラスムス・プログラム参加者への調査結果では、参加者の54%が留学経験が就職に役立ったと回答している（Teichler & Janson, 2007）。また、イギリスでおこなわれた調査によると、87%の留学経験者が海外留学が就職面接の成功に役立ったと回答し、かつ75%が現在勤務している企業や団体では留学経験者の採用に積極的であると回答したことを報告している（Di Pietro, 2019）。大企業を対象としたイギリスの調査では、海外留学経験が就業力を高めると回答した企業は60%であり、それ以外の企業も採用の可否は個人の資質や能力によるが、留学経験がそれに肯定的に作用する可能性があることに言及している（Fielden et al., 2007）。さらに、長期的なキャリア開発からみた研究として、エラスムス・プログラムの参加者は海外留学経験がない学生との比較において、より海外に関係する仕事に従事する傾向がみられた（Engel, 2010）。そのうち、大学卒業から10年後の時点で留学経験者のほうが留学未経験者よりも44%高い確率で管理職についていた（Brandenburg et al., 2014）。これらの研究から、海外経験から培われる異文化を含めた多様性への理解や対応力が就業力の向上につながっていることが読み取れる。そして、少なくとも留学経験

者にとって、留学経験はキャリアにおいて肯定的な意味づけがなされる傾向があることがわかる。

　同様のことは、日本の事例研究からも見受けられる。横田ら（2018）は、海外留学がキャリアと人生に対して与える影響を調査するため、4,489名の海外留学経験者と1,298名の非海外留学経験者を対象として比較分析をおこなった。その結果、海外留学経験者は、外国語能力、異文化への対応に関する能力、社会性、柔軟性、日本人としての意識、地球市民としての意識などに対する自己評価が非留学経験者より高かった。収入への影響については、海外留学経験者からは海外留学が収入を上げることに役立ったと回答されている一方で、423社の企業からの回答では、非留学経験者と「変わらない」と回答した企業が全体の82％であった。収入が上がる要因には様々なものがあることから、何が特定の要因なのかを断定することは難しく、企業は留学経験をその要因としてみていないことが推察されるが、海外の研究と同様に留学経験者が留学を肯定的に意味づけしていることが読み取れる。さらに、この研究では、海外留学経験者は仕事以外の生活に対する満足度が高かったことが報告されており、海外留学は実利的な側面だけでなく、個人の人生に対して肯定的な影響を与えていることが示されている。

3 ┃ 海外留学の学習効果に影響する要因

　さて、海外留学の学習効果に関する研究のなかには、学習効果に影響を与えた要因を分析する研究も数多くおこなわれている。そうした要因は、海外留学プログラムの設計に参考になると同時に、どのような海外留学であっても学習効果を得られるとは限らないことを示している。海外留学の効果に影響を及ぼす要因は、留学期間、事前の異文化学習、留学先での学習内容といった海外留学プログラムの特性に関するものと、性別、海外経験、語学力といった参加者の特性に関するものに大別される。

　そして、個別の海外留学プログラムや特定の特性を持つ学生を扱う研究が多いこともあり、要因の効果については研究によって見解が異なるものも数多い。例えば、この分野の研究の多くはアメリカ人学生またはアメリカの大学に在籍している学生を対象にしたものであるが、同じアメリカ人でも個人や海外留学プログラムの種類によって学習効果が変わってくる可能性があり、さらに参加者がアメリカ人以外の学生であってもその可能性がある。そのため、こうした見解の違いが発生することは特段おかしいことではなく、言い換えれば一律の見解を探究することを目的とするわけではないことをあらかじめ付しておく。

留学期間

　第一の要因として、留学期間があげられる。Vande Berg et al.（2009）は、ジョージタウン・コンソーシアム・プロジェクトを通じてアメリカの大学が運営する61の海外留学プログラムに参加した1,159名を対象に、異文化間能力の涵養に対する留学期間の影響を調査した。その結果、4〜7週間および8〜12週間のプログラムに比べ、13〜18週間のプログラムに参加した学生の伸びが大きかったことを報告している。これに対して、Nguyen et al.（2018）は、79名のアメリカ人学生を対象に、プエルトリコと米領バージン諸島での5週間のプログラムが自己効力感と文化的知性の発達に及ぼす影響を分析した。参加者の文化的バックグラウンドが単一[2] の場合は、5週間以内であっても高い成長が確認されたことを報告している。

　この2つの事例研究をはじめ、比較的短期間の海外留学プログラムであっても有効性が確認された研究が他にもある（例：Nguyen , 2017; Czerwionka et al., 2015; Gilin & Young, 2009）。その一方で、短期間よりも長期間のほうが効果的である場合や短期間では効果が低い場合を示している研究（例：Engle & Engle, 2004; Kehl & Morris, 2007; Medina-López-Portillo, 2004）もあることから、留学期間の学習効果に対する影響については依然として議論の余地がある。

性別

　第二の要因として、性別についても意見が分かれている。例えば、Vande Berg et al.（2009）は女子学生のほうが留学経験を通じて異文化に対する自分の見方などの変化をより多く得ていることを示している。これに対して、DeJordy et al.（2020）は、ヒスパニック系アメリカ人の学生が多いアメリカの大学が提供する短期留学プログラムの検証を通じて、男女間に有意差は確認されなかったことを報告している。

異文化理解に関する教育的介入

　第三の要因として、教員や専門家による異文化に関する教育的介入があげられる。例えば、留学プログラム参加前の介入では、所属する大学で受講する異文化理解に関する講義やワークショップなどが該当する。Jackson（2018）は、海外渡航に対して現実的な目標を設定し、現地で直面しうること対して前向きな気持ちでいられる人のほうが、実際に直面した際に対応できやすいことを指摘している。事前教育プログラムは、これから留学プログラムに参加する学生にとって、異文化に対する知識を得るだけでなく、こうした心構えを学ぶ機会となりうる。

　これに対して、プログラム終了後の介入については、Peng et al.（2015）がアメリカの大学生を対象に検証した結果、留学後の介入によって留学後も学習効果を高められる可能性があることを論じている。その例として、介入者が過去のプログラム参加者同士によるインターネット・スペースをつくることで、お互いに留学中の出来事や帰国後に感じた振り返りを共有することができる。他の学生の経験を聞きながら自分自身の経験をプログラム後も振り返ることで、自分が経験した異文化体験の意味をより深めていくことが期待される。

現地での滞在先

　第四の要因として、現地での滞在先があげられる。現地での滞在先には、学

生寮やホームステイが主なものとしてあげられるだろう。Rodriguez & Chornet-Roses（2014）は、ルクセンブルクに留学した42人のアメリカ人学生を対象に、学生とホストファミリーの関係構築について調査した。この研究によると、学生たちはホストファミリーと家族のように交流することを期待していたが、実際にそうした経験は参加者の3分の1以下の学生しか得られなかったことを報告している。日常的な食事やコミュニケーションをとる機会が多かった参加者は、ホストファミリーとより親密な関係を築く傾向にあった一方で、言語の違いや生活スケジュールなどによってコミュニケーションが制約される場合、学生とホストファミリーは距離を置きがちとなっていた。その結果、学生が文化的な学習を促進する機会を損失していたことが想定される。また、Vande Berg et al.（2009）は、アメリカ人学生が他のアメリカ人学生または現地の学生と住居をシェアした場合は、異文化間能力の成長が確認されたが、ホストファミリーや他の国からの留学生とシェアした学生は、有意な向上がみられなかったことを報告している。

　これらの例から、滞在方式を交流や学習の機会とするためには、その滞在形式でどのような経験内容が期待されるのかについて事前に検討する必要が示唆される。

事前の国際経験

　第五の要因として、海外留学プログラム参加者の事前の国際経験も異文化への適応に影響を及ぼす可能性がある。例えば、すでに海外経験がある人や家族のバックグランドが多様な学生のほうが、よりスムーズに異文化に適応できるというイメージがあるかもしれない。Bloom & Miranda（2015）は、アメリカの大学で実施されたスペインへの短期留学プログラムの参加者を、事前の国際経験が豊富なグループとそうではないグループに分類して異文化感受性の変化を比較検証した結果、前者のほうがより自文化中心的なとらえ方が薄かったことを報告している。その要因として、事前の国際経験が現地での体験に対して、より洗練された理解につながっていることを論じている。

その他

　上記の要因以外にも、様々な研究が異なる要因を分析している。その例として、ホスト国の文化を学ぶバディやメンターの導入（Bretag & van der Veen, 2017）、多国籍の学生が共に学ぶ環境（Demetry & Vaz, 2017）、サービス・ラーニングの導入（Krishnan et al., 2021）、留学プログラムの種類（Hanada, 2019）、プログラム参加前時点での語学能力（Vande Berg et al., 2009）によって、異文化理解に関する能力の成長に影響を与えることを示した研究例もある。

4 ｜ 海外留学の効果分析のアプローチ

　先行研究が示してきた海外留学の効果を検証するための第一歩は、何をどのような方法で明らかにしたいのかを検討することである。例えば、異文化に対する見方の変化に着目する場合、学生の心理的な変化に着目するのか、異文化理解に関する発達に着目するのかなど様々なアプローチが考えられる。そこで本節では、主な3つのアプローチについて取り上げる。

心理的アプローチ

　心理的アプローチは、主に異文化環境における人の心理に焦点を当てる。その代表的なひとつが、カルチャーショックに関する研究である。カルチャーショックという言葉は、文化人類学者のカレルヴォ・オバーグ（Kalervo Oberg）によると、人は慣れ親しんだ環境とは異なる環境（例：外国や異文化）に置かれた際に経験する不安や葛藤などの心理的ストレスを指す（Oberg, 1960）。自分が経験してきた文化との違いに対する感じ方には個人差があり、その斬新さを楽しく感じる場合もあれば、文化の違いに対処することに不安や葛藤を感じる場合もある。そして、その感じ方は時間の経過によって変化する傾向にある。この心理的な変化をモデル化した例として、Lysgaard（1955）のＵカーブモデ

ル（U-Shaped Curve Adjustment Model）と Gullaborn & Gullaborn（1963）によるWカーブモデル（W-Shaped Curve Adjustment Model）があげられる。

　Lysgaard（1955）は、ノルウェーからアメリカに留学したフルブライト奨学生200名を対象にインタビューした結果に基づき、人が異文化に触れると3つの過程を経て異文化に対する理解を深めていくことを示した。最初に、人は異文化の目新しさに楽しさを感じる傾向にある。次に、次第に適応へのストレスを感じ、ホームシックなどの居心地の悪さをおぼえる時期を迎える。それを乗り切るための試行錯誤を経て、文化の違いに効果的に対処する方法を理解し、最終的に異文化に適応できるようになる適応期を迎える。この心理的な「上がり→下がり→上がり」のカーブがUの字になっていることから、このモデルはUカーブモデルと呼ばれる。

　次に、Gullaborn & Gullaborn（1963）はUカーブモデルをベースに、人が帰国後に感じる異文化からの心理的変化について着目した。具体的には、人は帰国すると、今度は適応した異文化と自文化との違いに心理的ストレスを感じる時期を迎える。しかし、再び自文化に適応するようになるなかで、異文化での適応で培ったことを維持しながら、両者を相対的にとらえられるようになることで、最終的に自文化と異文化との理解ができるよう再社会化する過程が示される。この帰国後の心理的な「下がり→上がり」をUカーブに加えることでWのカーブを描くことから、このモデルはWカーブモデルと呼ばれる。

　この2つのモデルは1950年から60年代に提唱されたものであるが、移民や留学生が増えた今世紀に入ってMartin & Nakayama（2009）はUカーブモデルを「移民が新しい文化に適応するために、楽しさや期待、カルチャーショックや現地との心理的な距離感、適応という予測がある程度可能な段階を示す文化適応の理論[3]」（p.327）、Wカーブモデルを「一時滞在者が帰国後に再びUカーブを経験することを示唆する文化適応の理論[4]」（p.331）と論じている。

　その後、2010年代に入ってからTing-Toomey & Chung（2012, p.102）は、留学生の海外経験を対象としたモデルとして、Revised W-Shape Adjustment Modelを発表した。このモデルは、従来のWの文字の5段階にユーモラス期と

両面期を加えた7段階からなる（図12-1）。ユーモラス期（C）では、自分が直面する文化的な問題をそれほど深刻にとらえずに、どの社会にも表と裏のような側面があるように、それぞれの文化には長所と短所があると考え始める。そして、自国と相手国の文化を現実的な言葉で比較できるようになり、満足度が下がっていた段階（B）よりも楽観的になる。これに対して、両面期（E）では、帰国者は帰国したことへの安堵感と渡航先への追憶が入り混じる時期を過ごすことを示している。

図12-1：Revised W-Shaped Adjustment Model

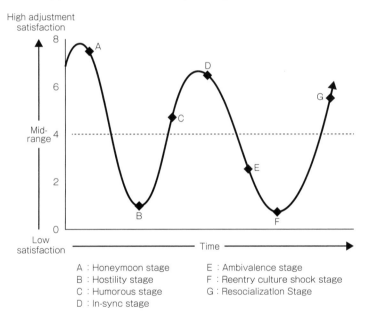

A：Honeymoon stage
B：Hostility stage
C：Humorous stage
D：In-sync stage
E：Ambivalence stage
F：Reentry culture shock stage
G：Resocializatlon Stage

出典：Ting-Toomey & Chung（2012, p.102）
＊出版社から許可を得て掲載。

　次に、Kim（2001, p.57）による「ストレス−適応−成長モデル（Stress-Adaptation-Growth Model）」も代表的なモデルのひとつであろう。このモデルは、人が異文化へ適応する能力は直線的に成長していくのではなく、車輪の動きのように心理的なストレスと適応の間を周期的で継続的な行ったり来たり上

下する過程を経ながら上向きに漸進していくことを示している（図12-2）。ある人が異なる文化に入ると、ストレスの多い経験をして後退するが、それに適応しようとする気持ちが活性化して、自分自身を再編成し、成長していくイメージを伝えている。このように、ストレス（Stress）、適応（Adaptation）、成長（Growth）の3要素それぞれがあるからこそ人は異文化に適応していくことを論じている。

図12-2：Stress-Adaptation-Growth Model

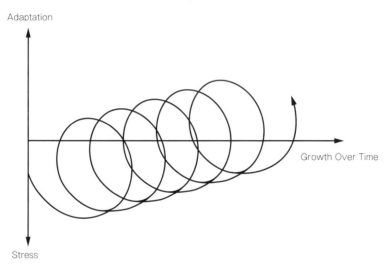

出典：Kim（2001, p.57）
＊出版社から許可を得て掲載。

　このように心理的アプローチは、異文化環境に入ってから適応していくまでの過程における人の心理状態の変化を可視化する点で有用なアプローチである。

構成的アプローチ

　構成的アプローチは、異文化への理解と対応に関する能力の構成要素に焦点を当てる。このアプローチをモデル化した例としてRuben（1976, p.339-341）があげられる。この研究では、異文化間能力を、尊敬の表示、相互作用の姿勢、

知識への志向、共感、役割行動、相互作用管理、あいまいさの許容の7つに分類している[5]。そのうえで、異文化における「知ること」と「対応すること」は別の能力であり、異文化に対する知識や理解といったマインドセットに関する事項だけでなく、実際に対応できる能力を明示する尺度の必要性を論じている。

　また、Deardorff（2006, p.254）では、異文化間能力のピラミッドモデル（Pyramid Model of Intercultural Competence）が示されている（図12-3）。このモデルでは、異文化への理解や対応、コミュニケーションを円滑にする能力を身につけるためには、その土台として異文化に対する敬意、開放性、好奇心といった態度が求められ、その上に異文化に関する知識や理解、そうした環境下における傾聴や観察といったスキルが構成される。こうした要素が備わってこそ、

図12-3：Pyramid Model of Intercultural Competence

Desired External Outcome
Behaving and communicating effectively and appropriately (based on one's intercultural knowledge, skills, and attitudes) to achieve one's goals 10 some degree

Desired Internal Outcome
Informed frame of reference/filter shift
· Adaptability (to different communication styles and behaviors; adjustment to new cultural environments)
· Flexibility (selecting and using appropriate communication styles and behaviors; cognitive flexibility)
· Ethnorelative view
· Empathy

Knowledge and Comprehension　⟺　**Skills**

Knowledge and Comprehension
· Cultural self-awareness
· Deep understanding and knowledge of culture (including contexts, role and impact of culture and others worldviews)
· Culture-specific information

Skills
· Listen
· Observe
· Interpret
· Analyze
· Evaluate
· Relate

Requisite Attitudes
· Respect (valuing other cultures, cultural diversity)
· Openness (to intercultural learning and to people from other cultures, withholding judgment)
· Curiosity and discovery (tolerating ambiguity and uncertainty)

出典：Deardorff（2006, p.254）; Deardorff（2004, p.196）
＊出版社と著者から許可を得て掲載。

実際に行動やコミュニケーションをとることが可能になることを示している。

　このように構成的アプローチでは、異文化に関わる様々な能力を念頭に、その具体的な構成要素の可視化をすることをねらいとしたアプローチである。

発達的アプローチ

　発達的アプローチでは、異文化間能力の発達過程に焦点を当てる。その代表的な例として、Bennett（1993）の「異文化感受性発達モデル（Developmental Model of Intercultural Sensitivity: DMIS）」があげられる。DMISは異文化感受性の発達過程を、否定（Denial）、防衛（Defense）、最小化（Minimization）、受容（Acceptance）、適応（Adaptation）、統合（Integration）の6段階の志向性に分類し、最初の3段階を自文化中心的志向性（ethno-centrism）、それに続く3つの文化相対的志向性（ethno-relativism）として分類している（図12-4）。そして、自文化中心的志向性を「自文化の世界観がすべての現実の中心であると仮定すること[6]」（p.30）、文化相対的志向性を「文化は互いに相対的であるため、特定の行動はその文化的な文脈のなかで理解される絶対的なものではない[7]」（p.46）ことを理解している状態であると定義した。6つの段階を進むにつれて、異文化への感受性が変化していくことを示している。

図12-4：異文化感受性発達モデル
(Developmental Model of Intercultural Sensitivity: DMIS)

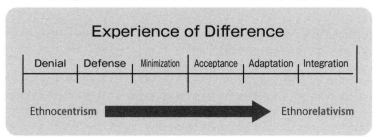

出典：IDR Institute（2018）
＊IDR Instituteから許可を得て掲載。本文中の6つの段階日本語訳は山本（2018）に基づく。

　Bennett（2017; 1993）によると、人はこの6つの段階のいずれかに単純に分類されるのではなく、多くの場合、複数の段階の要素を有していることを前提としながらも各段階の特徴について説明している。まず、最初の否定の段階は、個人が文化的な違いを認識できない段階を指す。ここで注意が必要な点は、文化的な違いを否定しているのではなく、この段階の個人は異文化から距離を置き、自分の文化的価値観からすべての世界をみている状態を意味している。次の防衛の段階になると、個人は文化的な違いの存在を認識できるが、その違いを自文化と他文化の比較を通じて認識する二元的な見方から自文化の良い点を認識する。最小化の段階になると、文化的な違いに対して二元的な見方をすることはなくなるが、その違いを矮小化し、文化的な違いに関係なく人類の共通点や類似点を強調するようになる。これは一見すると、異文化を理解しているようにみえるかもしれないが、世界には様々な文化があり、それぞれが特徴を有していることをあまり意識しない点で、文化の違いに対する認識には課題が残る。やがて受容の段階に至ると、文化に対する相対的な見方が備わってくる。この段階では、文化的な違いを肯定的にも否定的にもとらえることなく相対化し、文化的な違いを尊重するようになる。適応段階では、異文化の人々とのコミュニケーションの取り方などにおいて相手の文化の世界観に共感でき、その文化の視点から考え方や行動を順応できるようになる。そして、最後の統合の段階では、個人はひとつの文化的観点に根差すのではなく、自分の本来の文化的観点と他の文化のそれとを統合した自分自身のアイデンティティを確立し、状況に応じて異なる文化的観点から対応することができる。

5　異文化間能力の尺度

　この3つのアプローチを踏まえて、実際に学習効果を分析していく方法としてまずあげられるものは、インタビュー調査や海外留学参加者によるリフレクションパーパーの分析といった質的分析であろう。この方法は、比較的少人数

を分析対象とした海外留学プログラムのケーススタディにおいて広く実施されている。これに対して、大人数の分析対象者を対象とする研究においては統計解析といった量的分析がおこなわれる傾向があるが、いずれにしても専門的な知識や経験が求められる。

　そうしたなかで、特定の能力の分析に特化した尺度を用いて分析する手法も一助となりうる。Fantini（2009）では、異文化に関する44個の尺度が紹介されており、異文化間能力、異文化感受性、異文化コミュニケーション、異文化行動様式、自己理解と他者理解、グローバル意識など、各々の能力に特化している。こうした尺度では、研究者が海外留学者に対して用いて第三者的に分析する尺度もあれば、海外留学者自らが自己評価や自分の経験の振り返りの一助として用いる尺度もある。

Intercultural Development Inventory（IDI）

　そのうち、本章では発達的アプローチを通じて異文化間能力を分析する尺度のひとつであるIntercultural Development Inventory（IDI）について紹介する。この尺度は50問の質問に対して5つの回答選択肢から選んで回答する方式（リッカート方式）であり、その回答内容から個人の異文化間能力を判定することを目的としたものである。IDIは、開発者であるMitchell HammerがBennettのDMISをベースとしたInterculturtal Developmment Continuum（IDC）に基づき、被験者がIDCにおける異文化間能力の発達段階のどこに該当するかを示すとともに、その向上に向けたアドバイジングシートを提供する。この点において、IDIは実証研究でも利用でき、被験者にとっては教育的機会となる。

　なお、DMISとIDCには、次の3点において大きな違いがある。第一に、DMISは6段階の発達段階を示しているが、IDCでは5段階であり、DMISの第6段階目の統合は含まれていない。第二に、DMISにおける第2段階目の「防衛（Defense）」は、IDCでは「両極（Polarization）」に置き換えられている。「防衛」と「両極」の違いは、前者が自文化と他文化を比較して、自文化寄りの見方や優越性を感じることで自文化を防衛する志向性を指すのに対して、後

者は他文化寄りの見方や優越性を感じることで他文化を防衛する志向性がある場合も踏まえて、どちらか一方の極に傾いている状態を表現して両極と名付けられている。ただし、いずれにしても二元的に比較し、どちらか一方の文化に傾いていることから、DMISの「防衛」と同じ第2段階目に位置づけられている。第三に、DMISは異文化感受性（Intercultural Sensitivity）に関するモデルであるが、IDIは異文化間能力（Intercultural Competence）を対象としている。

IDIから得られること

　IDIから得られる最も重要な結果については、被験者が自分の異文化間能力を自己評価した結果とIDIが示した結果の双方が示される。これにより、自己評価とIDIによる結果のギャップを把握することができる（Hammer, 2013）。異文化間能力を伸ばすことも異文化での対応力を向上させるためには大切なことであるが、自分自身の対応力を正確に自己認識することも重要である点で、この尺度はその気づきを与えてくれる点に特徴がある。

　その一方で、多くの尺度に共通することかもしれないが、IDIが示す結果はIDIを受けた定点の評価になるため、結果がその瞬間の被験者の状況によっても左右される可能性がある。また、個々の質問の回答が結果にどのように影響したのかについては被験者に示されないため、被験者は結果レポートとアドバイジングシートを通じて内省する必要がある。

　なお、多くの尺度は欧米諸国で開発されたものであり、どこまで日本人を含む他の地域の人々に適用可能なのかという議論があるなかで、IDIは日本人277名を含む11か国の人々を対象に有効性の実証試験（パイロットスタディ）をおこなっている。具体的には、2010年に運用が開始されたIDIの第3版の開発時の実証試験の際に、高等学校、大学、非営利団体などに所属する様々なバックグラウンドからなる合計4,763名の被験者を対象としたことが報告されている（Hammer, 2011）。また、被験者の言語能力に左右されない結果を示すため、IDIは2024年2月時点で英語と日本語を含む18言語で受けることができる。

6 ｜ まとめ

　本章でみてきたとおり、海外留学の学習効果の分析に関する研究は数多くある一方で、まだまだ不足している分野がある。それは、2000年から2019年に出版された高等教育における1週間から8週間の短期海外留学プログラムに関する156本の先行研究[8] を調査したIskhakava & Bradly（2022）によって示されている。この研究によると、概念的研究に関する論文は21本にとどまっており、大半は実証研究であった。また、こうした実証研究の多くは、個別の海外留学プログラムを対象とした研究が多く、その分析対象者数も全体の44%が50名未満の研究であり、そのなかでも10〜19名の研究が最も多く、続いて20〜49名、50〜99名となっている。そして、156本のうち109本がアメリカ人留学生を対象としており、次にアジア地域からの学生が14本であった。そのため、渡航先についてもアメリカ人留学生が多いヨーロッパ、アジア、カリブ海地域に関する研究が多い。このことは本章でみてきた先行研究からも窺えることであり、アメリカ人留学生と他の国・地域の学生とで類似した結果が得られるのかについては今後の研究蓄積が待たれるところである。

注
(1)　原文では、"myth"（神話）と表記されている。
(2)　原文では、"monocultural"と表記されている。
(3)　原文："a theory of cultural adaptation positing that migrants go through fairly predictable phases - excitement/anticipation, shock/disorientation, adjustment in adapting to a new cultural situation"（Martin & Nakayama, 2009, p.327）
(4)　原文："a theory of cultural adaptation that suggests that sojourners experience another U curve upon returning home"（Martin & Nakayama, 2009, p.331）
(5)　原文において、7つの次元は、display of respect, interaction posture, orientation to knowledge, empathy, role behaviors, interaction management, and tolerance

of ambiguityと表記されている。

(6)　原文：“assuming that the worldview of one's culture is central to all reality”
（Bennett, 1993, p.30）

(7)　原文：“cultures can only be understood relative to one another and that particular behavior can only be understood within a cultural context”（Bennett, 1993, p.46）

(8)　Clarivate Analytic Web of Scienceへの掲載論文が127本、特定データベースにない学術論文が4本、Frontiers: The Interdisciplinary Journal of Study Abroadで発表された査読論文28本のうち、8週間以内のプログラムを対象としていない3本を差し引いた156本が抽出されている。また、短期留学のうち2週間のプログラムが最も多く、3週間と4週間プログラムが続く。ただし、2週間のプログラムは3週間のプログラムの数には3倍以上の開きがあり、2週間のプログラムが圧倒的に多い。

付記
本章では、Hanada（2022）を一部利用している。

第 IV 部

━━━ 国際高等教育の展望 ━━━

第 13 章

これからの国際高等教育

1 ｜ はじめに

　本章では、研究領域としての国際高等教育と実践領域としての国際高等教育の２つの視点から、これからの国際高等教育について検討する。本書では、国際高等教育の過去から現代に至るまでを概観してきた。そこからみえてきたことは、ある時代の潮流に対応するため、国際高等教育が新しい教育の形をつくり、それが浸透した頃には、新たな萌芽が生まれていることである。例えば、高等教育の国際化は海外留学を通じて学生の国際移動を急拡大させたが、海外留学がより一般化した頃には、トランスナショナル高等教育（TNE）の存在感が一部の国々で高まっていた。その結果、国際移動する主体は学生だけではなく、教育プログラムや教育機関を含めた新しい国際移動の形が登場した。また、海外留学が急拡大したとはいえ、その機会は世界の大学生全体の数パーセントの学生にしか提供されていない現状を踏まえ、その打開策として内なる国際化によって大学キャンパスにおける国際教育プログラムの提供がおこなわれているが、それがスウェーデンから他の国・地域にまで浸透した頃には、新型コロナウイルス感染拡大を契機としてオンライン型の国際教育プログラムが拡大した。

　こうした経緯を踏まえ、国際高等教育の今後を検討するにあたっては、生まれつつある萌芽がどのように成長していくのかを検討することがひとつの方法だと考えられる。

2 ｜ 研究領域としての国際高等教育

　国際教育の理念は、国際理解、国際協力、そして国際平和への実現に向けて、異なる社会的制度や政治的制度を有する国や人々がお互いによりよい関係を築

くための精神を育むことにある。そのなかで、高等教育においては、その国際化によって教育プログラムが多様化している一方で、学問領域としての理論的な枠組みの探求については、研究者間でも広く共有された確固たるものがあるとは言い難いことを指摘した。

　こうした状況に対して、Brandenburg et al.（2020）による「社会のための高等教育の国際化（Internationalisation of Higher Education for Society）」という視点からで議論されているように、国際高等教育が社会で担う役割について改めて考えていくことが求められるだろう。その際の視点として、ひとつの事象に対して様々な要素が複雑に絡み合う現代社会では、国際高等教育を他分野との関わりのなかでどのような独自の役割を担っているのかを考えることが有効であると考える。例えば、SDGsの達成に向けては、経済、政治、公衆衛生、国際関係、文化、教育など様々視点からの取り組みが求められており、国際高等教育が担う役割は、教育に直接的に関係するゴール4「すべての人々に包摂的かつ公平で質の高い教育を提供し、生涯学習の機会を促進する」の達成だけでなく、他のゴールに対してもどのような貢献ができるか考えていく必要があるだろう。国際高等教育の学問的立ち位置を考える際に、国際高等教育の領域内で深い議論をおこなうことは具体性を高めるためには大変有効であるが、その一方で各論に陥る可能性もあり、柔軟な議論の妨げにならないように留意することも必要だと考える。

国際高等教育の他分野との関わり

　それでは、どのような他分野との関わりが考えられるだろうか？　そのひとつとして外交分野があげられる。国際高等教育と外交との関係は次のとおりに説明される。まず、伝統的な外交研究では、外交は国家から任命された外交官による活動だと位置づけられていた。しかし、1990年代後半からインターネットが普及した結果、現在では一般の人々までが自国の情報を外国人に対して発信し、外国の情報を入手できるようになったことで、国際世論の形成により直接的に関わるようになった。そのため、市民が非公式の外交活動の担い手と

なっていることが多くの研究によって指摘されており、海外を中心に高等教育
交流の外交的機能に対する期待が高まっている。その例として、市民外交
（citizen diplomacy）の枠組みがあげられる。この枠組みは、学生、研究者、芸
術家、スポーツ選手などを含む市民が、外国の人々との交流を通じて相互理解
を図ることで、国家間の安定的な関係性の構築に寄与する民間人による活動と
して理解されている（Lawton & Sharnak, 2010）。例えば、ライフスタイルや文
化、社会制度に代表される自国の魅力を市民自らが発信することによって、自
国に対する外国の人々からの共感や親近感を得ることが企図されている。この
うち、高等教育交流は、海外留学などを通じた学生、研究者による外国の人々
との交流を対象とする（Hanada, 2022）。市民外交において国際高等教育がどの
ような役割を担っていけるのかを検討することは、この分野の学問的立ち位置
を考えていくうえで、本書の各章で扱った内容をより広い視野から検討するひ
とつのヒントを与えてくれる。

　さらに、高等教育交流の外交的機能は市民外交だけでなく、パブリック・ディ
プロマシー（public diplomacy、日本では広報文化外交とも呼ばれることが多い）、
文化外交（cultural diplomacy）、知識外交（knowledge diplomacy）を加えた、少
なくとも4つの外交領域から議論されている。パブリック・ディプロマシーで
は高学歴の外国人を対象に自国への留学を提供し、彼らが将来的に政治やビジ
ネスなどで活躍する際に自国に対して親近感を持つことで外交関係に寄与する
ことが期待されている。例えば、アメリカのフルブライト奨学金をパブリッ
ク・ディプロマシーからとらえる研究はこれに該当する（例：Snow, 2020）。こ
れに対して、文化外交では学生が留学先の文化を深く理解し、また彼らが現地
の人々との関係のなかで自国の文化を伝えることで、現地の人々との親近感や
共感を通じた相互関係を築くことが期待される。また、知識外交ではイノベー
ションに従事する企業、研究機関、高等教育機関などが協働するなかで、自国
と当該国の相互関係を高めることで外交関係に寄与することが期待されている
（Knight, 2022）。こうした市民レベルによる交流によって、それまでの国家に
よるソフト・パワーとしての活動から、市民によるインフォーマルな活動への

転換を引き起こすことが論じられている（Akli, 2012）。

　このように外交と国際高等教育の関係性はすでに議論がおこなわれているが、両者が有機的な連携されているとは言い難い部分がある。その要因として、お互いの研究領域に関する見解の相違があげられる。外交研究からみた国際高等教育研究は、異文化理解やグローバル・シティズンシップなどの視点から国際平和を探求しているものの、教育のあり方（例：海外学習プログラム）や学生の成長（例：異文化理解力）に関する研究が中心であり、国益を踏まえた外国との相互関係を第一義的にみる外交研究との乖離を感じるだろう。その一方で、国際高等教育研究からみた外交研究は、その中心的な課題は国益を踏まえた外国との相互関係にあり、国際的な視点からの人材育成を第一義的にみる国際高等教育との乖離を感じるだろう。そのため、外交と国際高等教育には関係する部分がある一方で、お互いの領域については各論的にしかとらえられてこなかった背景が窺える。国家間の相互関係をよりよいものにするために、次世代の人材を育成する高等教育交流の役割について理論的に検討し、かつ実証的に示していくことは、国際高等教育の学問的な立ち位置や社会への貢献を示していくためのひとつの方法になると考える。

　他分野との関わりでもうひとつあげられる分野は、グローバル・スタディーズである。グローバル・スタディーズは、国民国家、国際機関、人権、環境、人口、公衆衛生、ジェンダー、紛争、平和などの分野を学際的に検討する（Campbell et al., 2010）。2016年にOECDは、グローバル化時代において国際社会で求められる人材の能力としてのグローバル・コンピテンシーに関するレポートを発表した。このレポートでは、グローバル・コンピテンシーにはグローバル・スタディーズで対象とする地球規模の課題への知識と理解に加えて、国際高等教育が対象とする文化的背景が異なる人々に対する理解や敬意、共感性があげられている（OECD, 2016）。グローバル・コンピテンシーという概念的な能力の涵養に向けて、具体的にどのような教育アプローチが効果的なのかを示していくことは、国際社会における国際高等教育の立ち位置を明確にしていくことにつながる。この点において、グローバル・コンピテンシーに関わる能

力を考えていくうえで、この2つの分野が連携する意義は深い。

　このように、国際高等教育が自らの領域内だけで研究領域について議論する
だけでなく、他分野との連携を模索していくことで、その領域や価値を発信し
ていく一助になるのではないだろうか。

3 ┃ 実践領域としての国際高等教育

　次に、実践領域としての国際高等教育については、「トランスナショナル高
等教育（TNE）の役割」「海外留学の位置づけ」「学歴から学修歴へ」の3点を
取り上げたい。

トランスナショナル高等教育（TNE）の役割

　第一に、TNEの役割がより注目される点である。新型コロナウイルスの感
染拡大によって明らかになったひとつは、18歳人口の減少や高等教育に対す
る公的支出の低下を背景に、留学生から得られる学費収入への依存度が高い大
学が一部の留学生受け入れ主要国でみられたことである。このことは海外留学
の経済的価値や市場化の進展を改めて痛感させた。この留学生への依存につい
ては、第10章で述べたとおり、北米地域において「過度な留学生依存」を高
等教育の国際化のリスクとしてあげられていたことにも通じる。そのため、留
学生への過度な依存からの脱却を図る動きがみられるかもしれないが、それを
現実のものとするためには大学にとって新たな収益モデルが必要となるため簡
単ではない。

　そこで、TNEの存在がより重要になってくる可能性がある。高等教育機関
にとってTNEの利点は、自国に留学生を呼び込む必要がないため、海外留学
にかかる負担を賄いきれいない学生にも比較的安価でプログラムを提供でき、
大学にとっては一定の収益が期待できることにある。第6章でみたフランチャ
イズプログラムや海外ブランチキャンパスはその例である。また、これらと同

様に Knight & McNamara（2017）の IPPM の枠組みで TNE として位置づけられるオンライン型の国際高等教育では、様々な教育プログラムが展開されている。これに加えて、近年では、より包括的な概念であるバーチャル国際化（Virtual Internationalization）が注目されている（Bruhn-Zass, 2021）。バーチャル国際化が議論されていくなかで、バーチャル交流やバーチャル・モビリティなどのオンライン型の国際高等教育プログラムがより注目されていく可能性がある。そうしたなかで、日進月歩の技術革新や政治経済の状況、一部の国での海外学習にかかるコスト増など、現代社会のさまざまな状況を踏まえると、より多くの学生が質の高いオンライン型の国際高等教育プログラムを受けられる機会を提供することが求められるようになると考える。さらに、大学側からすれば、自国に渡航をしない TNE プログラムを修了した学生が自国で就労する可能性は少ない、あるいは必要とする人材に対して就労機会を支援できることから、自国のナショナリズムや反移民感情などの社会情勢に対応して外国人学生に対して教育プログラムを提供できる。これが良いか悪いかは別の議論が必要になるが、新型コロナ以降の時代の変化に適応したひとつの教育プログラムの提供のあり方であると考えられる。

　また、TNE はリスキリングにおいても役割が期待される。現代社会は、人工知能に代表されるテクノロジーが人々の仕事と働き方に変化を与えている。例えば、職種や仕事へのニーズの変化やドイツの「ワーク4.0」といった働き方の変化に着目した考え方が増えてきている。こうした時代背景のなかで、雇用の流動化がより一層高まっており、生涯教育（継続教育）を通じたリスキリングに対する注目度が高まっている。特に、テクノロジーによって現存している職種や仕事の将来への不確実性が指摘されているなかで、人々が自分の専門性や強みを持ち、時代の変化に対応しながらも個人のライフスタイルに合わせてどこでも生きていけるようになる力が求められていくことが予想されている。例えば、学生の出身国や居住国の大学とは異なる学習環境において最新の知識や技術を外国語で学ぶことは、相対的な強みにつながる可能性がある。そうした力を身につけるため、学習者は自国の大学だけでなく、外国式の教育を外国

語で受けられるTNEプログラムをリスキリングのための学習における選択肢のひとつとして検討するようになるのではないだろうか。過去20年間で急拡大しているTNEプログラムであるが、これからの時代における多様な展開が期待される。

海外留学の位置づけ

　第二に、TNEの役割が高まっていくとしても、物理的な海外渡航を伴う海外留学の重要性が低下するわけではなく、今後とも国際高等教育において中心的な役割を担っていくと考えられる。2020年以降、新型コロナウイルスの感染拡大によって、オンライン型の国際教育が海外留学の代替手段になりうるかという議論がされているが、現状ではハイブリッド留学など現地渡航とオンラインを両立させる海外留学が拡大する可能性はあっても、オンライン留学が海外留学の代替になるとは考えにくいことがデータから示されている。その一例として、コロナ禍の真っ只中にあった2020年に実施されたQS調査（世界19,000人以上の学生が回答）によると、中国、ヨーロッパ、インド、アメリカの学生のうち、オンライン学位プログラムに興味を持っている学生は20％未満[1]であった一方、おおむね50％以上の学生が留学を延期するか、留学先国を変更するとの結果が発表された（Quacquarelli Symonds, 2020a）。留学先国の変更は、当初計画していた渡航先から留学生の入国制限が緩い国やビザ取得が可能な国への留学に変更する意図が垣間見える。同調査では、コロナ禍であっても多くの学生が留学を希望する主な理由は、大学施設へのアクセス、他の学生との交流による刺激、海外での生活体験があげられている。このことから、オンライン留学で得られる学位そのものだけではなく、海外渡航を伴う留学で得られる学習や経験に重きを置いていることがわかる。

　また、そうした学習や経験が重視されるほど、海外留学のニーズが多様化していくことが想定される。かつての留学生の多くは、欧米諸国への留学が最も良い選択肢だと考える傾向があったことは第11章で取り上げたプッシュ・プル要因分析から確認される。これに対して、現代の大学生は必ずしもそうした

志向を持っているだけではない。例えば、2020年に実施されたQS調査によると、渡航国を選択する際の検討事項において「その国が留学生をどれだけ歓迎しているか」が最も重要な事項としてあげられ、第2位にあげられた「その国の大学の教育の質」よりも上位であった。また、上位10項目においても、「留学先としての評判の良さ」「語学力の向上」「ランクの高い大学」よりも、「生活費や学費」「卒業後の就労ビザが取得できること」が上位にあげられた（Quacquarelli Symonds, 2020b）。さらに、具体的な大学選びの決め手となる要素をみると、「大学が留学生をどれだけ歓迎しているか」「奨学金の有無」が上位項目になっている。これに対して、「教育の質」「希望する専攻分野の有無」「専攻分野における評判」といった教育的な側面は、第3位以下であった。この結果は、新型コロナウイルス感染症が拡大した直後の2020年の調査であったことも加味しなければならないかもしれないが、一部の国ではナショナリズムや反移民感情の高まりがみられることから、留学先の選択における検討事項が教育的要素だけでなく、生活の様々な部分にまで広がっていることが窺える。これまでの留学生の受け入れは、大学側が求める学力水準や教育プログラムへの適合性が重視されてきたが、今後の留学生の受け入れに当たっては、留学生に選ばれる魅力ある留学生を受け入れる環境を大学側が整備していくことがより求められるようになるだろう。

学歴から学修歴へ

　第三に、以上のTNEと海外留学に関する論点を踏まえると、国際高等教育プログラムを通じて何を学べるのかが非常に重視される時代になってくると考えられる。それにより、これまでの高等教育において主流だった短期間の海外学習を大きく変容させる可能性がある。例えば、学生が所属する大学が提供する海外学習プログラムのメニューからどれを選ぶかという限られた自由度ではなく、学習者自身が外国の大学が提供する様々な教育プログラムに関する情報を収集し、そのなかから自分のニーズに合った科目やコースをより自由に選択する。また、学習者のニーズに応じて、物理的な海外渡航とバーチャルな学習

を自由に組み合わせるといった学習スタイルの自由度も増していくこともあり
えるだろう。そこで学んだ知識や経験を自分の学修歴の一部に組み込んでキャ
リア開発をおこなっていくイメージである。

　そして、そうした傾向が強まるほど、学生の就業力と教育との関係を考える
うえで、卒業証書を主たる学習成果の証明書とするこれまでの文化が徐々に変
化し、その教育プログラムを通じて得られた能力や経験の評価に焦点が移って
いく可能性がある。こうした教育の自由度の向上は、国家による法改正や政治
的議論に強く影響される公教育では難しい側面がある一方で、国際高等教育は
先導的な役割を担える可能性がある。実際に、そうした学習スタイルを支える
プラットフォームは準備されつつある。例えば、学生が外国で取得した学位・
資格を、ある国際指標に基づいて自国の学位・資格との互換性を判断する外国
学歴・資格評価の整備はすでに世界の様々な地域で進められている
（Ashizawa, 2023）。そして、学位・資格といった多くて数十科目がパッケージ
化された学修歴だけでなく、より短期間に特定分野に焦点を絞って学んだ成果
を学修歴として可視化するマイクロクレデンシャルの整備も進んでいる。また、
それを支える技術的基盤として、ブロックチェーンの導入により学修歴の改ざ
んなどを防止するシステムも整備も進んでいる。雇用の流動性が低い国や就職
活動や転職活動において学位自体が重視される国ではこうした変化のスピード
はそれほど速くないかもしれないが、マイクロクレデンシャルはすでに一部の
国おいて導入されていることは経済協力開発機構（OECD）により報告されて
いる（Golden et al., 2021）。短期の海外学習で得られる成果を国際経験といった
大枠のみからとらえるのではなく、そうした国際経験を通じて何を学び、どの
ような能力が身についたのかを学修歴の一部として可視化し、その蓄積が学修
者の能力や経験の証明に活用される時代が遅かれ早かれ到来するのではないだ
ろうか。

　最後に、本章の論点は、多くの研究者によって議論されてきたことがベース
となっており、それを筆者の視点でとらえたものである。これからの国際高等
教育を検討していくうえで、本章が少しでも役立つことができれば幸いである。

注

(1) "Extremely interested"、"Very interested"、"Somewhat interested"、"Slightly interested"、"Not at all interested" の5つの選択肢のうち、"Extremely interested" と "Very interested" を回答した比率を抽出した。

あとがき

　本書は、これから国際高等教育を学ぶ大学院生をはじめとする初学者の方々を主な対象とした入門書です。本書の構想を思いついたきっかけは、筆者が勤務先でこの分野に関する授業やゼミを担当しているなかで、その全体像を広く紹介する本を日本語で紹介したいという思いからでした。

　また、筆者は大学院生時代から国際高等教育に関わってきましたが、他の専門分野の研究者から「国際高等教育とはどのような学問か」と聞かれることが何度かありました。そのなかで、一見すると大学生の海外留学と国際高等教育が同一視されていると感じることもありました。確かに国際高等教育において、海外留学が一丁目一番地であった時代は長く、現在でも高等教育の国際化に関する政策では、国内学生の海外留学への送り出しと、外国人留学生の受け入れは主要な位置づけにあるように思います。その一方で、本書で触れてきたとおり、現代の国際高等教育は多様化しており、海外留学以外にも多くの教育活動があり、それに伴って様々な研究活動がおこなわれていることも事実です。そうした国際高等教育の広がりを少しでも伝えたいという思いもありました。

　本書は、国際高等教育分野の国内外の教育・研究者の方々によって培われてきた知見を踏まえて、筆者の視点からまとめたものです。本書で扱った各章のテーマに関する優れた専門書は数多く出版されています。筆者の知識不足のため、各章で触れられていない不十分な点も多々あると思われますが、本書を通じてどこかの章のテーマに興味を持ってもらえた場合は、そうした専門書でより深く学んでいただければと思います。なお、本書は、科学研究費助成事業（研究課題：19K14133、24K06110）による助成を受けました。参考文献の収集や国内外の研究者との議論が滞りなくできたことは、この助成があってのことだったと思います。この場をお借りして感謝申し上げます。

最後に、本書の執筆に際しては、多くの皆様に大変お世話になりました。特に、私の学生時代の指導教員であり、今では私の子どもたちのことでもお世話になっているトロント大学のジェーン・ナイト（Jane Knight）先生、国際高等教育分野の先輩研究者である一橋大学の太田浩先生、私が大学院へ進学した15年前から多大なご支援をいただいている元立命館アジア太平洋大学の近藤祐一先生には、この本の構想段階からアドバイスをいただきました。また、私の勤務先の大学で以前同僚だった関西国際大学の芦沢真五先生と京都大学の関山健先生とは一緒に働く機会が多かったなかで、国際高等教育に関する様々なことを学ばせていただきました。明石書店の安田伸さんには本書の企画から校正作業、出版まで丁寧かつ細やかなサポートをしていただきました。そして、妻とふたりの子どもたちには、本書の出版がスケジュールどおりに進むようにいつも支えてもらいました。皆様方に、心より御礼申し上げます。

2024年7月

花田 真吾

参考文献リスト

英語文献

Adejo, A.M. (2001). From OAU to AU: New wine in old bottles? *African Journal of International Affairs, 4*(1-2), 119-141. https://doi.org/10.4314/ajia.v4i1-2.45821

Ahmad, S.Z., & Buchanan, F.R. (2016). Choices of destination for transnational higher education: "Pull" factors in an Asia Pacific market. *Educational Studies, 42*(2), 163-180. https://doi.org/10.1080/03055698.2016.1152171

Ahmad, S.Z., & Hussain, M. (2017). An investigation of the factors determining student destination choice for higher education in the United Arab Emirates. *Studies in Higher Education, 42*(7), 1324-1343. https://doi.org/10.1080/03075079.2015.1099622

Ahmed, A. (2010, September 21). Branch campuses forced to move out. *KHDA News.* https://web.khda.gov.ae/en/About-Us/News/2010/Branch-campuses-forced-to-move-out-of-Dubai

Akli, M. (2012). The role of study-abroad students in cultural diplomacy: Toward an international education as soft action. *International Research and Review: Journal of Phi Beta Delta, 2*(1), 32-48.

Aleles, J. (2015). Japan's Global 30 program: The push and pull factors of international student mobility. *International Journal of Learning, Teaching and Educational Research, 13*(2), 55-65.

Altbach, P.G. (2004). Higher education crosses borders: Borders: Can the United States remain the top destination for foreign students? *Change: The Magazine of Higher Learning, 36*(2), 18-25. https://doi.org/10.1080/00091380409604964

Altbach, P.G. (2010). Why branch campuses may be unsustainable. *International Higher Education,* 58, 2-3.

Altbach, P.G. (2012). The globalization of college and university rankings. *Change: The Magazine of Higher Learning, 44*(1), 26-31. https://doi.org/10.1080/00091383.2012.636001

Altbach, P.G., & Bassett, R. (2004). The brain trade. *Foreign Policy, 44,* 30-31.

Altbach, P.G., & Lulat, Y. (1985). International students in comparative perspective: Toward a political economy of international study. In P.G. Altbach, D.H. Kelly, & Y. Lulat (Eds.), *Research on foreign student and international study: An overview and bibliography* (pp.1-65). Praeger.

American Council on Education. (2014). *Mapping international joint and dual degrees: U.S. program profiles and perspective.* https://www.acenet.edu/Documents/Mapping-International-Joint-and-Dual-Degrees.pdf

American University in Cairo. (2023). *Edinburgh business school MBA.* Retrieved December 12, 2023, from https://business.aucegypt.edu/execed/individual-programs/manage ment/edinburgh-business-school-mba

Aminu, N., Pon, K., Ritchie, C., & Ivanov, S. (2022). Student motivation and satisfaction: Why choose an international academic franchise programme rather than a home one? *International Journal of Training and Development, 26*, 407-426. https://doi.org/10.1111/ijtd.12263

Arab Open University (AOU). (2022). *Arab Open University*. Retrieved December 12, 2023, from https://www.arabou.edu.kw/Pages/default.aspx

Arum, S., & Vande Water, J. (1992). The need for definition of international education in U.S. universities. In C.B. Klasek (Ed.), *Bridges to the future: Strategies for internationalizing higher education* (pp.191-203). Association of International Education Administrators.

Ashizawa, S. (2023). Changing certification modalities: The Tokyo Convention and its impacts. In S. Ashizawa, & D.E. Neubauer (Eds.), *Student and skilled labour mobility in the Asia Pacific region: Reflecting the emerging fourth industrial revolution* (pp.193-213). Palgrave Macmillan.

Association of American Colleges and Universities (AAC&U). (2012). *A crucible moment: college learning & democracy's future*. https://www.aacu.org/sites/default/files/files/crucible/Crucible_508F.pdf

Association of American Colleges and Universities (AAC&U). (2014). *Introduction to LEAP: Liberal education & America's promise: Excellence for everyone as a nation goes to college*. https://cdn.carleton.edu/uploads/sites/527/2020/08/Introduction_to_LEAP.pdf

Australian Government Department of Education. (2014). *Transnational education in the higher education sector*. https://internationaleducation.gov.au/research/Research-Snapshots/Documents/Transnational%20education_HE_2013.pdf

Bamber, P.M. (2016). *Transformative education through international service-learning: Realising an ethical ecology of learning*. Routledge.

Basow, S.A., & Gaugler, T. (2017). Predicting adjustment of U.S. college students studying abroad: Beyond the multicultural personality. *International Journal of Intercultural Relations, 56*, 39-51. https://doi.org/10.1016/j.ijintrel.2016.12.001

Bateman, P. (2008). The African Virtual University. In H. H. Adelsberger, Kinshuk, J. Pawlowski, & D.G. Sampson (Eds.), *Handbook on information technologies for education and training (2nd edition)* (pp.439-461). Springer.

Becker, J.M. (1969). *An examination of objectives, needs and priorities in international education in U.S. secondary and elementary schools: Final report project No. 6-2908*. U.S. Department of Health, Education & Welfare, Office of Education.

Becker, R. (2009). *International branch campuses: Markets and strategies*. The Observatory on Borderless Higher Education.

Beelen, J., & Jones, E. (2015). Redefining internationalization at home. In A. Curaj et al. (Eds.), *The European higher education area* (pp.59-72). Springer.

Beneitone, P., & El-Gohary, A. (2017). Regionalization of African higher education. In J. Knight, & E.T. Woldegiorgis (Eds.), *Regionalization of higher education in Africa* (pp.151-159). Sense Publishers.

Bennett, M.J. (1993). Towards ethnorelativism: A developmental model of intercultural sensitivity. In R.M. Paige (Ed.), *Education for the intercultural experience* (2nd ed.) (pp.21-71). Intercultural Press.

Bennett, M.J. (2017). Developmental model of intercultural sensitivity. In Y. Kim (Ed.), *The *international encyclopedia of intercultural communication* (pp.1-10). John Wiley & Sons.

Berquist, B. (2018). Development of the international internship industry. In B. Berquist, K. Moore, & J. Milano (Eds.), *International internships: Mission, methods & models: A collection from the global internship conference* (pp.15-40). Academic Internship Council.

Berquist, B., & Moore.K. (2018). Preface. In B. Berquist, K. Moore, & J. Milano (Eds.), *International internships: Mission, methods & models: A collection from the global internship conference* (pp.8-13). Academic Internship Council.

Bevis, T.B. (2019). *A world history of higher education exchange: The legacy of American scholarship.* Palgrave Macmillan.

Bevis, T.B., & Lucas, C.J. (2007). *International students in American colleges and universities A history.* Palgrave Macmillan.

Bloom, M., & Miranda, A. (2015). Intercultural sensitivity through short-term study abroad. *Language and Intercultural Communication, 15*(4), 567-580. https://doi.org/10.1080/14708 477.2015.1056795

Bohm, A., Davis, D., Meares, D., & Pearce, D. (2002). *Global student mobility 2025: Forecasts of the global demand for international higher education.* IDP Education.

Bologna Follow-up Group (BFUG) (2007). *Bologna Process stocktaking report 2007.* https:// www.ehea.info/media.ehea.info/file/20070417-18_Berlin/66/6/BFUG11_4_WG-Stocktaking_ReportDraft_585666.pdf

Brandenburg, U., Berghoff, S., & Taboadela, O. (2014). *The Erasmus impact study - Effects of mobility on the skills and employability of students and the internationalisation of higher education institutions,* European Commission, Directorate-General for Education, Youth, Sport and Culture Publications Office. https://data.europa.eu/doi/10.2766/75468

Brandenburg, U., de Wit, H., Jones, E., Leask, B., & Drobner, A. (2020). *Internationalisation in higher education for society (IHES): Concept, current research and examples of good practice.* DAAD. https://static.daad.de/media/daad_de/pdfs_nicht_barrierefrei/der-daad/analysen-studien/daad_s15_studien_ihes_web.pdf

Breaden, J. (2014). Global attributes or local literacy? International students in Japan's graduate employment system. *Japan Forum, 26*(4), 417-440. https://doi.org/10.1080/0955 5803.2013.865661

Bretag, T., & van der Veen, R. (2017). 'Pushing the boundaries': Participant motivation and self-reported benefits of short-term international study tours. *Innovations in Education and Teaching International, 54*(3), 175-183. https://doi.org/10.1080/14703297.2015.1118397

Brey, M. (2010). Comparative education and international education in the history of compare: boundaries, overlaps and ambiguities. *Compare: A Journal of Comparative and International Education, 40*(6), 711-725. https://doi.org/10.1080/03057925.2010.523224

Bringle, R.G., & Hatcher, J.A. (1995). A service-learning curriculum for faculty. *Michigan Journal of Community Service-Learning, 2*(1), 112-122.

Bringle, R.G., & Hatcher, J.A. (2011). International service learning. In R.G. Bringle, J.A. Hatcher, & S.G. Jones (Eds.), *International service learning: Conceptual frameworks and research (IUPUI Series on Service Learning Research, 1).* Stylus Publishing.

British Council. (2012). *The shape of things to come: Higher education global trends and emerging opportunities.* https://www.britishcouncil.org/sites/default/files/the_shape_of_

things_to_come_-_higher_education_global_trends_and_emerging_opportunities_to_2020. pdf

Brown, H. (2017). English-medium instruction in Japanese universities: History and perspectives. *JALT2017 Language Teaching in a Global Age*, 273-278.

Brownell, J., & Swaner, L.E. (2009). High-impact practices: Applying the learning outcomes Literature to the development of successful campus programs. *Peer Review, 11*(2), 26-30.

Bruhn-Zass, E. (2022). Virtual internationalization to support comprehensive internationaliza tion in higher education. *Journal of Studies in International Education, 26*(2), 240-258. https://doi.org/10.1177/10283153211052776

Butts, R.F. (1963). *American education in international development*. Harper & Row Publishers.

Cambridge, J. (2012). International education research and the sociology of knowledge. *Journal of Research in International Education, 11*(3), 230-244. https://doi.org/10.1177/14752409 12461988

Cambridge, J., & Thompson, J. (2004). Internationalism and globalization as contexts for international education. *Compare, 34*(2), 161-175. https://doi.org/10.1080/03057920420002 13994

Campbell, P.J., MacKinnon, A., & Stevens, S. R.. (2010). *An introduction to global studies*. Wiley-Blackwell.

Campus Compact. (2021a). *What we do*. Retrieved December 17, 2023, from https://compact. org/about/what-we-do

Campus Compact. (2021b). *Service-learning*. Retrieved December 17, 2023, from https:// compact.org/initiatives/service-learning/

Canadian Bureau of International Education (CBIE). (2014). *A world of learning: Canada's performance and potential in internatinal education.* https://cbie.ca/wp-content/up loads/2016/05/CBIE-Flagship-2014-E-WEB-RES-final.pdf

Chan, S.C.F., Ngai, G., Yau, J.I.I.Y., & Kwan, K.P. (2021). Impact of international service-learning on students' global citizenship and intercultural effectiveness development. *International Journal of Research on Service-Learning and Community Engagement, 9*(1), 1-13. https:// doi.org/10.37333/001c.31305

Chan, S.C.F., Ngai, G., Yau, J.H.Y., & Kwan, K.P. (2022). Enhancing the impacts of international service-learning on intercultural effectiveness and global citizenship development through action research. *Educational Action Research, 30*(3), 526-541. https://doi.org/10. 1080/09650792.2020.1860106

Cisse, S. Y. (1986). *Education in Africa in the light of the Harare Conference, 1982.* https:// unesdoc.unesco.org/ark:/48223/pf0000064185

Conrad, H., & Meyer-Ohle, H. (2019). Overcoming the ethnocentric firm? - Foreign fresh university graduate employment in Japan as a new international human resource development method. *International Journal of Human Resource Management, 30*(17), 2525-2543. https://doi.org/10.1080/09585192.2017.1330275

Craciun, D., Kaiser, F., Kottmann, A., & van der Meulen, B. (2023). *The European Universities Initiative: First lessons, main challenges and perspectives.* https://www.europarl.europa. eu/RegData/etudes/STUD/2023/733105/IPOL_STU(2023)733105_EN.pdf

Cross-Border Education Research Team (C-BERT). (2023). *International campuses: Updated March 2023*. Retrieved March 17, 2024, from https://www.cbert.org/intl-campus

Crowther, P., Joris, M., Otten, M., Nilsson, B., Teekens, H., & Wächter, B. (2000). *Internationalisation at home: A position paper*. European Association for International Education.

Cummings, W. (1993). Global trends in oversea study. In C.D. Goodwin (Ed.), *International investment in human capital: Oversea education for development* (pp.31-46). Institute of International Education.

Czerwionka, L., Artamonova, T., & Mara Barbosa, M. (2015). Intercultural knowledge development: Evidence from student interviews during short-term study abroad. *International Journal of Intercultural Relations, 49*, 80-99. https://doi.org/10.1016/j.ijintrel.2015.06.012

De Bel-Air, F. (2018). *Demography, migration, and the labour market in the UAE*. Gulf Research Center. https://gulfmigration.grc.net/media/pubs/exno/GLMM_EN_2018_01.pdf

Deardorff, D. K. (2004). *The identification and assessment of intercultural competence as a student outcome of internationalization at institutions of higher education in the United States*. (Publication No. 3128751) [Doctoral dissertation, University of North Carolina]. ProQuest Dissertations Publishing.

Deardorff, D.K. (2006). Identification and assessment of intercultural competence as a student outcome of internationalization. *Journal of Studies in International Education, 10*(3), 241-266. https://doi.org/10.1177/1028315306287002

Deardorff, D.K. (2009). Synthesizing conceptualizations of intercultural competence: A summary and emerging themes. In D.K. Deardorff (Ed.), *The SAGE handbook of intercultural competence* (pp.264-269). SAGE Publications.

Deardorff, D.K. (2017). The big picture: Reflections on the role of international educational exchange in peace and understanding. In J. Mathews-Aydinli (Ed.), *International education exchanges and intercultural understanding: Promoting peace and global relations* (pp.11-20). Palgrave Macmillan.

DeJordy, R., Milevoj, E., Schmidtke, J.M., & Bommer, W.H. (2020). The success of short-term study abroad programs: A social networks perspective. *Journal of International Education in Business, 13*(1), 73-86. https://doi.org/10.1108/JIEB-08-2019-0039

Demetry, C., & Vaz, R. (2017). Influence of an education abroad program on the intercultural sensitivity of stem undergraduates: A mixed methods study. *Advances in Engineering Education, 6*, 1-32.

Department of Higher Education and Training. (2017). Draft policy framework for the internationalization of higher education in South Africa. *Government Gazette, 28*. http://www.dhet.gov.za/Policy%20and%20Development%20Support/Draft%20Policy%20framework%20for%20the%20internalisation%20of%20Higher%20Education%20in%20Suth%20Africa.pdf

de Wit, H. (2018). The Bologna Process and the wider world of higher education: The cooperation competition paradox in a period of increased nationalism. In A. Curaj et al. (Eds.), *European higher education area: The impact of past and future policies* (pp.15-22).

Springer.

de Wit, H. (2024). 'Everything that quacks is internationalization' - Critical reflections on the evolution of higher education internationalization. *Journal of Studies in International Education, 28*(1), 3-14. https://doi.org/10.1177/10283153231221655

de Wit, H., Hunter F., Howard L., & Egron-Polak E. (Eds.). (2015). *Internationalization of higher education.* European Parliament, European Union.

de Wit, H., & Knight, J. (1999). *Quality and Internationalisation in Higher Education.* OECD Publishing.

de Wit. H., & Merkx, G. (2022). The history of internationalization of higher education. In D.K. Deardorff, H. de Wit, B. Leask, & H. Charles (Eds.), *The handbook of international higher education* (pp. 23-52). Stylus Publishing.

Di Pietro, G. (2019). University study abroad and graduates' employability. *IZA World of Labor 2019, 109.* https://doi.org/10.15185/izawol.109.v2

Dolby, N., & Rahman, A. (2008). Research in international education. *Review of Educational Research, 78*(3), 676-726. https://doi.org/10.3102/0034654308320291

Dubai Free Zones. (2020). *Dubai International Academic City (DIAC).* Retrieved December 4, 2023, from https://www.uaefreezones.com/dubai_international_academic_city_free_zone.html

Dubai International Academic City (DIAC). (2021). *University pogramme guide.* Retrieved December 4, 2023, from https://diacedu.ae/-/media/Project/TECOM/Media/DIAC/DESKTOP/Media/Downloads/Download-Files/DIAC-Guide-2020.pdf

Dunne, C. (2013). Exploring motivations for intercultural contact among host country university students: An Irish case study. *International Journal of intercultural Relations, 37*, 567-578. https://doi.org/10.1016/j.ijintrel.2013.06.003

Egron-Polak, E., & Hudson, R. (2014). *Internationalization of higher ducation: Growing expectations, fundamental values: IAU 4th Global Survey.* International Association Universities.

Engel, C. (2010). The impact of Erasmus mobility on the professional career: Empirical results of international studies on temporary student and teaching staff mobility. *Belgeo, 4*(4), 351-363. https://doi.org/10.4000/belgeo.6399

Engle, L., & Engle, J. (2004). Assessing language acquisition and intercultural sensitivity development in relation to study abroad program design. *Frontier: The Interdisciplinary Journal of Study Abroad, X*, 219-236. https://doi.org/10.36366/frontiers.v10i1.142

Europe Engage. (2019). *Europe Engage.* Retrieved December 17, 2023, from https://www.eoslhe.eu/europe-engage/

European Commission. (2017). *From Erasmus to Erasmus +: A story of 30 years.* https://ec.europa.eu/commission/presscorner/detail/en/MEMO_17_83

European Commission. (2019). *Erasmus Plus programme guide (version 2, 2019).* https://erasmus-plus.ec.europa.eu/sites/default/files/erasmus-plus-programme-guide-2019_en_1.pdf

European Commission. (2020). *Education & training monitor 2020.* https://op.europa.eu/en/publication-detail/-/publication/92c621ce-2494-11eb-9d7e-01aa75ed71a1/language-en

European Commission. (2022a). *Erasmus + annual report 2021.* https://op.europa.eu/en/

publication-detail/-/publication/ff16650b-7b6e-11ed-9887-01aa75ed71a1

European Commission. (2022b). *Erasmus + programme guide.* (version 1, 2022). https://erasmusplus.ec.europa.eu/programme-guide/erasmusplus-programme-guide

European Commission. (2022c, July 27). *44 European universities to cooperate across borders and disciplines.* Retrieved December 17, 2023, from https://education.ec.europa.eu/news/44-european-universities-to-cooperate-across-borders-and-disciplines

European Commission. (2023). *About the initiative.* Retrieved December 15, 2023, from https://education.ec.europa.eu/education-levels/higher-education/european-universities-initiative

European Communities. (1974). *Education in the European Community (Communication from the Commission to the Council, presented on 11 March 1974).* http://aei.pitt.edu/5593/1/5593.pdf

European Education and Culture Executive Agency. (Eurydice). (2020). *European Higher Education Area in 2020: Bologna process implementation report.* https://op.europa.eu/en/publication-detail/-/publication/c90aaf32-4fce-11eb-b59f-01aa75ed71a1/language-en

European Higher Education Area. (EHEA). (1999). *The Bologna Declaration of 19 June 1999: Joint declaration of the European ministers of education.* https://www.ehea.info/Upload/document/ministerial_declarations/1999_Bologna_Declaration_English_553028.pdf

European Quality Assurance Register for Higher Education (EQAR). (2022). *Reliable information on quality of European higher education and its assurance.* Retrieved December 17, 2023, from https://www.eqar.eu/

European Students' Union & the Erasmus Student Network. (2022). *Bringing the student perspective to the debate on mobility, virtual exchange and blended learning.* www.esn.org/sites/default/files/news/esn_esu_policy_paper_-_mobility_and_virtual_blended_activities.pdf

European Union. (EU). (2015). *ECTS users' guide.* https://education.ec.europa.eu/sites/default/files/document-library-docs/ects-users-guide_en.pdf

European Union. (EU). (2022). *Diploma supplement example: Germany.* https://europa.eu/europass/system/files/2022-05/dsupplementexamples-en.pdf

Evidence-Validated Online Learning Through Virtual Exchange (EVOLVE). (2018). *What is virtual exchange?* Retrieved December 17, 2023, from https://evolve-erasmus.eu/about-evolve/what-is-virtual-exchange/

Fantini, A. (2009). Assessing intercultural competence. In D.K. Deardorff (Eds), *The SAGE handbook of intercultural competence* (pp.456-476). SAGE Publications.

Farrugia, C., & Sanger, J. (2017). *Gaining an employment Edge: The impact of study abroad on 21st century skills & career prospects in the United States, 2013-2016.* Institute of International Education.

Fielden, J., Middlehurst, R., & Woodfield, S. (2007). *Global horizons for UK universities.* The Council for Industry and higher education.

Fraser, S. (1967). International and comparative education. *Review of Educational Research, 37*(1), 57-73. https://doi.org/10.3102/00346543037001057

Furco, A. (1996). Service learning: A balanced approach to experiential education. In B. Taylor, & Corporation for National Service (Eds.), *Expanding boundaries: Serving and learning* (pp.2-6). Corporation for National Service. https://digitalcommons.unomaha.edu/

slceslgen/128/

Furco, A., & Norvell, K. (2019). What is service learning? Making sense of the pedagogy and practice. In P. Aramburuzabala, L. McIlrath, & H. Opazo (Eds.), *Embedding service learning in European hgher education: Developing a culture of civic Engagement* (pp. 13-35). Routledge.

Gabriels, W., & Benke-Åberg, R. (2020). *Student exchanges in times of crisis: Research report on the impact of COVID-19 on student exchanges in Europe.* Erasmus Student Network. https://esn.org/sites/default/files/news/student_exchanges_in_times_of_crisis_-_esn_research_report_april_2020.pdf

Garrett, R., Kinser, K., Lane, J.E., & Merola, R. (2017). *International branch campuses: success factors of mature IBC 2017.* The Observatory on Borderless Higher Education.

German University in Cairo. (2023). *About GUC.* Retrieved November 22, 2023, from https://www.guc.edu.eg/en/about_guc/

Gilin, B., & Young, T. (2009). Educational benefits of international experiential learning in an MSW program. *International Social Work, 52*(1), 36-47. https://doi.org/10.1177/0020872808093347

Goertler, S., & Schenker, T. (2021). *From study abroad to education abroad: Language proficiency, intercultural competence, and diversity.* Routledge.

Golden, G., Kato, K., & Weko, T. (2021). *Micro-credential innovations in higher education: Who, What and Why?* OECD Publishing. https://www.oecd-ilibrary.org/docserver/f14ef041-en.pdf?expires=1702968869&id=id&accname=guest&checksum=13F2E9D2E442EBE9ED86D96E506A2E7C

Goldstein, S. B. (2022). A systematic review of short-term study abroad research methodology and intercultural competence outcomes. *International Journal of Intercultural Relations, 87,* 26-36. https://doi.org/10.1016/j.ijintrel.2022.01.001

González, J., & Wagenaar, R. (2008). *Universities' contribution to the Bologna Process: An introduction (2ⁿᵈ Edition).* Publicaciones de la Universidad de Deusto. https://tuningacademy.org/wp-content/uploads/2014/02/Universities-Contribution_EN.pdf

Goodman, A.E. (1996, February 16). What foreign students contribute. *The Chronicle of Higher Education.* Retrieved November 28, 2023, from https://www.chronicle.com/article/what-foreign-students-contribute/

Government of Dubai. (2023). *Number of population estimated by nationality- Emirate of Dubai (2022-2020).* Retrieved December 4, 2023, from https://www.dsc.gov.ae/Report/DSC_SYB_2022_01_03.pdf

Graber, M., & Bolt, S. (2011). The delivery of business courses via the African Virtual University: a case study. *Open Learning, 26*(1), 79-86. https://doi.org/10.1080/02680513.2011.538566

Gullahorn J.T., & Gullahorn, J.E. (1963). An extension of the U-Curve hypothesis. *Journal of Social Issues, 19*(3), 33-47. https://doi.org/10.1111/j.1540-4560.1963.tb00447.x

Gunn, A. (2020). The European Universities Initiative: A study of alliance formatio in higher education. In A. Craj, L. Deca, & R. Pricopie (Eds.), *European Higher Education Area: Challenges for a new decade* (pp.13-30). Springer.

Hammer, M.R. (2011). Additional cross-cultural validity testing of the Intercultural Development Inventory. *International Journal of Intercultural Relations*, 35, 474-487. https://doi.org/10.1016/j.ijintrel.2011.02.014

Hammer, M.R. (2013). *A resource guide for effectively using the Intercultural Development Inventory (IDI)*. IDI, LLC.

Hanada, S. (2013). International branch campuses in the United Arab Emirates and Qatar: commonalities, differences and open questions. *Comparative Education, 47*, 121-139. https://doi.org/10.5998/jces.2013.47_121

Hanada, S. (2019). A Quantitative Assessment of Japanese Students' Intercultural Competence Developed Through Study Abroad Programs. *Journal of International Student, 9*(4), 1015-1037. https://doi.org/10.32674/jis.v9i4.391

Hanada, S. (2022). *International Higher Education in Citizen Diplomacy*. Palgrave Macmillan.

Hanada, S. (2023). Reassessing the overall trends of the push and pull factors in student mobility under the Work 4.0 Framework. In S. Ashizawa & D.E. Neubauer (Eds.), *Student and skilled labour mobility in the Asia Pacific region: Reflecting the emerging Fourth Industrial Revolution* (pp.109-128). Palgrave Macmillan.

Hanada, S., & Pappano, A. P. III. (2023). Cultural barriers of international students employability in Japan. In J.K.N. Singh, R.L. Raby, & K. Bista (Eds.), *International student employability: Narratives of strengths, challenges, and strategies about Global South students* (pp.173-185). Springer.

Harrison, N. (2015). Practice, problems and power in 'internationalisation at home': critical reflections on recent research evidence. *Teaching in Higher Education, 20*(4), 412-430. https://doi.org/10.1080/13562517.2015.1022147

Hawkins, J.N., Mok, K.H., & Neubauer, D.E. (Eds.). (2012). *Higher education regionalization in Asia Pacific: Implications for governance, citizenship and university transformation*. Palgrave Macmillan.

Hayden, M. (2006). *Introduction to international education*. SAGE Publications.

Hayden, M., Thompson, J., & Walker, G. (2002). *International education in practice: Dimensions for schools and international schools*. Routledge.

Hayes, A. (2018). GIC debate: Introduction. In B. Berquist, K. Moore, & J. Milano (Eds.), *International internships: Mission, methods & models: A collection from the global internship conference* (pp.64-74). Academic Internship Council.

Helms, R., Bjkovic, L., & Struthers, B. (2017). *Mapping internationalization on US campuses 2017 edition*. American Council on Education. https://www.acenet.edu/Documents/Mapping-Internationalization-2017.pdf

Hermond, D., Vairezm, M. R., Jr., & Tanner, T. (2018). Enhancing the cultural competency of prospective leaders via a study abroad experience. *Administrative Issues Journal, 8*(1), 18-27.

Higher Education Statistics Agency (HESA). (2014, February 14). *Students in higher education institutions 2012/2013*. Retrieved November 21, 2023, from https://www.hesa.ac.uk/news/13-02-2014/students-overseas

Hill, I. (2012). Evolution of education for international mindedness. *Journal of Research in International Education, 11*(3), 245-261. https://doi.org/10.1177/1475240912461990

Hodge, D.C., Baxter Magolda, M.B., & Haynes, C.A. (2009). Engaged learning: Enabling selfauthorship and effective practice. *Liberal Education, 95*(4), 16-22.

Hodson, P.J., & Thomas, H.G. (2001). Higher education as an international commodity: Ensuring quality in partnerships. *Assessment & Evaluation in Higher Education, 26*(2), 101-112. https://doi.org/10.1080/02602930020018944

Hormeyr, A. S. (2023). Intercultural competence development through cocurricular and extracurricular at-home programs in Japan. *Journal of Studies in International Education, 27*(3), 363-386. https://doi.org/10.1177/10283153211070110

Hou, J., & McDowell, L. (2014). Learning together? Experiences on a China–U.K. articulation program in engineering. *Journal of Studies in International Education, 18*(3), 223-240. https://doi.org/10.1177/1028315313497591

House of Commons Library. (2024, Februrary 23). *Student loan fraud in franchised universities and colleges.* https://commonslibrary.parliament.uk/student-loan-fraud-in-franchised-universities-and-colleges/

Hudzik, J.H. (2011). *Comprehensive internationalization: From concept to action.* Association of International Educators.

Hudzik, J.H. (2020). *Post-COVID higher education internationalization.* NAFSA. www.nafsa.org/professional-resources/research-and-trends/post-covid-higher-education-internationalization

Hudzik, J.H., & McCarthy, J.S. (2012). *Leading comprehensive internationalization: Strategy and tactics for action.* Association of International Educators.

ICEF Monitor. (2017, April 5). *Measuring up: Global market share and national targets in international education.* Retrieved November 28, 2023, from https://monitor.icef.com/2017/04/measuring-global-market-share-national-targets-international-education/

ICEF Monitor. (2018, February 21). *South Korea: Record growth in international student enrolment.* Retrieved November 28, 2023, from https://monitor.icef.com/2018/02/south-korea-record-growth-international-student-enrolment/

IDR Institute. (2018). The Developmental model of intercultural sensitivity: Summary by Milton J. Bennett, Ph.D. (Revised 2014). https://www.idrinstitute.org/dmis/

Institute of International Education (IIE). (2022). *Open doors 2022: Report on international educational exchange.* https://opendoorsdata.org/wp-content/uploads/2022/11/Open Doors_Presentation_Print.pdf

International Association of Universities (IAU). (2023). *Members.* Retrieved December 3, 2023, from https://iau-aiu.net/Members

Ippolito, K. (2007). Promoting intercultural learning in a multicultural university: ideals and realities. Teaching in Higher Education, 12(5-6), 749-763. https://doi.org/10.1080/1356251 0701596356

Iskhakova, M., & Bradly. A. (2022). Short-term study abroad research: A systematic review 2000-2019. *Journal of Management Education, 46*(2) 383-427. https://doi.org/10.1177/1052 5629211015706

Issacs, A.K. (2020). A new concept for the future EHEA. In A. Craj, L. Deca, & R. Pricopie (Eds.), *European Higher Education Area: Challenges for a new decade* (pp.375-390). Springer.

Jackson, J. (2018). *Interculturality in international education.* Routledge.

Jacoby, B. (1996). *Service-learning in higher education: Concepts and practices.* Jossey-Bass.

Jacoby, B. (2014). *Service-learning essentials: Questions, answers, and lesions learned.* Jossey-Bass.

Jon, J-E. (2013). Realizing internationalization at home in Korean higher education: Promoting domestic students' interaction with international students and intercultural competence. *Journal of Studies in International Education, 17*(4), 455-470. https://doi.org/10.1177/102 8315312468329

Kandel, I.L. (1937). Intelligent nationalism in the school curriculum. In I.L. Kandel & G.M. Whipple (eds.), *Thirty-sixth yearbook of the National Society for the Study of Education, Committee on International Understanding, part II, International understanding through the public school curriculum* (pp.35-42). Public School Publishing.

Kandel, I.L. (1955). National and international aspects of education. *International Review of Education, 1,* 5-17. https://doi.org/10.1007/BF01419785

Kane, T. (2013). Higher education in Qatar: Does a US medical school break the baroque arsenal? In G. Donn, & Y. A. Manthri (Eds.), *Education in the broader MIddle East: Borrowing a baroque arsenal* (pp.85-105). Symposium Books.

Karnow, S. (1989). *In our image: America's empire in the Philippines.* Random House Publishing Group.

Katy, J. (2015). Massive open online course completion rates revisited: Assessment, length and attrition. *International Review of Research in Open and Distributed Learning, 16*(3) 341-358. https://doi.org/10.19173/irrodl.v16i3.2112

Kehl, K.L., & Morris, J. (2007). Differences in global-mindedness between short-term and semester-long study abroad participants at selected private universities. *Frontiers: The Interdisciplinary Journal of Study Abroad, XV,* 67-79. https://doi.org/10.36366/frontiers.v15i1.217

Kerr, C. (1990) The internationalisation of learning and the nationalisation of the purposes of higher education. *European Journal of Education, 25*(1), 5-6. https://doi.org/10.2307/150 2702

Kim, Y.Y. (2001). *Becoming intercultural: An integrative theory of communication and cross-cultural adaptation.* SAGE Publications.

King, M.A., & Sweitzer, H.F. (2018). Making experience matter: The high qualityinternship. In B. Berquist, K. Moore, & J. Milano (Eds.), *International internships: Mission, methods & models: A collection from the global internship conference* (pp.42-62). Academic Internship Council.

Knight J. (1993). Internationalization: Management strategies and issues. *International Education Magazine, 9*(6), pp.21-22.

Knight, J. (2003). Updated internationalization definition. *International Higher Education, 33,* 2-3. https://doi.org/10.6017/ihe.2003.33.7391

Knight, J. (2005). *Borderless, offshore, transnational and cross-border education: Definition and data dilemmas.* The Observatory of Borderless Higher Education.

Knight, J. (2007). Internationalization brings important benefits as well as risks. *International Higher Education, 46,* 8-10. https://doi.org/10.6017/ihe.2007.46.7939

Knight, J. (2008). *Higher education in turmoil: The changing world of internationalization.*

Sense Publishing.

Knight, J. (2011). Regional education hubs: Mobility for the knowledge economy. IN R. Bhandari, & P. Blumenthal (Eds.), *International students and global mobility in Higher Education* (pp. 211-230). Palgrave Macmillan.

Knight, J. (2012a). Student mobility and internationalization: Trends and tribulations. *Research in Comparative and International Education, 7*(1), 20-33. https://doi.org/10.2304/rcie.2012.7.1.20

Knight, J. (2012b). A conceptual framework for the regionalization of higher education: Application to Asia. In J.N. Hawkins, K.H. Mok, & D.E. Neubauer (Eds.), *Higher education regionalization in Asia Pacific: Implications for governance, citizenship, and university transformation* (pp.17-35). Palgrave Macmillan.

Knight, J. (2016). Regionalization of higher education in Asia: Functional, organizational, and political approaches. In C.S. Collins, M.N.N. Lee, J.N. Hawkins, & D.E. Neubauer (Eds.), *The Palgrave handbook of Asia Pacific higher education* (pp.113-127). Palgrave Macmillan.

Knight, J. (2017). Are double/multiple degree programs leading to "discount degrees?" In G. Mihut, P.G. Altbach, & H. de Wit (Eds.), *Understanding higher education internationalization* (pp.111-113). Sense Publishers.

Knight, J. (2019). *International program and provider mobility in selected African countries: A mapping study of IPPM national policies, regulations and activities.* British Council. https://www.britishcouncil.org/sites/default/files/k003_ippm_africa_report_a4_final_web_1.pdf

Knight. J. (2021). Higher education internationalization: Concepts, rationales and frameworks. *Revista REDALINT, 1*(1), 65-88.

Knight, J. (2022). *Knowledge Diplomacy in International Relations and Higher Education.* Springer.

Knight, J., & de Wit, H. (1995). Strategies for internationalization of higher education: Historical and conceptual perspectives. In J. Knight & H. de Wit (Eds.), *Strategies for Internationalization of Higher Education: A comparative study of Australia, Canada, Europe, and the USA* (pp. 5-32). European Association for International Education.

Knight, J., & Lee, J. (2022). International joint, double, and consecutive degree programs: New developments, issues, and challenges. In B. Leask., D.K. Deardorff, H. de Wit., & H. Charles (Eds.), *The SAGE handbook of international higher education* (pp.415-428). Stylus Publishing.

Knight, J., & McNamara, J. (2017). *Transnational education: a classification framework and data collection guidelines for international programme and provider mobility (IPPM).* British Council and DAAD.

Knight, J., & Woldegiorgis, E.T. (2017). Academic mobility in Africa. In J. Knight., & E.T. Woldegiorgis (Eds.), *Regionalization of higher education in Africa* (pp.113-133). Sense Publishers.

Knowledge and Human Devekipment Authority (KHDA). (2013). *The higher education landscapein Dubai 2012.* https://www.khda.gov.ae/CMS/WebParts/TextEditor/Documents/HELandscape2012_English.pdf

Knowledge and Human Devekipment Authority (KHDA). (2016). *UQAIB: University quality assuarance international Board: Quakity assurance manual version 2.5.* https://www.khda.gov.ae/CMS/WebParts/TextEditor/Documents/UQAIB_EN.pdf

Krishnan, L.A., Diatta-Holgate, H., & Calahan, C.A. (2021). Intercultural competence gains from study abroad in India. *Teaching and Learning in Communication Sciences & Disorders, 5*(2). 1-37. https://doi.org/10.30707/TLCSD5.2.1624983591.676961

Lachelier, P., & Mueller, S.L. (2023). Citizen diplomacy. In E. Gilboa (Ed.), *A research agenda for public diplomacy* (pp. 91-105). Edward Elgar Publishing.

Lane, J.E. (2010). International branch campuses, free zones, and quality assurance: Policy issues for Dubai and the UAE. *Policy Brief, 20,* 1-8.

Lane, J.E., & Kinser, K. (2013). Five models of international branch campus facility ownership. *International Higher Education, 70,* 9-11. https://doi.org/10.6017/ihe.2013.70.8705

Lawton, B., & Sharnak, D. (2010). *The role of states in global citizen diplomacy: Roundtable.* U.S. Center for Citizen Diplomacy. https://escholarship.org/content/qt2wb6b8pn/qt2wb6b8pn.pdf?t=p4lqf5

Lawton, W., & Katsomitros, A. (2012). *International branch campuses: data and development.* The Observatory on Borderless Higher Education (OBHE).

Lawton, W., & Katsomitros, A. (2017). Global: International branch campuses expanding, geopolitical landscape changing. In G. Mihut, P.G. Altbach, & H. de Wit (Eds.), *Understanding higher education internationalization* (pp.37-39). Sense Publishers.

Leask, B. (2009). Using formal and informal curricula to improve interactions between home and international students. *Journal of Studies in International Education, 13*(2), 205-221. https://doi.org/10.1177/1028315308329786

Leask, B. (2015). *Internationalizing the curriculum.* Routledge.

Lee, J., & Negrelli, K. (2018). Cultural identification, acculturation, and academic experience abroad: A case of a joint faculty-led short-term study abroad program. *Journal of International Students, 8*(2), 1152-1172. https://doi.org/10.32674/jis.v8i2.138

Lee, K., & Bligh, B. (2019). Four narratives about online international students: a critical literature review. *Distance Education, 40*(2), 153-169. https://doi.org/10.1080/01587919.2019.1600363

Lee, K.H., & Tan, J.P. (1984). The international flow of third level lesser developed country students to developed countries: Determinants and implications. *Higher Education, 13*(6), 687-707. https://doi.org/10.1007/BF00137020

Lee, S.W. (2017). Circulating east to east: Understanding the push-pull factors of Chinese students studying in Korea. *Journal of Studies in International Education, 21*(2), 170-190. https://doi.org/10.1177/1028315317697540

Letsekha, T. (2013). Revisiting the debate on the Africanisation of higher education: An appeal for a conceptual shift. *The Independent Journal of Teaching and Learning, 8,* 5-18.

Levatino, A. (2016). Transnational higher education and international student mobility: determinants and linkage: A panel analysis of enrolment in Australian higher education. *Higher Education, 73,* 637-653. https://doi.org/10.1007/s10734-016-9985-z

Luukkonen, T. (2015). European Research Area: An evolving policy agenda. In L. Wedlin & M. Nedeva (Eds.), *Towards European science: Dynamics and policy of an evolving European research space* (pp.37-60). Edward Elgar Publishing.

Lysgaard, S. (1955). Adjustment in a foreign society: Norwegian Fulbright grantees visiting the United States. *International Social Science Bulletin, 7*, 45-51.

Marginson, S. (2023). *Hegemonic ideas Are not always right: On the definition of 'internationalisation' of higher education*. Working paper 96. Centre for Global Higher Education, Department of Education, University of Oxford.

Marinoni, G. (2019). *Internationalization of higher education: An evolving landscape, locally and globally IAU 5th Global Survey*. International Association of Universities.

Martin, J.N., & Nakayama, T. (2009). *Intercultural communication in contexts*. McGraw-Hill.

Martinez de Morentin de Goñi, J.I. (2004). *What is international education? UNESCO answers*. San Sebastian UNESCO centre. https://unesdoc.unesco.org/ark:/48223/pf0000138578

Mazzarol, T., & Soutar, G.N. (2002). "Push-pull" factors influencing international student destination choice. *International Journal of Educational Management, 16*(2), 82-90. http://dx.doi.org/10.1108/09513540210418403

McBurnie, G., & Ziguras, C. (2003). Remaking the world to our own image: Australia's efforts to liberalise trade in education services. *Australian Journal of Education, 47*(3), 217-234. https://doi.org/10.1177/000494410304700303

McIlrath, L., Aramburuzabala, P., & Opazo, H. (2019). Developing a culture of civic engagement through service learning within higher education in Europe. In P. Aramburuzabala, L. McIlrath & H. Opazo (Eds.), *Embedding service learning in European higher education: Developing a culture of civic engagement* (pp.69-80). Routledge.

McMahon, M.E. (1992). Higher education in a world market: An historical look at the global context of international study. *Higher Education, 24*, 465-482. https://doi.org/10.1007/BF00137243

Medina–López–Portillo, A. (2004). Intercultural learning assessment: The link between program duration and the development of intercultural sensitivity. *Frontiers: The Interdisciplinary Journal of Study Abroad, 10*(1), 179-200. https://doi.org/10.36366/frontiers.v10i1.141

Mestenhauser, J.A. (2000). Missing in action: Leadership for international and global education for the twenty-first century. In L.C. Barrows (Ed.), *Internationalization of higher education: An institutional perspective* (pp.23-62). UNESO.

Middle East Institute. (2010). *Viewpoint special edition: Higher education and the Middle East: Serving the knowledge-based economy*. https://www.mei.edu/sites/default/files/publications/2010.07.Education%20VPVol1.pdf

Ministry of Cabinet Affairs. (2023). *UAE vision*. Retrieved December 4, 2023 from https://uaecabinet.ae/en/uae-vision

Ministry of Education and Cultue. (2010). *Finnish education expoet strategy: Summary of the strategic lines and measures: Based on the decision-in-principle by the Government of Finland on April 24,2010*. https://julkaisut.valtioneuvosto.fi/bitstream/handle/10024/75524/okm12.pdf

Ministry of Education of the People's Republic of China. (2003). *Regulations of the People's Republic of China on Chinese-Foreign Cooperation in Running Schools*. https://www.crs.

jsj.edu.cn/news/index/3

Ministry of Foreign Affairs. (2023). *Facts and figures*. Retrieved December 4, 2023, from https://www.mofa.gov.ae/en/the-uae/facts-and-figures

Mogford, E., & Lyons, C.J. (2019). The impacts of international service learning on a host community in Kenya: Host student perspectives related to global citizenship and relative deprivation. *Frontiers: The Interdisciplinary Journal of Study Abroad, 31*(2), 86-104. https://doi.org/10.36366/frontiers.v31i2.456

Mora, E.I., Piñero, L.Á.-O., & Díaz, V.M. (2019). Developing intercultural competence in Seville outside the classroom. *Learning and teaching: The International Journal of Higher Education in the Social Sciences, 12*(3), 73-87. https://doi.org/10.3167/latiss.2019.120305

Moufahim, M., & Lim, M. (2015). The other voices of international higher education: An empirical study of students' perceptions of British university education in China. *Globalisation, Societies and Education, 13*(4), 437-454. https://doi.org/10.1080/14767724.2014.959476

NAFSA. (2023). *Trends in US study abroad*. NAFSA. Retrieved December 12, 2023, from https://www.nafsa.org/policy-and-advocacy/policy-resources/trends-us-study-abroad

NAFSA. (n.d.). *Frequently asked qurstgions (FAQs)*. Retrieved December 12, 2023, from https://www.nafsa.org/about/about-nafsa/frequently-asked-questions-faqs#:~:text=What%20does%20the%20name%20%22NAFSA,NAFSA%3A%20Association%20of%20International%20Educators

National Committee of Enquiry into Higher Education. (1997). *The Dearing Report 1997: Higher education in the learning society*. https://education-uk.org/documents/dearing1997/dearing1997.html

National Educational Association of the United States (1895). *Proceedings of the International Congress of Education of the World's Columbian Exposition: Chicago, July 25-28, 1893 (second edition)*. National Educational Association of the United States.

Ndofirepi, N., Mngomezulu, B., & Cross, M. (2017). Internationalization, regionalization and Africanization: A critical gaze. In J. Knight, & E.T. Woldegiorgis (Eds.), *Regionalization of higher education in Africa* (pp.47-65). Sense Publishers.

Nghia, T.L.H., & Quyen, V.P. (2019). The contribution of imported programs in Vietnamese universities to graduate employability development: A case study. In R. Coelen & C. Gribble (Eds.), *Internationalization and employability in higher education* (pp.163-175). Routledge.

Nguyen, A. (2017). Intercultural competence in short-term study abroad. *Frontiers: The Interdisciplinary Journal of Study Abroad, 29*(2), 109-127. https://doi.org/10.36366/frontiers.v29i2.396

Nguyen, A-M.D., Jefferies, J., & Rojas, B. (2018). Short term, big impact? Changes in self-efficacy and cultural intelligence, and the adjustment of multicultural and monocultural students abroad. *International Journal of Intercultural Relations*, 66,119-129. https://doi.org/10.1016/j.ijintrel.2018.08.001

Nightingale Mentoring Network. (n.d.). *About*. Retrieved November 28, 2023, from https://nightingalementoring.mau.se/

Nilsson, B. (2003). Internationalization at home from a Swedish perspective: The case of

Malmö. *Journal of Studies in International Education*, 7(1), 27-40. https://doi.org/10.1177/1028315302250178

Oberg, K. (1960). Cultural shock: Adjustment to new cultural environments. *Missiology: An International Review, os-7*(4), 177-182. https://doi.org/10.1177/009182966000700405

O'Dowd, R. (2023). *Internationalising higher education and the role of virtual exchange*. Routledge.

OECD. (2012). *Education at a glance 2012: OECD indicators*. OECD Publishing.

OECD. (2016). *Global competency for an inclusive world*. https://gisigpl.files.wordpress.com/2017/12/global-competency-for-an-inclusive-world.pdf

O'Leary, S. (2018). Internships and graduate employability. In B. Berquist, K. Moore, & J. Milano (Eds.), *International internships: Mission, methods & models: A Collection from the Global Internship Conference* (pp.108-123). Academic Internship Council.

Ota, H., Shimmi, Y., & Hoshino, A. (2023). International education and ICT during and Post-COVID-19: Japan's experiences and perspectives. In A.W. Wiseman, C. Matherly, & M. Crumley-Effinger (Eds.), *Internationalization and imprints of the pandemic on higher education worldwide* (pp.229-248). Emerald Publishing.

Overmann, C., & Kuder, M. (2020). Partnerships and joint programs in higher education, management of. In P.N. Teixeira, & J.C. Shin (Eds.), *The international encyclopedia of higher education systems and institutions* (p.2182). Routledge.

Oxford University. (Dec. 1, 2022). *Facts and figures - Full version*. Retrieved November 17, 2023 from https://www.ox.ac.uk/about/facts-and-figures/full-version-facts-and-figures#:~:text=Oxford%20international,and%2065%25%20of%20graduate%20students

Padlee, S.F., Kamaruddin, A.R., & Baharun, R. (2010). International students' choice behavior for higher education at Malaysian private universities. *International Journal of Marketing Studies, 2*(2), 202-211. https://doi.org/10.5539/ijms.v2n2p202

Paige, M.R., Fry, G., Stallman, E., & Josić, J. (2009). Study abroad for global engagement: The long-term impact of mobility experiences. *Intercultural Education*, 20 (supl): S29-S44. https://doi.org/10.1080/14675980903370847

Paschalidis, G. (2009). Exporting national culture: Histories of cultural institutes abroad. *International Journal of Cultural Policy, 15*(3), 275-289. http://dx.doi.org/10.1080/10286630902811148

Peacock, N., & Harrison, N. (2009). "It's so much easier to go with what's easy": "Mindfulness" and the discourse between home and international students in the United Kingdom. *Journal of Studies in International Education, 13*(4), 487-508. https://doi.org/10.1177/1028315308319508

Peng, A. C., van Dyne, L., & Oh, K. (2015). The influence of motivational cultural intelligence on cultural effectiveness based on study abroad. *Journal of Management Education, 39*(5), 572-596. https://doi.org/10.1177/1052562914555717

Pépin, L. (2007). The history of EU cooperation in the field of education and training: How lifelong learning became a strategic objective. *European Journal of Education, 42*(1), 121-132. https://doi.org/10.1111/j.1465-3435.2007.00288.x

Perraton, H. (2014). *A history of foreign students in Britain*. Palgrave Macmillan.

Perraton, H. (2020). *International students 1860-2010: Policy and practice round the world*.

Palgrave Macmillan.

Perry, L. B., & Tor, Gh. (2008). Understanding educational transfer: Theoretical perspectives and conceptual frameworks. *Prospects, 38*, 509-526. https://doi.org/10.1007/s11125-009-9092-3

Phillips, D., & Ochs, K. (2003). Processes of policy borrowing in education: some explanatory and analytical devices. *Comparative Education, 39*(4), 451-461. https://doi.org/10.1080/0305006032000162020

Pietsch, T. (2013). *Empire of scholars: Universities, networks and the British academic world 1850-1939*. Manchester University Press.

Pittarello, S., Beaven, A., & Van der Heijden, C. (2021). *Scenarios for the integration of virtual exchange in higher education*. FRAMES Project. https://zenodo.org/record/5573614

Plater, W.M., Jones, S.G., Bringle, R.G., & Clayton, P.H. (2009). Educating globally competent citizens through international service learning. In R. Lewin (Ed.), *The handbook of practice and research in study abroad: Higher education and the quest for global citizenship* (pp.432-450).

Pon, K., & Ritchie, C. (2014). International academic franchises: Identifying the benefits of international academic franchise provision. *London Review of Education, 12*(1), 104-120.

Porcaro, D. (2009). Arab open and virtual universities. *International Higher Education, 54*, 23-25. https://doi.org/10.6017/ihe.2009.54.8408

Porges-Brodsky, E. (1981). The grand tour travel as an educational device 1600-1800. *Annals of Tourism Research, 8*(2), 171-186. https://doi.org/10.1016/0160-7383(81)90081-5

Prieto-Flores, Ò., Feu, J., & Casademont, X. (2016). Assessing intercultural competence as a result of internationalization at home efforts: A case study from the Nightingale Mentoring Program. *Journal of Studies in International Education, 20*(5), 437-453. https://doi.org/10.1177/1028315316662977

Pyvis, D., & Chapman, A. (2007). Why university students choose an international education: A case study of Malaysia. *International Journal of Educational Development, 27*, 235-246. https://doi.org/10.1016/j.ijedudev.2006.07.008

Quacquarelli Symonds. (QS). (2020a). *How COVID-19 is impacting prospective international students across the globe: Discover how prospective international students in China, India, the European Union, and North America are responding to the coronavirus crisis*. https://www.qs.com/reports-whitepapers/how-covid-19-is-impacting-prospective-international-students-across-the-globe/

Quacquarelli Symonds. (QS). (2020b). *International student survey: Global opportunities in the new higher education paradigm*. https://info.qs.com/rs/335-VIN-535/images/QS_EU_Universities_Edition-International_Student_Survey_2020.pdf

Reillon, V. (2016). *The European Research Area: Evolving concept, implementation challenges*. European Union. https://www.europarl.europa.eu/RegData/etudes/IDAN/2016/579097/EPRS_IDA(2016)579097_EN.pdf

Rodriguez, S. R., & Chornet-Roses, D. (2014). How 'family' is your host family?: An examination of student-host relationships during study abroad. *International Journal of Intercultural Relations, 39*, 164-174. https://doi.org/10.1016/j.ijintrel.2013.11.004

Romani, V. (2009). *The politics of higher education in the Middle East: Problems and prospects.* Brandeis University, Crown Center for Middle East Studies. https://knowledge4all.com/admin/Temp/Files/8f171ef1-674e-4972-8e88-6117ff7cbcc8.pdf

Ruben, B.D. (1976). Assessing communication competency for intercultural adaptation. *Group and Organization Studies, 1*(3), 334-354. https://doi.org/10.1177/105960117600100308

Rubin, J. (2022). Preface to an evolving international educational landscape. In J. Rubin, & S. Guth (Eds.), *The guide to COIL virtual exchange* (pp.3-18). Routledge.

Rumbley, L., Altbach, P.G., & Reisberg, L. (2012). Internationalization within the higher education context. In D.K. Deardorff, H. de Wit, H., & J.D. Heyl (Eds.), *The SAGE handbook of international higher education* (pp.3-27). SAGE Publications. https://doi.org/10.4135/9781452218397

Sabzalieva, E., Mutize, T., & Yerovi, C. (2022). *Moving minds: Opportunities and challenges for virtual student mobility in a post-pandemic world.* UNESCO International Institute for Higher Education in Latin America and the Caribbean. https://unesdoc.unesco.org/ark:/48223/pf0000380988

Scanlon, D.G. (1960). *International education: A documentary history.* Teachers College, Columbia University.

Schwab, K., Sala-i-Martin, X., & Brende, B. (2012). *The global compettiive report 2012-2013: Full data edication.* The World Economic Forum. https://www3.weforum.org/docs/WEF_GlobalCompetitivenessReport_2012-13.pdf

Shabani, J., & Okebukola, P. (2017). Qualification recognition and frameworks in Africa. In J. Knight., & E.T. Woldegiorgis (Eds.), *Regionalization of higher education in Africa* (pp.135-150). Sense Publishers.

Shabani, J., Okebukola, P., & Oyewole, O. (2017). Regionalization of quality assurance in Africa. In J. Knight., & E.T. Woldegiorgis (Eds.), *Regionalization of higher education in Africa* (pp.93-112). Sense Publishers.

Shams, F., & Huisman, J. (2016). The role of institutional dual embeddedness in the strategic local adaptation of international branch campuses: Evidence from Malaysia and Singapore. *Studies in Higher Education, 41*(6), 955-970. https://doi.org/10.1080/03075079.2014.966669

Sides, C.H, & Mrvica, A. (2007). *Internship: Theories and practice.* Baywood Publishing Company.

Siltaoja, M., Juusola, C., & Kivijärvi, M. (2019).'World-class' fantasies: A neocolonial analysis of international branch campuses. *Organization, 26*(1), 75-97. https://doi.org/10.1177/1350508418775836

Simpson, D. (2021). International joint universities: Towards a new model in international academic mobility [Doctoral dissertation, University of Toronto]. https://tspace.library.utoronto.ca/bitstream/1807/106288/2/Simpson__Diane__Lesley_202106_PhD_thesis.pdf

Snodgrass, L.L., Hass, M., & Ghahremani, M. (2021). Developing cultural intelligence: Experiential interactions in an international internship program. *Journal of Global Education and Research, 5*(2), 165-174. https://www.doi.org/10.5038/2577-509X.5.2.1078

Snow, N. (2020). Rethinking public diplomacy in the 2020s. In N. Snow & N.J. Cull (Eds.), *Routledge handbook of public diplomacy (2nd edition)* (pp.3-12). Routledge.

Söderlundh, H. (2018). Internationalization in the higher education classroom: Local policy goals put into practice. *Journal of Studies in International Education, 22*(4), 317-333. https://doi.org/10.1177/1028315318773635

Soria, K. M., & Troisi, J. (2014). Internationalization at home alternatives to study abroad: Implications for students' development of global, international, and intercultural competencies. *Journal of Studies in International Education, 18*(3), 261-280. https://doi.org/10.1177/1028315313496572

Spaulding, S., & Colucco, J. (1982). International education: A United States perspective. *European Journal of Education, 17*(2), 205-216. https://doi.org/10.2307/1502656

Stone, L. (1974). The size and composition of the Oxford student body 1580-1909. In L. Stone (Ed.), *The university in society* (pp.3-110). Princeton University Press.

Sursock, A. (2015). *Trends 2015: Learning and teaching in European universities.* European University Association. https://eua.eu/downloads/publications/trends%202015%20learning%20and%20teaching%20in%20european%20universities.pdf

Sutherland, M.B., Watson, J.K., & Crossley, M. (2007). The British Association for International and Comparative Education (BAICE). In V. Masemann, M. Bray & M. Manzon (Eds.), *Common interests, uncommon goals: Histories of the World Council of Comparative Education Societies* (pp.155-169). Springer and Comparative Education Research Centre, The University of Hong Kong.

Swaner, L.E. (2011). The theories, contexts and multiple pedagogies of engaged learning: What succeeds and why? In D.W. Haward (Ed.), *Transforming undergraduate education: Theory that compels and practices* (pp.73-90). Rowman and Littlefield.

Sweitzer, H.F., & King, M.A. (2014). *The Successful internship: Personal, professional and civic development in experimental learning (4th edition).* Brooks/Cole Pub.

Swing, E.S. (2007). The Comparative and International Education Society (CIES). In V. Masemann, M. Bray, & M. Manzon (Eds.), *Common interests, uncommon goals: Histories of the World Council of Comparative Education Societies* (pp.94-115). Springer and Comparative Education Research Centre, The University of Hong Kong.

Sylvester, R. (2002). Mapping international education: A historical survey 1893-1944. *Journal of Research in International Education, 1*(1), 90-125. https://doi.org/10.1177/147524090211005

Sylvester, R. (2015). Historical resources for research in international education (1851-1950). M. Hayden, J. Levy & J.J. Thompson (Eds.), *The SAGE handbook of research in international education* (pp.13-27). SAGE Publication.

Tan, A., Schiffmann, L., & Salden, P. (2021). *UNIC handbook on physical and virtual mobility. Teaching and learning in intercultural settings.* Ruhr Universität. https://www.unic.eu/storage/app/media/Publications%20archive/D%203.5%20UNIC%20Handbook%20on%20Physical%20and%20Virtual%20Mobility.pdf

Teichler, U. (2003). Mutual recognition and credit transfer in Europe: Experiences and problems. *Journal of Studies in International Education, 7*(4), 312-341. https://doi.org/10.1177/1028315303257118

Teichler, U., & Janson, K. (2007). The professional value of temporary study in another European country: Employment and work of former Erasmus students. *Journal of Studies in International Education, 11*(3-4), 486-495. https://doi.org/10.1177/1028315307303230

The United Arab Emirates' Government Portal. (2023). *Emiratis' employment in the private sector*. Retreived December 4, 2023 from https://u.ae/en/information-and-services/jobs/employment-in-the-private-sector/emiratis-employment-in-private-sector

Thondhlana J., Garwe E. C., de Wit H., Gacel-Ávila J., Huang F., Tamrat W. (Eds.). (2021). *The Bloomsbury handbook of the internationalization of higher education in the Global South*. Bloomsbury Academic.

Ting-Toomey, S., & Chung, L.C. (2012). *Understanding intercultural communication (second edition)*. Oxford University Press.

Tufts University. (2023). *Talloires Network of Engaged Universities: What we do*. Retrieved December 17, 2023, from https://talloiresnetwork.tufts.edu/what-we-do/

UK HE Europe Unit. (2005). *Guide to the Bologna Process*. https://www.unl.pt/data/qualidade/bolonha/guide-to-the-bologna-process.pdf

Umemiya, N., Sugimura, M., Kosaikanont, R., Nordin, N.M., & Ahmad, A. L. (2024). Impact of a consortium-based student mobility programme: The case of AIMS (Asian international mobility for students). *Journal of International Cooperation in Education, 26*(1), 49-66. https://doi.org/10.1108/JICE-08-2023-0020

UNESCO. (1974). *Recommendation concerning education for international understanding, co-operation and peace and education relating to human rights and fundamental freedoms*. http://portal.unesco.org/en/ev.php-URL_ID=13088&URL_DO=DO_TOPIC&URL_SECTION=201.html

UNESCO. (1981). *Arusha Convention on the recognition of qualifications in higher education in Africa*. UNESCO. https://unesdoc.unesco.org/ark:/48223/pf0000122316.page=2

UNESCO. (2023). *Draft revised 1974 recommendation concerning education for international understanding, cooperation, and peace and education relating to human rights and fundamental freedoms*. https://unesdoc.unesco.org/ark:/48223/pf0000386924

UNESCO/Council of Europe. (2001). *Code of good practice in the provision of transnational education*. UNESCO-CEPES.

UNESCO Institute for Statistics (UIS). (2020). *Total outbound internationally mobile tertiary students studying abroad, all countries, both sexes (number)*. Retrieved October 24, 2022, from http://data.uis.unesco.org/Index.aspx?queryid=172.

UNESCO Institute of Statistics (UIS). (2023a). *Inbound internationally mobile students by continent of origin*. Retrieved November 28, 2023, from http://data.uis.unesco.org/index.aspx?queryid=3807

UNESCO Institute of Statistics (UIS). (2023b). *Global flow of tertiary-level students*. Retrieved November 28, 2023, from https://uis.unesco.org/en/uis-student-flow

UNESCO International Bureau of Education. (1993). Jan Amos Comenius. *Prospects, XXIII* (1/2), 173-196.

United Nations Economic Commission for Africa (ECA). (1962). *Meeting of ministers of education of African countries participating in the implementation of the Addis Ababa Plan final report*. https://unesdoc.unesco.org/ark:/48223/pf0000115956

Vande Berg, M., Connor-Linton, J., & Paige, R.M. (2009). The Georgetown Consortium Project: Interventions for study abroad learning. *The Interdisciplinary Journal of Study Abroad, 18*, 1-75. https://doi.org/10.36366/frontiers.v18i1.251

Vincent-Lancrin, S., Fisher, D., & Pfotenhauer, S. (2015) *Ensuring quality in cross-border higher education: Implementing the UNESCO/OECD Guidelines.* OECD Publishing. https://doi.org/10.1787/9789264243538-en

Viðarsdóttir, U.S. (2018). Implementation of key commitments and future of the Bologna Process. In A. Craj, L. Deca & R. Pricopie (Eds.), *European Higher Education Area: The impact of past and future policies* (pp.387-400). Springer.

Virtual Exchange Coalition. (2015). *Virtual exchange coalition media kit.* http://virtualexchange coalition.org/wp-content/uploads/2015/09/VirtualExchange_MediaKit-1.pdf

Yonezawa, A., Ota, H., Ikeda, K., & Yonezawa, Y. (2023). Transformation of international university education through digitalisation during/after the COVID-19 pandemic: challenges in online international learning in Japanese universities. In R. Pinheiro, E. Balbachevsky, P. Pillay, & A. Yonezawa (Eds.), *The impact of Covid-19 on the institutional fabric of higher education: Old patterns, new dynamics, and changing rules?* (pp.173-198). Springer.

Wheeler, W.R, King, H.H., & Davidson, A.B. (Eds.) (1925). *The foreign student in America.* Association Press.

Wilkins, S. (2020). The positioning and competitive strategies of higher education institutions in the United Arab Emirates. *International Journal of Educational Management, 34*(1), 139-153. https://doi.org/10.1108/IJEM-05-2019-0168

Wilkins, S., & Balakrishnan, M. (2013). Assessing student satisfaction in transnational higher education. *International Journal of Educational Management, 27*(2), 143-256. https://doi.org/10.1108/09513541311297568

Wilkins, S., Butt, M.M., & Annabi, C.A. (2017). The effects of employee commitment in transnational higher education: The case of international branch campuses. *Journal of Studies in International Education, 21*(4), 295-314. https://doi.org/10.1177/1028315316687013

Williams, C.T., & Johnson, L.R. (2011). Why can't we be friends?: Multicultural attitudes and friendships with international students. *International Journal of Intercultural Relations, 35,* 41-48. https://doi.org/10.1016/j.ijintrel.2010.11.001

Wilson, D.N. (1994). Comparative and international education: Fraternal or Siamese twins? A preliminary genealogy of our twin fields. *Comparative Education Review, 38*(4), 449-486. https://doi.org/10.1086/447271

Woldegiorgis, E.T. (2017). Historical and political perspectives on regionalization of African higher education. In J. Knight, & E.T. Woldegiorgis (Eds.), *Regionalization of higher education in Africa* (pp.29-46). Sense Publishers.

Woldegiorgis, E.T., & Doevenspeck, M. (2013). The changing role of higher education in Africa: A historical reflection. *Higher Education Studies, 3*(6), 35-45. http://dx.doi.org/10.5539/hes.v3n6p35

Woldegiorgis, E.T., & Doevenspeck, M. (2015). Current trends, challenges and prospects of student mobility in the African higher education landscape. *International Journal of Higher Education, 4*(2), 105-115. http://dx.doi.org/10.5430/ijhe.v4n2p105

Wooldridge, D.G., Peet, S., & Meyer, L.L. (2018). Transforming professionals through short-term study-abroad experiences. *Delta Kappa Gamma Bulletin, 84*(4), 31-36.

World Bank. (2021). *Implementation completion and result report IDA-4786-VN.* https://documents1.worldbank.org/curated/en/856371638393184493/pdf/Vietnam-New-Model-University-Project.pdf

World Bank. (2024a). *International migrant stock, total - United Arab Emirates.* Retvieved March 27, 2024, from https://data.worldbank.org/indicator/SM.POP.TOTL?end=2021&locations=AE&most_recent_year_desc=true&start=1960&view=chart

World Bank. (2024b). *Population, total - United Arab Emirates.* Retrieved March 27, 2024 from https://data.worldbank.org/indicator/SP.POP.TOTL?locations=AE

日本語文献

e-Gov法令検索（2024）「大学設置基準 第七章 卒業の要件等 第二十八条（他の大学、専門職大学又は短期大学における授業科目の履修等）」. https://elaws.e-gov.go.jp/document?lawid=331M50000080028（2023年11月22日閲覧）

池田桂子（2018）「国内高等教育機関におけるEMI（英語開講）科目担当者の研究に関する一考察―グローバルファカルティ・ディベロップメント―」ウェブマガジン『留学交流』89, 23-33. https://www.jasso.go.jp/ryugaku/related/kouryu/2018/__icsFiles/afieldfile/2021/02/18/201808ikedakeiko.pdf

ヴェルジュ, J.（1979）『中世大学』大高順雄（訳）, みすず書房.（原書：Verger, J. (1973). *Les universités au Moyen Âge.*）

潮木守一（2006）「『フンボルト理念』とは神話だったのか?―自己理解の"進歩"と"後退"」『アルカディア学報（教育学術新聞掲載コラム）』246.

潮木守一（2008）『フンボルト理念の終焉?：現代大学の新次元』東信堂.

経済産業省（2010）「平成21年度就職支援体制調査事業―大学生の『社会人観』の把握と『社会人基礎力』の認知度向上実証に関する調査―」. https://selectra.jp/sites/selectra.jp/files/pdf/201006daigakuseinosyakaijinkannohaakutoninntido.pdf

児玉善仁（1993）『ヴェネツィアの放浪教師：中世都市と学校の誕生』平凡社.

児玉善仁（2007）『イタリアの中世大学：その成立と変容』名古屋大学出版会.

ザッカニーニ, G.（1990）『中世イタリアの大学生活』児玉善仁（訳）, 平凡社.（原書：Zaccagnini, G. (1926). *La vita dei maestri e degli Scolari nello Studio di Bologna nei secoli XIII e XIV.*）

産学人材育成パートナーシップグローバル人材育成委員会（2010）「～産学官でグローバル人材の育成を～産学人材育成パートナーシップ グローバル人材育成委員会『報告書』」. https://warp.da.ndl.go.jp/info:ndljp/pid/8422823/www.meti.go.jp/press/20100423007/20100423007-3.pdf

JETRO（2019）「TICAD特集 アフリカビジネス5つの注目トレンド 優れた通信インフラと金融システムが魅力（南ア）」. https://www.jetro.go.jp/biz/areareports/special/2019/0702/3778254d3726a5c7.html

嶋内佐絵（2016）『東アジアにおける留学生移動のパラダイム転換：大学国際化と「英語プログラム」の日韓比較』東信堂.

島田雄次郎（1990）『ヨーロッパの大学』玉川大学出版部.

シャルル, C.・ヴェルジュ, J.（2009）『大学の歴史』岡山茂・谷口清彦（訳）, 白水社.（原書：Charle, C., & Verger, J. (1994). *Histoire des universités. Paris: Presses Universitaires de*

France.）

白鳥義彦（1997）「世紀転換期フランスにおける外国人留学生の動向」『教育社会学研究』60, 117-138.

末松和子（2017）「『内なる国際化』でグローバル人材を育てる―国際共修を通したカリキュラムの国際化―」『東北大学高度教養教育・学生支援機構紀要』3,41-51.

総務省（2015）「平成27年度版 情報通信白書」. https://www.soumu.go.jp/johotsusintokei/ whitepaper/ja/h27/pdf/n2300000.pdf

中央教育審議会大学分科会（2010）「質保証システム部会（第19回）資料4-2」. https://www. mext.go.jp/b_menu/shingi/chukyo/chukyo4/027/siryo/__icsFiles/afieldfila/2010/12/09/ 1299707_5.pdf

トッド, E.（2020）『大分断 教育がもたらす新たな階級化社会』大野舞（訳）, PHP新書.

苫野一徳（2022）『学問としての教育学』日本評論社

中島悠介（2020）「ドバイにおけるフリーゾーンと外国大学分校～分校は「砂上の楼閣なのか」」『教育システム輸出入拠点の形成～国際教育都市「けいはんな」の可能性を探る～』15-22.

日本サービス・ラーニング・ネットワーク（JSLN）（2020）「設立の経緯」. https://www.jsln.org/ history（2023年12月17日閲覧）

ハスキンズ, C.H.（2009）『大学の起源』青木靖三・三浦常司（訳）, 八坂書房.（原書：Haskins, C.H. (1957). *The Rise of Universities. Cornell University Press.*）

花田真吾（2019）「高等教育連携における学術文化の差異へのアプローチ―ノルウェーとエチオピアの連携を事例に―」『比較文化研究』136, 1-11.

花田真吾（2022）「国境を越える教育」異文化間教育学会（編）『異文化間教育事典』明石書店, 112.

林寛平（2019）「比較教育学における「政策移転」を再考する―Partnership Schools for Liberia を事例に―」『教育学研究』86, 213-224.

ファウラー, F.C.（2008）『スクールリーダーのための教育政策研究入門』東信堂.

福留東土（2019）「日本の大学におけるサービスラーニングの動向と課題」『比較教育学研究』59, 120-138.

プラール, H.W. (2015)『大学制度の社会史（新装版）』山本尤（訳）, 法政大学出版局.（原書：Prahl, H.W. (1978). *Sozialgeshichte des Hochschulwesens.* Koesel-Verlag.）

ボーツ, H.・ヴァケ, E.（2015）『学問の共和国』知泉書館.

文部科学省（2006）「資料8‐3 UNESCO／OECD「国境を越えて提供される高等教育の質保証に関するガイドライン」（仮訳）」. https://www.mext.go.jp/b_menu/shingi/chukyo/ chukyo4/003/gijiroku/attach/1416033.htm

文部科学省（2014）「我が国の大学と外国の大学間におけるジョイント・ディグリー及びダブル・ディグリー等の国際共同学位プログラム構築に関するガイドライン（改定版）」. https://www.mext.go.jp/content/20220325-mxt_koutou03-10001504_01.pdf（2023年11月22日閲覧）

文部科学省（2015）「平成26年度大学等におけるインターンシップ実施状況について」https:// www.mext.go.jp/component/b_menu/other/__icsFiles/afieldfile/2016/03/15/1368428_01. pdf（2023年12月19日閲覧）

文部科学省（2020a）「令和元年度大学等におけるインターンシップ実施状況について」. https:// www.mext.go.jp/content/20201204-mxt_senmon01-000010706_01.pdf（2023年12月19日閲覧）

文部科学省（2020b）「平成30年度の大学における教育内容等の改革状況について（概要）」. https://www.mext.go.jp/content/20201005-mxt_daigakuc03-000010276_1.pdf（2023年11月22日閲覧）

文部科学省（2023a）「国際連携学科等の設置の認可申請等に係る提出書類の作成の手引令和5年度認可申請、届出用（改正後大学設置基準）」. https://www.mext.go.jp/content/20230809-mxt_daigakuc03-000027546_4.pdf（2023年11月22日閲覧）

文部科学省（2023b）「日本方教育の海外展開（EDU-Portニッポン）」. https://www.eduport.mext.go.jp/

安原義仁・ロイロウ（2018）『学問の府の起源』知泉書館.

山本志都（2018）「異文化感受性を再考する―認知的複雑性と非対称性のもたらす異文化的状況に注目して―」多文化関係学会第17回年次大会発表抄録集, 72-75.

横尾壮英（1985）『ヨーロッパ 大学都市への旅：学歴文明の夜明け』リクルート出版部.

横尾壮英（1992）『中世大学都市への旅』朝日新聞出版.

横田雅弘・太田浩・新見有紀子（編）（2018）『海外留学がキャリアと人生に与えるインパクト：大規模調査による留学の効果測定』学文社.

吉見俊哉（2011）『大学とは何か』岩波書店.

索　引

◎著者プロフィール

花田 真吾（はなだ・しんご）
東洋大学国際学部准教授。トロント大学（Ph.D.）。

近年の著書：

International Higher Education in Citizen Diplomacy: Examining Student Learning Outcomes from Mobility Programs（単著, 2022年, Palgrave Macmillan）

Transnational Higher Education in Japan: Perspectives from International Program and Provider Mobility（分担執筆【East and Southeast Asian Perspectives on the Internationalisation of Higher Education Policies, Practices and Prospectsの第16章を担当】, 2023年, Routledge）

Cultural Barriers of International Students Employability in Japan（分担執筆【International Student Employability from the Global Southの第13章を担当】, 2023年, Springer）

国際高等教育

教育・研究の展開をみすえる

2024 年 7 月 29 日　初版第 1 刷発行

著　者	花田　真吾	
発行者	大江　道雅	
発行所	株式会社　明石書店	

〒 101-0021
東京都千代田区外神田 6-9-5
TEL 03-5818-1171
FAX 03-5818-1174
https://www.akashi.co.jp/
振替 00100-7-24505

装丁：金子　裕
組版：朝日メディアインターナショナル株式会社
印刷・製本：モリモト印刷株式会社

（定価はカバーに表示してあります）　　　　　ISBN 978-4-7503-5793-5

異文化間教育ハンドブック

ドイツにおける理論と実践

イングリト・ゴゴリン ほか 編著
立花有希、佐々木優香、木下江美、クラインハーペル美穂 訳

■B5判変型／上製／648頁
◎15000円

グローバル化にともなう言語・文化・社会の多様性や不均質性がもたらす課題はなにか。ドイツにおける最新かつ最先端の専門的議論を112項目に整理して詳述し、教育分野を中心に異文化間にかかわる問題について体系的かつ網羅的に把握する画期的なハンドブック。

異文化間教育事典
異文化間教育学会編著
◎3800円

異文化間に学ぶ「ひと」の教育
異文化間教育学会企画
小島勝、白土悟、齋藤ひろみ編
◎3000円

文化接触における場としてのダイナミズム
異文化間教育学大系1
異文化間教育学会企画
加賀美常美代、徳井厚子、松尾知明編
◎3000円

異文化間教育のとらえ直し
異文化間教育学大系2
異文化間教育学会企画
山本雅代、馬渕仁、塘利枝子編
◎3000円

異文化間教育のフロンティア
異文化間教育学大系3
異文化間教育学会企画
佐藤郡衛、横田雅弘、坪井健編
◎3000円

国際共修授業
異文化間教育学大系4
多様性を育む大学教育のプラン
◎3000円

文化資本とリベラルアーツ
人生を豊かにする教養力
青木麻衣子、鄭惠先編著
◎2300円

小宮山博仁著
◎2200円

多文化ファシリテーション
多様性を活かして学び合う教育実践
秋庭裕子、米澤由香子編著
◎2400円

〈価格は本体価格です〉

よい教育研究とはなにか

流行と正統への批判的考察

ガート・ビースタ 著
亘理陽一、神吉宇一、川村拓也、南浦涼介 訳

■A5判／並製／244頁
◎2700円

エビデンスの蓄積を通じて教育を改善し、説明責任を果たしていく。新自由主義体制下の教育界を覆うこの「正統的」研究観は本当に「知的な」姿勢といえるのか。デューイの伝統に連なる教育哲学者ガート・ビースタが、教育研究指南書が語ることの少ない教育研究の前提じたいをラディカルに問い直す。

欧州教育制度のチューニング
ボローニャ・プロセスへの大学の貢献

フリア・ゴンサレス、ローベルト・ワーヘナール編著
深堀聰子、竹中亨訳
◎3600円

フランスの高等教育改革と進路選択
学歴社会の「勝敗」はどのように生まれるか

園山大祐編著
◎3200円

世界の大学図書館 知の宝庫を訪ねて

立田慶裕著
◎3200円

国際バカロレアの挑戦 グローバル時代の世界標準プログラム

岩崎久美子編著
◎3600円

移動する人々と国民国家 ポスト・グローバル化時代における市民社会の変容

杉村美紀編著
◎2700円

北欧の教育再発見 ウェルビーイングのための子育てと学び

中田麗子、佐藤裕紀、本所恵、林寛平、北欧教育研究会編著
◎2200円

現代韓国の教育を知る 隣国から未来を学ぶ

松本麻人、石川裕之、田中光晴、出羽孝行編著
◎2600円

社会関係資本 現代社会の人脈・信頼・コミュニティ

ジョン・フィールド著
佐藤智子、西塚孝平、松本奈々子訳 矢野裕俊解説
◎2400円

〈価格は本体価格です〉

学士課程教育のグローバル・スタディーズ

国際的視野への転換を展望する

米澤彰純、嶋内佐絵、吉田文 編著

■A5判／上製／312頁　◎4500円

学士課程をグローバル化するとはどういうことか。今、世界はどのような経験をしているのか。そのなかで、日本はどのように位置づくのか。国際化を目指した各国の学士課程教育改革を巡る複合的なダイナミズムを解き明かし、これらの疑問に応えていく。

創造性と批判的思考
学校で教え学ぶことの意味はなにか
OECD教育研究革新センター編著
西村美由起訳
◎5400円

こころの発達と学習の科学
デジタル時代の新たな研究アプローチ
パトリシア・K・クールほか編著
OECD教育研究革新センター編
◎4500円

学習環境デザイン　革新的教授法を導く教師のために
OECD教育研究革新センター編著
篠原真子、篠原康正訳
冨田福代監訳
◎3500円

学習の環境　イノベーティブな実践に向けて
OECD教育研究革新センター編著
立田慶裕監訳
◎4500円

社会情動的スキル　学びに向かう力
経済協力開発機構（OECD）編著
ベネッセ教育総合研究所企画・制作
無藤隆、秋田喜代美監訳
◎3600円

教育のデジタルエイジ　子どもの健康とウェルビーイングのために
経済協力開発機構（OECD）編
西村美由起訳
◎3000円

教育のワールドクラス　21世紀の学校システムをつくる
アンドレアス・シュライヒャー著
経済協力開発機構（OECD）企画・制作
ベネッセコーポレーション企画・制作
鈴木寛、秋田喜代美監訳
◎3000円

教育のディープラーニング　世界に関わり世界を変える
マイケル・フラン、ジョアン・クイン、ジョアン・マッキーチェン著
松下佳代監訳
濱田久美子訳
◎3000円

〈価格は本体価格です〉

高等教育改革の政治経済学

流行と正統への批判的考察

田中秀明、大森不二雄、杉本和弘、大場淳 著

■A5判 ◎上製／448頁 ◎4500円

知識基盤社会における高度人材の育成とイノベーション創出に応えられる高等教育改革とはどのようなものか。諸外国と日本の大学改革の成果と課題を政治経済学的な視点から比較評価し、日本の改革の失敗の本質を見定め、異なる改革の方向性と具体策を明らかにする。

図表でみる教育 OECDインディケータ（2023年版）

経済協力開発機構（OECD）編著
◎8600円

高等教育マイクロクレデンシャル 履修証明の新たな次元

経済協力開発機構（OECD）、加藤静香編著
濱田久美子訳 米澤彰純解説
◎3600円

公正と包摂をめざす教育

OECD「多様性の持つ強み」プロジェクト報告書
経済協力開発機構（OECD）編著 佐藤仁、伊藤亜希子監訳
◎5400円

21世紀型コンピテンシーの次世代評価

教育評価・測定の革新に向けて
経済協力開発機構（OECD）編著 西村美由起訳
◎5400円

保健体育教育の未来をつくる

OECDカリキュラム国際調査
経済協力開発機構（OECD）編著 日本体育科教育学会監訳
◎2600円

教育の経済価値 質の高い教育のための学校財政と教育政策

経済協力開発機構（OECD）編著
赤林英夫監訳 濱田久美子訳
◎4500円

知識専門職としての教師 教授学的知識の国際比較研究に向けて

ハナ・ウルファーツ編著
OECD教育研究革新センター編 西村美由起訳
◎4500円

国境を越える高等教育 教育の国際化と質保証ガイドライン

OECD教育研究革新センター、世界銀行編著
斎藤里美監訳 徳永優子、矢倉美登里訳
◎3800円

〈価格は本体価格です〉

諸外国の高等教育

―文部科学省 教育調査第158集―

文部科学省 編著

A4判変型／並製 ◎4200円

アメリカ合衆国、イギリス、フランス、ドイツ、中国、韓国、オーストラリア及びベトナムにおける高等教育制度をまとめた基礎資料。制度の概要、入学制度、大学における教育、教員、大学の管理運営、学生などについて、国別に記述し、比較可能な総括表を付す。

● 内容構成 ●

◆ 調査対象国 ◆
アメリカ合衆国、イギリス、フランス、ドイツ、中国、韓国、オーストラリア、ベトナム

◆ 調査内容 ◆
高等教育の沿革、高等教育機関の概要、入学制度、大学における教育、教員、大学の管理運営、学生、大学の取組

◆ 資 料 ◆
アメリカ合衆国の学校系統図、イギリスの学校系統図、フランスの学校系統図、ドイツの学校系統図、中国の学校系統図、韓国の学校系統図、オーストラリアの学校系統図、ベトナムの学校系統図

諸外国の初等中等教育
文部科学省編著
◎3600円

諸外国の生涯学習
文部科学省編著
◎3600円

諸外国の教育動向 2022年度版
文部科学省編著
◎3600円

幼児教育・保育の国際比較
OECD国際幼児教育・保育従事者調査2018報告書［第2巻］
国立教育政策研究所編
◎4500円

指導と学習の国際比較
OECDグローバル・ティーチング・インサイト（GTI）授業ビデオ研究報告書
よりよい数学授業の実践に向けて
国立教育政策研究所編
◎2500円

教員環境の国際比較
OECD国際教員指導環境調査（TALIS）2018報告書［第2巻］
専門職としての教員と校長
働く魅力と専門性の向上に向けて
国立教育政策研究所編
◎3500円

PISA2018年調査 評価の枠組み
OECD生徒の学習到達度調査
経済協力開発機構（OECD）編著／国立教育政策研究所監訳
◎5400円

生きるための知識と技能8
OECD生徒の学習到達度調査（PISA）2022年調査国際結果報告書
国立教育政策研究所編
◎5400円

〈価格は本体価格です〉